Dez provas
da inexistência de Deus

Dez provas
da inexistência de Deus

Plínio Junqueira Smith
Paulo J. de Lima Piva (orgs.)

São Paulo, 2012

alameda

Grafia atualizada segundo o Acordo Ortográfico da Língua Portuguesa de 1990, que entrou em vigor no Brasil em 2009.

Publishers: Joana Monteleone/Haroldo Ceravolo Sereza/Roberto Cosso
Edição: Joana Monteleone
Editor assistente: Vitor Rodrigo Donofrio Arruda
Projeto gráfico: Clarissa Boraschi Maria
Diagramação: Sami Reininger
Revisão: Ana Paula Marchi Martini
Capa: Patrícia Jatobá U. de Oliveira/ Vitor Rodrigo Donofrio Arruda
Imagem da capa: *Homem vitruviano*, de Leonardo da Vinci

CIP-BRASIL. CATALOGAÇÃO-NA-FONTE
SINDICATO NACIONAL DOS EDITORES DE LIVROS, RJ

D518

DEZ PROVAS DA INEXISTÊNCIA DE DEUS
Plínio Junqueira Smith e Paulo J. de Lima Piva (orgs.)
São Paulo: Alameda, 2012.
344p.

ISBN 978-85-7939-089-0

1. Deus – Prova de existência. 2. Filosofia e religião. 3. Ateísmo. 4. Religiões – História. I. Smith, Plinio, 1964- . II. Piva, Paulo Jonas de Lima.

11-2201. CDD: 212.1
CDU: 2-141

025913

ALAMEDA CASA EDITORIAL
Rua Conselheiro Ramalho, 694 – Bela Vista
CEP 01325-000 – São Paulo – SP
Tel. (11) 3012-2400
www.alamedaeditorial.com.br

Súmário

Prólogo

Michel Onfray[1]

O contrário de Deus

Eu não posso deixar de ser amigo de Paulo Jonas de Lima Piva, um homem que escreveu um livro sobre Jean Meslier, cura sublime, já que foi ateu, o primeiro ateu digno deste nome – até que se prove o contrário e uma feliz descoberta em arquivos nos faça antedatar a invenção da negação de Deus para antes de 1729, data na qual esse cura de Etrépigny, nas Ardenas, uma região do leste da França, entregou sua alma… ao cosmos e deixou como herança um magnífico *Testamento*, a Bíblia dos ateus… Pois a amizade que temos por Meslier, quaisquer que sejam as diferenças, constitui uma fraternidade.

---

1 Michel Onfray é um dos mais polêmicos intelectuais do cenário filosófico contemporâneo. É autor, dentre outros, de *Tratado de Ateologia*, *A arte de gozar: por um materialismo hedonista*, *A potência de existir: manifesto hedonista* e *Contra-história da filosofia*, todos pela WMF Martins Fontes.

O ateísmo diz que Deus não existe. Ou melhor, quando diz que ele existe, é para mostrar que ele é uma ficção e como esta ficção se constitui. Como um pensador ele se faria o fenomenólogo do Papai-Noel...

Meslier disse: nossas impotências invertidas produziram a fabulação de um poder, Deus, diante do qual as pessoas se prosternam para lhe solicitar que ele lhes dê o que nos falta – poder, imortalidade, sabedoria, etc. O rebaixamento do ato de se ajoelhar para orar mostra isso muito bem: prostrado no chão, ele implora ao céu que lhe ofereça um pouco da graça divina que lhe falta.

A ideia de opor "defensores das provas da inexistência" e "defensores das provas da existência de Deus" é uma ideia... escolástica! Trata-se de uma ideia da época em que, na Universidade, *se disputavam* questões com argumentos, debates, retóricas, sofismas, premissas e lógicas maiores a fim de legitimar na razão o que Nietzsche chamará mais tarde de idiossincrasia, em outros termos, de fisiologia. Num primeiro momento, *cremos* ou *não cremos*, em seguida se buscam e se encontram razões para legitimar sua posição visceral.

A prova é que a prova não prova nada. Do contrário, ela seria suficiente para arrancar o assentimento do seu interlocutor. Lembro-me de uma reunião na universidade em que o professor anunciou um curso sobre as provas da existência de Deus em são Tomás. Eu disse tolamente a mim mesmo: "se a prova prova, eu devo ser convencido"... A prova não provou, eu não fui convencido, a prova não prova nada – é uma prova, não?

Mas debatamos mesmo assim, oponhamos os argumentos, façamos cintilar as armaduras para o inimigo, pois talvez entre os leitores uma fisiologia inacabada, uma idiossincrasia trêmula, tenha necessidade de uma frase para se ajoelhar ou para dizer, como Rimbaud: "Que vá à merda Deus!"... O divertimento vale a pena.

Apresentação

Paulo Jonas de Lima Piva

"Se eu acreditasse em Deus, minha fatuidade não
teria limites: passearia nu pelas ruas".
Emil Cioran, *Silogismos da Amargura*.

1.

O ateu é antes de tudo um indivíduo que não tem religião. Mas nem todo indivíduo sem religião é rigorosamente um ateu. O ateu não tem religião, mas tem crenças. Estas, por sua vez, podem ser intensas ou fracas, isto é, vividas com ou sem convicção. E uma dessas crenças em especial o define como ateu: a crença na *inexistência* da divindade, seja ela qual e quantas forem. No caso específico do nosso momento histórico, em que a hegemonia do monoteísmo representado pelo judaísmo, pelo cristianismo e pelo islamismo é sensível, estamos falando da crença na *inexistência* de Deus. Crer na *inexistência* de Deus, ou seja, na *inexistência* de um Criador, de uma Providência, de uma "força maior", de uma "energia especial" ou de "algo superior", e esforçar-se para demonstrar essa inexistência, dogmática ou hipoteticamente, por meio de argumentos, é o que chamaríamos de *ateísmo stricto sensu*, na verdade, uma "crença numa ausência", como bem assinala André Comte-Sponville.[1] Por outro lado, é possível também não crer na existência de Deus sem necessariamente negar a sua realidade. Temos neste caso não só uma ausência de crença na *existência* de Deus como também uma ausência de crença na sua *inexistência*. A despeito desse paradoxo, trata-se de um *ateísmo cético*, postura bastante próxima da do *agnosticismo*, porém, ao que parece, com uma sutil diferença: enquanto no ateísmo cético o ateu se dispõe a debater com alguém de fé religiosa a existência ou não de uma divindade sem tentar demonstrar a sua inexistência e ainda atribuindo o ônus da prova àquele que sustenta com plena convicção a sua existência, o agnóstico suspende o seu julgamento diante de tal questão por considerá-la aporética, sendo forçado, portanto, a se calar sobre ela. Trocando em miúdos, enquanto o *ateu stricto sensu* acredita, mostra-se convicto sobre a inexistência de Deus e sustenta sua tese elaborando provas, confrontando argumentos e difundindo demonstrações a fim de conquistar adeptos à sua posição, o *ateu cético* não almeja adeptos, por isso não se dedica a demonstrar a inexistência de Deus tampouco a fazer proselitismo do seu ateísmo, limitando-se então a não crer na existência de Deus; já o *agnóstico*, que seria o cético propriamente dito, ele não crê nem descrê, seja na existência, seja na inexistência de Deus, mantendo-se assim na indeterminação, na imparcialidade e no silêncio.

Se não cremos na existência de Baco, de Iemanjá, de Jeová, de Alá ou na realidade do Saci-Pererê, como fazemos para justificar as suas inexistências? Em outras palavras, como seria possível

---

1 Comte-Sponville, A. *Dicionário Filosófico*. São Paulo, Martins Fontes, 2003, p. 64.

provarmos a irrealidade de todos eles? Aliás, isso seria sensato? Caso não consigamos demonstrar, disso decorreria necessariamente que todos eles existem de fato? Usar como prova da existência de algo a impossibilidade de se provar a sua *inexistência* não parece ser uma argumentação consistente. Se não consigo demonstrar ou provar, por exemplo, a *inexistência* da mula-sem-cabeça, a *inexistência* de Osíris, de Tupã, do monstro do lago Ness, a irrealidade de Crépitus, o antigo deus do peido, ou até mesmo a *inexistência* do Papai Noel, posso inferir disso que eles factual e efetivamente existem no nosso mundo real?

No mundo formal, bem engrenado e muitas vezes paralelo da lógica, diversas coisas podem ser demonstradas de maneira persuasiva, inclusive que unicórnios são cavalos de apenas um chifre ou que sereias são seres metade peixe, metade mulher. Neste mesmo jogo, nesta mesma engenharia abstrata de premissas, conectivos e conclusões, podemos até obter conclusões verdadeiras de premissas absolutamente falsas, como no caso do silogismo "Todas as borboletas são quadrúpedes, todos os cavalos são borboletas, logo, todos os cavalos são quadrúpedes".

Lançando mão do expediente da lógica, Anselmo de Cantuária desenvolveu, lá na longínqua Idade Média, o seu célebre argumento ontológico que provaria de uma vez por todas a existência de Deus. Contorções neurológicas à parte, se Deus é perfeito, seria uma imperfeição ele não existir, portanto – infere triunfante Anselmo –, Deus existe. E com toda razão, complementaria um ateu. Mas não no nosso mundo real de cada dia, e sim, certamente, no universo dos silogismos e das definições, aliás, junto com os unicórnios, com as sereias e com as borboletas quadrúpedes.

Contudo, quando a razão e a lógica não se fazem aliadas da demonstração da existência de Deus, os pensadores religiosos recorrem à fé na revelação. Uma de suas expressões é a fórmula "Creio porque é absurdo". Outra é a defesa da autoridade dos livros sagrados, os quais estabelecem a existência de Deus por decreto. Ambas, evidentemente, não convencem o ateu. No máximo, fazem-no rir.

2.

Os termos "ateu", "ateísta" e "ateísmo" foram empregados de forma imprecisa e indiscriminada no decorrer da história, ocasionando assim inúmeras ambiguidades e lamentáveis equívocos, além de interpretações comprometedoras do conceito. Sócrates, por exemplo, foi acusado de ser ateu por ter questionado a representação de divindade vigente em sua Atenas. Entretanto, Sócrates acreditava numa divindade, ou melhor, possuía uma representação do divino, só que divergente da figura do divino da religião oficial. A propósito, as palavras *atheos* e *atheotes*, que aparecem na obra de Platão, foram traduzidas no século XVI, por Marcilio Ficino, respectivamente como "ímpio" e "impiedade", termos mais adequados para classificar a atitude de Sócrates. De onde se segue que ateu foi confundido com ímpio, o qual não necessariamente é um ateu. Na conclusão de Michel Onfray no seu *Tratado de Ateologia*, o ateu na Antiguidade era "não aquele que não crê em Deus, mas aquele que se recusa aos deuses dominantes do momento, a suas formas socialmente adotadas. Por muito tempo o ateu caracteriza a pessoa que crê num deus próximo, estranho, heterodoxo, não o indivíduo que esvazia o céu, mas aquele que o povoa com suas próprias criaturas..."[2]

2 Onfray, Michel. *Tratado de Ateologia*. São Paulo, Martins Fontes, 2007, p. 6.

Sócrates obviamente não foi a única vítima dessa confusão. Epicuro é outro exemplo. Ele também foi considerado ateu, quando, na verdade, até uma teologia encontramos no seu atomismo. Epicuro fala na existência de deuses constituídos de átomos que viveriam distantes do mundo e sem se intrometer na vida dos homens. Esta mesma concepção teológica encontramos no seu discípulo Lucrécio, outro filósofo erroneamente tachado de ateu. Aristóteles, por ser pagão, também foi acusado de ateu pelo mundo católico sem sê-lo. Até Descartes, por ter proposto o conhecimento de Deus não apenas pela fé, mas também pela via racional, e Espinosa, com o seu *Deus sive Natura*, não escaparam do rótulo depreciativo. Podemos ainda citar Thomas Hobbes e Pierre Bayle. O primeiro, ao que tudo indica, foi um materialista, talvez não um cristão, porém, em absoluto um ateu. Quanto a Bayle, poderíamos defini-lo como um cristão, em última instância até como um cético fideísta, mas de forma alguma como um filósofo ateu, mesmo ele sendo um dos primeiro pensadores na história a admitir a compatibilidade entre ateísmo e virtude.

E foi como ofensa ignominiosa, como estigma, como um crime grave, passível até de pena de morte inclusive, que as ideias de ateu e de ateísmo se consolidaram no mundo moderno. Como insultos, as palavras "ateu" e "ateísta" vinham associadas a tudo o que havia de mais torpe e hediondo na época. Ateu e ateísta tornaram-se sinônimo de imoral, louco, satânico, devasso e até de sodomita. Isso perdurou até o início do século XVIII, quando o ateísmo deixa de ter uma conotação vaga e moral para ser tratado como um conceito filosófico propriamente dito, isto é, de modo rigoroso e sistemático. Historiadores da filosofia e estudiosos do ateísmo como Roland Mortier, Jean Vernette, Serge

Deruette e Michel Onfray, localizam na obra de Jean Meslier, na aurora do Iluminismo francês, a origem desse ateísmo filosófico. Roland Mortier declara que Meslier, um vigário de aldeia, foi, no século XVIII, "o primeiro autor que se afirma resolutamente ateu".[3] Jean Vernette refere-se a Meslier como o "autor do primeiro sistema ateu intelectualmente construído".[4] Já Serge Deruette é mais enfático. Autor do recente *Jean Meslier, cura e fundador do ateísmo revolucionário* – ainda não traduzido para o português –,[5] ele sustenta que Meslier foi "o primeiro teórico sistemático do ateísmo, do qual ele elaborou uma concepção acabada".[6] Para finalizar, Michel Onfray, que faz de Meslier "santo, herói e mártir da causa ateia",[7] escreve sobre o vigário francês o seguinte:

> Pela primeira vez na história das ideias, um filósofo – quando haverá acordo a esse respeito? – dedica uma obra à questão do ateísmo; ele o professa, o prova, o demonstra, argumenta, cita, relata suas leituras, suas reflexões, mas apoia-se também em seus comentários do mundo como está.[8]

---

3 Mortier, Roland. "L'athéisme en France au XVIII siècle". In: *Le coeur et la raison*. Paris, Voltaire Foundation, 1990, p. 368.

4 Vernette, Jean. *L'athéisme*. Paris, PUF, p. 42.

5 Ver Deruette, Serge. *Jean Meslier, cure et fondateur de l'athéisme revolutionnaire*. Paris, Aden, 2008.

6 Deruette, Serge. "Sur le curé Meslier, précurseur du matérialisme". In: *Annales historiques de la Révolution Française*, Tome LVII, 1985, p. 414.

7 Onfray, Michel. *op. cit.*, p. 19.

8 *Idem, Ibidem.*

3.

Ao contrário do que sempre apregoou uma certa tradição reflexiva e moral, ter ou não uma religião, acreditar ou não em um deus, parece muito pouco para se tecer diagnósticos precisos sobre uma pessoa. Não é um critério seguro, por exemplo, para se medir a inteligência de alguém. A história da humanidade está repleta de grandes escritores, cientistas indispensáveis, políticos muito perspicazes e pensadores e artistas geniais de ambos os lados. O físico Albert Einstein dizia acreditar numa divindade – pelo menos até a descoberta recente de uma carta na qual ele se confessa ateu –, porém, Marx, Nietzsche e Freud, autores fundamentais para o pensamento contemporâneo, não. Jean-Paul Sartre, Bertrand Russel, Darwin e Ernesto Che Guevara eram ateus, o que não foi o caso de Dostoievski, Chesterton, Martin Luther King, muito menos o de Jean-Jacques Rousseau. O que dizer de Oscar Niemeyer, um materialista dialético convicto e referência obrigatória da arquitetura, e de Murilo Mendes, poeta estrutural da literatura brasileira que abraçou o catolicismo durante uma parte considerável da sua vida? Exemplos de crentes e descrentes portadores de uma inteligência marcante e até privilegiada não faltam. Portanto, ao que tudo indica, com ou sem fé religiosa, com ou sem temor a um deus, podemos ser inteligentes, criativos e até geniais. Ou não.

O mesmo pode-se dizer, ao menos desde Pierre Bayle, quanto ao caráter de um indivíduo. Seres humanos admiráveis por suas virtudes e personalidades sórdidas e sem escrúpulos existiram e existem independentemente de terem ou não uma fé, de temerem ou não uma divindade. Se crer em Deus fosse uma garantia mínima de honestidade, compaixão, generosidade e justiça, e todo ateu fosse um psicopata ou um indivíduo à toa, não teríamos padres pedófilos, pastores charlatães, rabinos ladrões de gravatas, pais-de-santo estelionatários, espíritas pilantras, marchas da família com Deus pela ditadura, tampouco homens-bomba, repressão e discriminação sexual, sacrifícios de animais indefesos ou presídios a cada dia mais lotados. No Brasil em particular, pesquisas de opinião registram que uma esmagadora porcentagem da população acredita numa divindade, portanto, que os ateus, ao contrário de Deus, quase não existiriam por aqui. A despeito da epidemia neopentecostal e da histeria carismática que assolou o país com as transformações antipopulares da economia e do Estado, nem por isso somos uma nação paradigmática no quesito virtude. Nesta mesma direção, se crer numa divindade fosse mesmo sinal de sensatez e a ausência de crença na sua existência uma loucura – como lemos, por exemplo, no salmo 14 de Davi –, a humanidade jamais teria sido vítima de tantas inquisições, tantas carnificinas, tantos obscurantismos e intolerâncias, demonstrando assim, como bem ressalta Michel Onfray no seu *Tratado de Ateologia*, que com Deus sim tudo é permitido,[9] ou o romancista ateu Albert Camus, no seu *O Homem Revoltado*, para quem, se sem Deus tudo é permitido, proibir também é permitido.[10]

No fundo, crer ou não numa divindade, como impõe a tradição monoteísta, ou até em várias, como ocorrera em outros tempos com o paganismo, ou mesmo desprezar tal assunto como um falso problema ou como uma estéril e aporética preocupação, seja muito mais uma questão de estrutura psicológica e coragem existencial. Muitos são os que se aterrorizam em face da ideia de que a existência, em especial a condição humana, não possui nenhum sentido,

9 Ver Onfray, Michel. *op. cit.*, p. 29.

10 Ver Camus, Albert. *O Homem Revoltado*. Rio de Janeiro, Record, 1996, p. 92.

nenhum propósito ou significado *a priori*, nenhuma finalidade ou racionalidade que lha seja inerente. Muitos também são os que não suportam e se angustiam com a perspectiva de que somos seres absolutamente insignificantes do ponto de vista cosmo, crono e ontológico, imperceptíveis porções de matéria num planeta à deriva na dinâmica contingente de um universo desmedido que nunca foi criado nem exclusivamente concebido ou planejado para o deleite e para o aperfeiçoamento da espécie humana. Assim sendo, o *big-bang* seria tão somente o início cego e irracional da atual configuração do universo, apenas uma incomensurável explosão em meio a um número inimaginável de *big-bangs* e de configurações cósmicas fugazes que já ocorreram e que ainda estão por ocorrer, já que nunca houve criação propriamente, logo, nenhum criador.

Pensar que nos encontramos circunscritos e confinados a um planeta totalmente desprotegido, sujeito às mais terríveis surpresas dos movimentos e das trajetórias dos corpos que compõem o espaço sideral, e também no fato de que cada segundo que passa é um segundo a menos de vida, da única vida que há e que existe rumo ao pó, ao esquecimento e ao nada, se tal interpretação da realidade instiga alguns poucos por um lado a declararem um sim maiúsculo, trágico e lúcido à vida, por outro conduz uma grande leva de covardes a buscar desesperada um subterfúgio no mundo encantado e fictício da religião. Nele, afinal, tudo é consolo, conforto, segurança, estabilidade, esperança, numa palavra, irrealidade. Não por acaso eram conhecidos em outros séculos como "espíritos fortes" todos aqueles que não se satisfaziam com as explicações religiosas do mundo e contra elas se opunham.

Religião como uma mitologia sem consciência de si ou que se recusa a se ver e a se admitir como tal. Religião como alienação, como entorpecimento da consciência e deturpação dos sentidos, como vontade de ilusão e mentira, como visão infantil e encantada da realidade. Deus como invenção humana, como expediente reducionista da realidade, como resposta simplista em face da complexidade e da dificuldade de se explicar racionalmente todos os fenômenos. Deus como fábula fornecedora de sentido para aqueles que necessitam de um significado absoluto para continuar respirando em meio à finitude, às vicissitudes, às atrocidades e às incertezas da vida, isto é, Deus como tábua de salvação para desesperados, como muleta psicológica para aqueles que têm medo de encarar o absurdo de viver e o nada de tudo o que existe. Deus como estabilizador existencial. Estas são algumas das definições e dos argumentos históricos mais gerais dos ateus contra a cosmovisão religiosa, evocadas em nome de uma consciência mais lúcida da realidade, melhor dizendo, em nome de uma consciência livre de ilusões, infantilizações, manipulações, fugas e mentiras. Ao que tudo indica, tais definições e argumentos perdurarão enquanto a fantasmagoria da divindade não for definitivamente pulverizada do imaginário das massas e a fé religiosa continuar a ditar valores, comportamentos, perspectivas, juízos e – o mais grave – orientações políticas.

4.

Este livro é uma metade e ao mesmo tempo um complemento. No entanto, uma metade e um complemento independentes e completos. Na verdade, trata-se da outra face da moeda de um empreendimento cético iniciado pelo confrade e amigo Plínio Junqueira Smith. Em 2007, ele organizou, traduziu e publicou, também pela Alameda Editorial, as *Dez provas da existência de*

Deus. Se lá encontramos dez autores consagrados demonstrando a existência de Deus, como Aristóteles, Cícero, Sexto Empírico, Agostinho, Anselmo de Cantuária, Tomás de Aquino, Descartes, Malebranche, Berkeley e David Hume, neste volume o leitor irá se deparar com dez autores sustentando exatamente o contrário: que *Deus não existe* ou, pelo menos, que não é possível provar a sua existência. Desse modo, Plínio, um cético confesso, realiza o método – caro ao ceticismo pirrônico – de a todo argumento propor um argumento contrário, supostamente de mesma força persuasiva, levando o pensador a ponderar sobre os prós e os contras de uma questão, a avaliar o mesmo problema de pontos de vista totalmente diferentes, antes de concluir e de assumir uma posição.

Com textos de filósofos de vários momentos da história do pensamento como Sexto Empírico, Cícero, Pierre Bayle, Jean Meslier, Diderot, David Hume, Kant, Feuerbach, Nietzsche e Sébastien Faure, as *Dez provas da inexistência de Deus* preenchem o lado que faltava da balança, completando essa discussão sobre a existência de Deus iniciada com as outras *Dez provas*. Vale notar que nem todos os autores que fazem parte desta seleção são ateus. Aliás, os autores explicitamente ateus desta seleção são Meslier, Diderot, Sébastien Faure e Ludwig Feuerbach. Quanto a Nietzsche, aqui selecionado e traduzido diretamente do alemão pelo confrade Denílson Werle, não podemos afirmar o mesmo. Com isso não queremos sugerir que o autor de *O Anticristo* seja um pensador religioso, mas sim um *pós-ateu*, uma vez que, como um crítico implacável da metafísica, superar o ateísmo – esta uma perspectiva ainda metafísica – como uma etapa rumo à transvaloração de todos os valores também era uma das tarefas da sua filosofia.

Embora uma humanidade ateia seja uma utopia ontológica bastante distante, para não dizer impossível, visto que a fé religiosa resiste ao tempo e se fortalece a despeito das descobertas científicas, das desmistificações e dos avanços tecnológicos, difundir as obras de autores ateus, retirando o ateísmo do limbo a que foi condenado pela tradição cultural e, em particular, pela história da filosofia dominante, é não apenas um resgate cultural valioso, mas, sobretudo, uma exigência de uma democracia voltada para a ilustração dos seus cidadãos e que se fundamenta em valores como a liberdade de pensamento, o pluralismo e a tolerância. As *Dez provas da inexistência de Deus* é uma contribuição nesse sentido. Tendo em mãos *Dez provas* a favor e agora *Dez provas* contra, cabe ao leitor decidir o que fazer com elas.

(Vila Prudente, uma madrugada fria de junho de 2008)

As provas antigas a favor do ateísmo

Sexto Empírico

Tradução: Plínio Junqueira Smith

Biografia

Não se sabe ao certo qual era a posição do cético Sexto Empírico diante da religião. Segundo seu próprio testemunho, os céticos, seguindo a vida comum, diziam aceitar a existência de deuses e sua presciência, reverenciando-os. Mas dizer que os deuses existem é uma coisa, acreditar que os deuses existem é outra. Sua afirmação poderia ser somente uma forma de se conformar externamente às tradições, sem endossar as crenças que estariam por trás delas. Muitos veem com suspeita sua afirmação, sobretudo porque Sexto argumenta contra as crenças dos dogmáticos, tanto a dos que acreditam nos deuses como a dos que negam a sua existência. Para isso, ele expõe, de um lado, os argumentos a favor da existência de deuses (esses argumentos foram traduzidos na coletânea anterior, *As dez provas da existência de Deus*, São Paulo: Alameda Editorial, 2006) e, de outro, os argumentos contra sua existência. Para os céticos, os argumentos que provam a inexistência de deuses são tão fortes quanto os argumentos que provam a existência de deuses. A crença produzida pelos primeiros tem a mesma força que a crença contrária produzida pelos segundos, de forma que, sendo os argumentos de ambos os lados igualmente persuasivos, as crenças se anulariam mutuamente. Dessa forma, Sexto preservou para nós, mesmo sem endossá-los, aqueles argumentos que, do seu ponto de vista, seriam os mais fortes em defesa do ateísmo. É importante notar que esses argumentos em favor do ateísmo dependem de doutrinas do adversário. De fato, os argumentos dos ateus se apoiam em premissas dos argumentos estoicos para extrair conclusões inversas (essas premissas aparecem, no texto, entre aspas). Assim, utilizando-se do que os próprios adversários dizem, os ateus fariam voltar contra eles o que eles mesmos aceitavam.

Contra os físicos I, 137-194

(137) Esses são, então, em seu caráter, os argumentos propostos pelos estoicos e por filósofos de outras escolas a favor da existência de deuses e, de maneira similar, devemos mostrar agora que os que sustentam a não existência de deuses não ficam atrás dos primeiros com relação à sua equipolência no que diz respeito à persuasão. (138) Se, então, existem, os deuses são animais e, empregando o mesmo argumento pelo qual os estoicos sustentavam que o universo é um animal, pode-se demonstrar que também deus é um animal. Com efeito, "o animal é melhor que o não-animal; ora, nada é melhor que deus; logo, deus é um animal". E em apoio desse argumento acrescenta-se também a concepção comum da humanidade, uma vez que as pessoas comuns, e os poetas também, e a

maioria dos melhores filósofos, testemunham o fato de que deus é um animal. De modo que os passos da sequência lógica estão assegurados, pois, se existem, os deuses são animais. (139) Ora, se são animais, têm sensação, pois todo animal é concebido como um animal por sua participação na sensação. E se eles têm sensação, também sentem o amargo e o doce, pois não percebem os objetos dos sentidos por algum outro sentido, e nem pelo paladar. Portanto, é inteiramente improvável que deus deva ser completamente privado desse ou de qualquer outro sentido, (140), pois quanto mais numerosos forem seus sentidos, melhor ele será, uma vez que é preferível, como Carnéades dizia, que, além dos cinco sentidos que pertencem a todos os homens, contudo outros devem fornecer-lhe sensações, de modo que ele possa ser capaz de apreender um maior número de coisas, em vez de ser desprovido dos cinco. Devemos afirmar, então, que deus possui paladar e, por esse, percebe coisas gustativas. (141) Ora, se percebe por meio do gosto, ele sente doçura e amagor e, sentindo doçura e amargor, algumas coisas o agradarão e outras o desagradarão. Sentindo desprazer em algumas coisas, ele se atormentará e mudará para pior. Se é assim, ele é mortal. Então, se existem, os deuses são mortais. Portanto, deuses não existem.

(142) Se, contudo, existe, deus é um animal. Se é um animal, tem sensação, pois o animal difere do não-animal somente pela sensação. Ora, se tem sensação, ele ouve, vê, cheira e toca. (143) Se é assim, existem algumas coisas em conexão com cada sentido que lhe são congênitas ou repelentes. Por exemplo, com relação à visão, coisas que são simétricas e não o contrário; com relação à audição, sons que são musicais e não de um tipo diferente; e igualmente

com os demais sentidos. Ora, se é assim, existem certas coisas que atormentam deus e, se existem certas coisas que atormentam deus, deus está sujeito à mudança para pior e, assim, também à decadência. Portanto, deus pode perecer. Ora, isso é contrário à concepção geral de deus. Portanto, o divino não existe.

(144) E também é possível basear o argumento de maneira ainda mais efetiva num único sentido, por exemplo, a visão. Com efeito, se existe, o divino é um animal. E se é um animal, ele vê, pois "*Ele, com todo o seu ser, contempla, observa e ouve*".[1]

E se vê, ele vê coisas brancas e pretas. Ora, uma vez que o branco é o divisor da visão e o preto é o compressor da visão, deus tem sua visão dividida e comprimida. E se pode receber a divisão e compressão, também pode receber a decadência. Assim, então, se existe, o divino é extinguível. Ora, o divino não é extinguível. Portanto, não existe.

(146) Novamente, a sensação é uma espécie de alteração, pois é impossível para o que apreende por meio de um sentido não ser alterado, mas permanecer na mesma condição em que estava antes do ato de apreensão. Se, então, tem sensação, deus é alterado, e se é alterado, é passível de alteração e mudança. (147) E, sendo passível de mudança, ele certamente será passível de mudança para pior. E, se é assim, também é perecível. Ora, é absurdo dizer que deus é perecível. Portanto, também é absurdo afirmar que ele existe.

(148) Além disso, se alguma divindade existe, ou é limitada, ou é ilimitada. E não será ilimitada, uma vez que seria tanto sem movimento como inanimada, pois se o ilimitado se move, passa de um lugar para outro, e se passa de lugar para lugar, está no espaço e, estando no espaço, é limitado. Portanto, se algum ilimitado

---

1 Xenophanes, fragmento 2.

existe, é sem movimento, ou, se se move, não é ilimitado. (149) Assim, igualmente, é inanimado, pois, se for unido por uma alma, certamente é unido pelo movimento dos centros para os limites e dos limites para o centro. Ora, no ilimitado não há centro, nem limite, de modo que o ilimitado também não é animado. E, com base nisso, se é ilimitado, o divino nem se move, nem é animado. Ora, o divino se move e participa, como se afirma, da animação. Portanto, o divino não é ilimitado. (150) Nem, contudo, ele é limitado, pois, uma vez que o limitado é uma parte do ilimitado e o todo é superior à parte, é claro que o ilimitado será superior à divindade e dominará a natureza divina. Ora, é absurdo dizer que alguma coisa é superior a deus e domina a natureza de deus. Assim, então, o divino também não é limitado. Ora, se ele não é ilimitado, nem limitado, e, além dessas, não se pode conceber uma terceira possibilidade, o divino é um nada.

(151) E se o divino é alguma coisa, ou é um corpo, ou é incorpóreo. Ora, não é incorpóreo, uma vez que o incorpóreo é inanimado, insensível e incapaz de qualquer ação. Nem é um corpo, uma vez que todo corpo está tanto sujeito à mudança e é extinguível, enquanto o divino é inextinguível. Logo, o divino não existe.

(152) Se, contudo, existe, o divino certamente será animal. E se é animal, certamente será todo virtuoso e feliz (sem virtude, a felicidade não pode subsistir). E se é todo virtuoso, possui todas as virtudes. Mas não possui todas as virtudes, a menos que possua continência e firmeza. E não possui essas virtudes, a menos que existam certas coisas que são difíceis para um deus se abster e difíceis de suportar, (153) pois a continência é "um estado mental incapaz de transgredir as regras da reta razão, ou uma virtude que nos torna superiores às coisas de que parece difícil se abster."

Com efeito, um homem, eles dizem, é continente, não quando se abstém de uma velha mulher com um pé na cova, mas quando tem o poder de desfrutar de Lais e Frínia ou alguma outra mulher charmosa e, então, se abstém. (154) E firmeza é "a ciência das coisas suportáveis e não-suportáveis, ou uma virtude que nos torna superiores às coisas que parecem difíceis de suportar." Com efeito, o homem que se mantém firme quando está sendo cortado e queimado mostra firmeza, não o homem que está bebendo um vinho doce. (155) Existirão, então, algumas coisas que são difíceis para deus suportar e difíceis para ele se abster, pois, se estas não existirem, ele não possuirá essas virtudes, a saber, continência e firmeza. (156) E se ele não possuir essas virtudes, uma vez que não há meio termo entre a virtude e o vício, ele possuirá os vícios que são contrários a essas virtudes, como a fragilidade e a incontinência, pois, do mesmo modo que aquele que não tem saúde tem doença, assim também quem não possui continência e firmeza está sujeito aos vícios opostos, o que é uma coisa absurda de se dizer de deus. (157) E se existem algumas coisas que são difíceis para deus se abster e suportar, existem algumas coisas que são capazes de mudá-lo para pior e causar-lhe tormentos. Ora, se é assim, deus é capaz de receber tormentos e de mudança para pior e, portanto, também de decadência. Assim, se deus existe, é extinguível. Ora, o segundo não é verdadeiro. Logo, o primeiro também não é.

(158) Além disso, em adição aos argumentos precedentes, se é todo virtuoso, deus será corajoso e, se possui coragem, possui "conhecimento das coisas temíveis e não temíveis, e das coisas intermediárias". E, se é assim, há alguma coisa que causa temor a deus. (159) Com efeito, o homem corajoso, certamente, não é corajoso porque possui conhecimento do tipo de coisas que são temíveis

para seu vizinho, mas das que são temíveis para si mesmo, e não se devem identificar estas com as que são temíveis para seu vizinho. Consequentemente, uma vez que deus é corajoso, existe alguma coisa que lhe é temível. (160) Se existe alguma coisa que é temível para deus, existe alguma coisa que causa tormento para deus. E, se é assim, ele é capaz de receber tormento e, portanto, de decadência. Portanto, se existe, o divino é extinguível. Ora, ele não é extinguível. Logo, ele não existe.

(160) Além disso, se é todo virtuoso, o divino também possui grandeza de alma. E se possui grandeza de alma, possui "conhecimento que o torna superior às circunstâncias." Se é assim, existem certas circunstâncias acima das quais ele se eleva como um superior. E, se é assim, existem certas circunstâncias que lhe causam tormento e, assim, será extinguível. Ora, isso não é verdadeiro, nem, então, é a suposição original.

(162) Além disso, se possui todas as virtudes, deus possui a sabedoria. Se possui a sabedoria, ele possui "conhecimento das coisas boas, más e indiferentes." E se possui conhecimento dessas, sabe o que são as coisas boas, más e indiferentes. (163) Então, uma vez que o sofrimento é uma das coisas indiferentes, ele conhece tanto o sofrimento como a sua natureza real. E, sendo assim, ele o experimentou, pois, sem experiência, não teria formado uma ideia dele, mas, assim como o homem que não experimentou as cores branca e preta, por ser cego de nascença, não pode ter uma noção de cor, assim também deus não pode ter uma noção do sofrimento, se não o experimentou. (164) Com efeito, quando nós, que o expermientamos com frequência, somos incapazes de discernir distintamente a qualidade especial da dor sofrida pelos pacientes de gota, de adivinhá-la com base nas descrições ou de obter

explicações consistentes dos que realmente sofrem, uma vez que eles o explicam de diferentes maneiras, e alguns dizem que se parece com o girar, outros, com o dobrar, outros, com o perfurar, então deus, certamente, se não teve nenhuma experiência do sofrimento, não pode possuir uma noção do sofrimento. (165) É verdade, eles respondem, que deus não experimentou o sofrimento, mas o prazer, e a partir deste formou uma noção do outro. Mas isso é tolice. Com efeito, em primeiro lugar, é impossível adquirir uma noção do prazer sem ter experimentado o sofrimento, pois é por causa da remoção de tudo o que causa dor que o prazer realmente subsiste. (166) E, em seguida, se isso for concedido, segue-se mais uma vez que deus é extinguível, pois, se é capaz de receber esse colapso, deus é capaz de receber mudança para pior e é extinguível. Ora, isso não é verdade, nem, consequentemente, é verdadeira a suposição original.

(167) Também, se o divino é todo virtuoso e possui sabedoria, possui também uma deliberação sadia, na medida em que a deliberação sadia é "sabedoria com relação às coisas que exigem deliberação." E se possui deliberação sadia, ele delibera. (168) E se delibera, existe alguma coisa que é não evidente para ele, pois, se não existe nenhuma coisa não evidente para ele, ele não delibera, nem possui deliberação sadia, uma vez que a deliberação está associada ao que é não evidente, sendo "uma busca de uma maneira de se conduzir corretamente sob as circunstâncias presentes." Ora, é absurdo que deus não deva deliberar ou não possua deliberação sadia. Assim, então, ele possui isso e existe alguma coisa que é não evidente para ele. (169) E se há alguma coisa não evidente para deus, é impossível que isso – mais que qualquer outra coisa – não deva ser não evidente para deus, a saber, se existem no infinito quaisquer coisas destrutivas dele. Mas se isso

é não evidente para ele, ele certamente ficará com medo, por causa da expectativa dessas coisas destrutivas que o colocarão num estado de alarme e comoção. (170) E se fica numa comoção desse tipo, será capaz de receber a mudança para pior e, portanto, será extinguível. Disso se segue que ele não existe de maneira nenhuma.

(171) Eis, ainda, outro argumento. Se nada é não evidente para deus, mas ele, por sua própria natureza, é capaz de apreender todas as coisas, ele não possui arte, mas assim como não devemos dizer que existe no sapo ou golfinho, que nadam por natureza, uma arte de nadar, da mesma maneira não devemos dizer que deus, quem, por sua própria natureza, apreende todas as coisas, que ele tem arte, uma vez que a arte tem relação com o que é não evidente e não se apreende por si mesmo. (172) Mas se não tem arte, deus não terá a arte de viver e, portanto, não terá também virtude. Mas, se não tem virtude, deus é não existente. De novo, deus sendo racional, (173) se ele não possui virtude, certamente possuirá seu oposto, o vício. Ora, ele não possui seu oposto, o vício. Portanto, deus possui arte e existe alguma coisa que lhe é não evidente. Disso se segue que ele é extinguível, como argumentamos antes. Ora, ele não é extinguível. Logo, ele não existe.

(174) Outrossim, se, como já mostramos, não possui sabedoria, ele não possui também a temperança, pois a temperança é "um estado que preserva, nas preferências e aversões, as decisões da sabedoria." (175) E, além disso, se não há nada que excite os desejos de deus e nada que atraia deus, como diremos que ele é temperante, quando a temperança é concebida por nós de acordo com essa definição? Com efeito, assim como não devemos dizer que a coluna é temperante, assim também estamos obrigados a negar que deus é temperante. E se deus é despido dessas virtudes,

será despido também da justiça e das demais virtudes. Mas, se não possui virtude, ele é não-existente. Ora, o antecedente é verdadeiro. Logo, o consequente também o é.

(176) De novo, se existe, o divino, ou tem, ou não tem virtude. Se não tem, o divino é indigno e infeliz, o que é absurdo. Mas se a tem, existirá alguma coisa que é melhor que deus, pois, assim como a virtude do cavalo é melhor que o próprio cavalo e a virtude do homem melhor do que quem a tem, assim também a virtude de deus será melhor que o próprio deus. (177) Ora, se é melhor que deus, claramente ele, como deficiente, estará num estado lastimável e será extinguível. Ora, se não existe nada intermediário entre os opostos e se se vê que deus não cai sob nenhum dos opostos, deve-se declarar que deus não existe.

(178) Além disso, se existe, ele, ou é dotado de fala, ou é mudo. Ora, dizer que deus é mudo é perfeitamente absurdo e em conflito com nossas concepções gerais. Mas se é dotado de fala, ele emprega a fala e tem órgãos para falar, como pulmões e traqueia, língua e boca. Ora, isso é absurdo e toca as raias das fábulas de Epicuro. Assim, então, deve-se afirmar que deus não existe. (179) Além disso, se emprega a fala, ele conversa. E se conversa, ele certamente conversa em algum dialeto. Ora, se é assim, por que ele emprega a língua grega em vez do bárbaro? E se o grego, por que o iônico em vez do aeólico ou qualquer das outras línguas? E, claro, ele não emprega todas de uma só vez e, assim, não emprega nenhuma. Com efeito, se emprega o grego, como empregará o bárbaro, a menos que alguém lhe ensine? Mas como alguém lhe ensinará, a menos que tenha intérpretes parecidos com os que entre nós são capazes de interpretar? Devemos dizer, então, que o divino não emprega a fala e, com base nisso, ele é não existente.

(180) De novo, se existe, o divino, ou é um corpo, ou é incorpóreo. Ora, ele não será incorpóreo pelas razões que já expusemos. E se é um corpo, este, ou é composto de elementos simples, ou é um corpo simples e elementar. E se é composto, é extinguível, pois tudo o que é construído pela união de coisas deve necessariamente dissolver e perecer. (181) E se é um corpo simples, é ou fogo, ou ar, ou água, ou terra. Ora, qualquer destes que seja, é sem alma ou razão, o que é absurdo. Se, então, deus não é, nem um composto, nem um corpo simples, e além dessas duas não há uma terceira alternativa, deve-se declarar que deus é nada.

(182) Esse, então, é o caráter desses argumentos. E Carnéades propôs alguns na forma de um sorites, que seu amigo Clitômaco relatou como sendo muito bons e convincentes. Essa é a forma que assumem. Se Zeus é um deus, Poseidon também é um deus

> Éramos três irmãos, todos filhos de Cronos e Réa,
> *Zeus, eu e Hades, o terceiro, com as sombras para seu reino.*
> *Tudo dividido em três, cada um com sua parte da glória.*[2]

De modo que se Zeus é um deus, então Poseidon, sendo seu irmão, também será um deus. E se Poseidon é um deus, Aquelau também será um deus. E se Aquelau, Nilo. E se Nilo, todo rio também será. E se todo rio, todos os ribeirões também serão deuses. E se os ribeirões, então os riachos. Ora, os riachos não são deuses. Logo, Zeus não é um deus. Ora, se os deuses existissem, Zeus seria um deus. Portanto, não existem deuses. (184) Além disso, se o Sol é um deus, o dia também será um deus, pois

2 Homero, *Ilíada*, xv, 187 ss. Poseidon é o narrador.

o dia é somente o Sol acima da terra. E se o dia é deus, o mês também será deus, pois é um composto feito de dias. E se o mês é um deus, também o ano será um deus, pois o ano é composto de meses. Ora, isso não é verdadeiro, nem é portanto a suposição original. E, além disso, eles dizem, é absurdo declarar que o dia é um deus, mas não o alvorecer, o meio-dia e o entardecer. (185) Novamente, se Artemis é uma deusa, Enodia também será uma deusa, pois a última foi considerada uma deusa como a primeira. E se Enodia é uma deusa, também o são Prothiridia, Epimilia e Epiclibania. Ora, isso não é verdadeiro; nem, portanto, a suposição original. (186) De novo, se declararmos que Afrodite é uma deusa, Eros, sendo o filho de Afrodite, será um deus. (187) Mas se Eros é um deus, Eleos também será um deus, pois ambos são afecções psíquicas e Eleos tem sido adorada como Eros (pelo menos entre os atenienses existem alguns altares para Eleos). (188) E se Eleos é um deus, então Fobos também é "Sou o medo, pouquíssimo adequado a contemplar, O deus que, de todos, menos compartilha da beleza".

E se Fobos, então todas as outras afecções da alma. Mas essas não são deuses. Então, nem Afrodite é uma deusa. Ora, se existissem deuses, Afrodite seria uma deusa. Portanto, deuses não existem. (189) De novo, se Demeter é uma deusa, Gê também é uma deusa, pois Demeter, eles dizem, não é senão Gê-meter.[3] Se Gê é uma deusa, as montanhas e falésias e cada pedra serão deuses. Ora, isso não é verdadeiro, nem, portanto, a suposição original. (190) E Carnéades propõe outros argumentos desse tipo, que utilizam o sorites, para mostrar que os deuses não existem. O caráter geral deles está suficientemente claro nos exemplos que já expusemos.

3 Mãe da terra.

(191) Bem, esses são os argumentos opostos alegados pelos filósofos dogmáticos a favor da existência e da inexistência dos deuses. Como resultado desses, introduz-se a suspensão cética do juízo, especialmente uma vez que são suplementados pela divergência das concepções sobre deuses das pessoas comuns. (192) Com efeito, diferentes pessoas têm noções diferentes e discordantes sobre eles, de modo que não se deve confiar em todas essas noções, por causa de sua inconsistência, nem em algumas delas, por causa de sua equipolência. E isso tem confirmação adicional pela mitologização dos teólogos e poetas, pois essa está cheia de todos os tipos de impiedade. (193) Também Xenóphanes, em suas críticas de Homero e Hesíodo, diz

> Aos deuses são atribuídos, por Hesíodo, bem como por Homero,
> Todos os atos que os homens consideram desonrosos e vergonhosos
> Roubando, prostituindo e enganando uns aos outros.

(194) Estabelecemos, com base nisso, que a suspensão segue os argumentos dogmáticos sobre os princípios eficientes.

Cícero

Tradução: Plínio Junqueira Smith

Biografia

A. Crítica do argumento epicurista do consentimento universal

De Natura Deorum I, 57-64

XXI. (57) Então, Cotta entrou na discussão. "Bem, Veleius," ele disse com sua suavidade usual, "se você não tivesse proposto uma doutrina, certamente não ouviria nada de mim. Sempre acho mais fácil pensar argumentos que provam uma coisa falsa do que argumentos que provam que é verdadeira. Isso frequentemente acontece comigo e aconteceu agora mesmo, enquanto eu estava lhe ouvindo. Pergunte-me o que penso sobre como a natureza divina é e provavelmente não responderei, mas questione se eu creio que ela se assemelha à descrição dela que você acabou de dar, e eu direi que nada me parece menos provável. Mas, antes de examinar seus argumentos, darei minha opinião a seu respeito. (58) Saiba que sempre ouvi seu amigo, Lúcio Crasso, declarar que, entre os adeptos romanos do epicurismo, ele lhe colocava em primeiro lugar e que poucos entre os gregos poderia igualar-se a você. Mas, conhecendo a extraordinária estima por você, imaginei que ele falava com a parcialidade de um amigo. Eu mesmo, no entanto, ainda que relutante em lhe elogiar na sua frente, devo, contudo, confessar que sua exposição de um tema obscuro e difícil foi muito iluminadora e não somente exaustiva no tratamento, mas também repleta de um charme incomum na sua escola. (59) Em Atenas, eu frequentemente assistia aos discursos de Zenão, a quem nosso amigo Philo costumava chamar de líder do coro epicurista. De fato, foi Philo quem me sugeriu que eu deveria ir vê-lo, sem dúvida porque eu poderia julgar melhor quão completamente a doutrina epicurista poderia ser refutada quando eu tivesse ouvido uma exposição dela proferida pelo chefe da escola. Ora, Zenão, diferentemente da maioria dos epicuristas, tinha um estilo claro, persuasivo e elegante, como o seu. Mas o que frequentemente me ocorria no caso dele, aconteceu agora mesmo enquanto eu estava lhe ouvindo. Incomodou-me que pessoas tão engenhosas optassem por uma doutrina (perdoe-me por falar assim) tão trivial, para não dizer tão estúpida. (60) Não que eu me proponha neste momento a contribuir com algo melhor. Como acabei de dizer, em quase todos os assuntos, mas especialmente na filosofia natural, sou mais capaz de dizer o que não é verdadeiro do que o que é. XXII. Pergunte-me sobre o ser e a natureza de deus e seguirei o exemplo de Simonides, a quem o rei Hiero formulou essa mesma pergunta. Ele pediu um dia para responder-lhe. No dia seguinte, quando Hiero repetiu a questão, ele pediu dois dias e assim prosseguiu muitas vezes multiplicando o número de dias por dois. E quando Hiero, surpreso, perguntou por que ele procedia assim, ele respondeu: 'Porque quanto mais delibero mais obscuro o assunto me parece'. Ora, Simonides é lembrado não somente como um poeta suave, mas também um homem culto e sábio em outros campos, e suponho que muitas ideias finas e sutis lhe ocorreram de modo que ele não poderia decidir qual era a mais verdadeira e, portanto, desistiu inteiramente da verdade. (61) Mas, com relação a seu mestre Epicuro (pois prefiro enfrentá-lo em vez de enfrentar-lhe), quais de suas afirmações são, não direi dignas da filosofia, mas de uma inteligência comum?

"Numa investigação sobre a natureza dos deuses, a primeira questão que perguntamos é se os deuses existem ou não. 'É difícil negar sua existência.' Sem dúvida o seria se a questão fosse levantada numa assembleia pública, mas numa conversa privada e numa companhia como a presente é muito fácil. Sendo assim, eu, que sou um pontífice e que afirmo ser um dever muito solene manter os direitos e doutrinas da religião estabelecida, deveria estar contente em ser convencido dessa doutrina fundamental, não como um artigo meramente de fé, mas como uma verdade, pois muitas coisas perturbadoras vêm à minha mente, que, às vezes, me fazem pensar que não existe nenhum deus. (62) Mas observe como lido generosamente com você. Não atacarei doutrinas que são partilhadas por sua escola com todos os outros filósofos. Por exemplo, a que está em questão, uma vez que quase todos os homens, e eu não menos que os demais, acreditam que os deuses existem. Por isso, não a desafiarei. Ao mesmo tempo, eu duvido da adequação do argumento que você usou para prová-la. XXIII. Você disse que uma razão suficiente para admitirmos que os deuses existem é que todas as nações e espécies de homens acreditam neles. Ora, esse argumento não é conclusivo, nem verdadeiro. Primeiro, como você sabe no que as raças estrangeiras acreditam? De minha parte, penso que há muitas nações tão incivilizadas e bárbaras que não têm nenhuma noção de qualquer deus. (63) Além disso, Diágoras, chamado o ateu, e, depois, Teodoro, não negaram abertamente a existência divina? Uma vez que Protágoras de Abdera, o maior sofista daquela época, a quem você acabou de aludir, começou um livro com as palavras 'Sobre os deuses, sou incapaz de afirmar ou negar que existem ou que não existem', ele foi sentenciado por um decreto da assembleia ateniense a ser banido da cidade e do país e a ter seus livros queimados em praça pública. Esse é um exemplo que pode ter desencorajado muitas pessoas a proferirem essa frase, uma vez que a mera expressão de dúvida não logrou escapar de punição. O que se deve dizer dos homens culpados de sacrilégio, impiedade ou perjúrio? "Suponha que Lúcio Túbulo, /Lupo ou Carbo, ou algum filho de Netuno"

Como diz Lucilio, tenha acreditado em deuses, teria sido ele um perjuro e impuro? (64) Seu argumento, portanto, não é, como você imagina, uma prova bem fundada da opinião que você sustenta."

B. Crítica de alguns argumentos estoicos

De Natura Deorum III, 7-19

III. (7) "Tratemos de cada ponto por vez," disse Cotta, "e se o primeiro é a doutrina que é universalmente aceita, exceto por pessoas absolutamente infiéis, ainda que de minha parte eu não possa persuadir-me a abandonar minha crença de que os deuses existem, contudo você não me ensina nenhuma razão por que essa crença, da qual estou convencido com base na autoridade de nossos predecessores, deveria ser verdadeira.

"Se você está convencido dela," disse Balbo, "qual a razão para você querer que eu a ensine?"

"Porque," respondeu Cotta, "entrei nesta discussão como se eu jamais tivesse sido ensinado qualquer coisa ou jamais tivesse refletido sobre os deuses imortais. Aceite-me como um pupilo que é um novato e inteiramente rude, e me ensine o que quero saber."

(8) "Diga-me, então," ele disse, "o que você quer saber?"

"O que eu quero saber? Primeiro, por que, depois de dizer que essa parte do seu assunto não precisa de discussão, uma vez que o fato da existência divina seria manifesto e universalmente aceito, você, contudo, discorreu tão longamente sobre precisamente esse ponto."

"Foi porque eu notei frequentemente que você também, Cotta, quando fala no tribunal, esmaga o juiz com todos os argumentos de que é capaz de pensar, desde que o caso lhe dê a oportunidade de agir assim. Ora, os filósofos gregos também procedem dessa maneira, e também eu o fiz, de acordo com minha capacidade. Mas que você me coloque essa pergunta é o mesmo que se você me perguntasse por que eu lhe vejo com dois olhos em vez de fechar um deles, vendo que eu poderia alcançar o mesmo resultado com um olho só."

IV. (9) "Em que medida sua comparação é boa," replicou Cotta, "é uma questão que deixarei para você. De fato, em questões legais, não é minha prática defender uma tese que é evidente e aceita por todas as partes, pois o argumento somente diminuiria sua clareza. E, ademais, mesmo se eu fizesse isso ao defender causas nos tribunais, eu não faria a mesma coisa numa discussão abstrata como esta. Além disso, não haveria nenhuma razão real para você fechar um olho, uma vez que os dois olhos têm o mesmo campo de visão e a natureza das coisas, que você declara estar dotada de sabedoria, quis que tivéssemos duas janelas abertas da mente até os olhos. Você realmente não sentiu confiança em que a doutrina da existência divina era tão evidente quanto você gostaria e, por essa razão, tentou prová-la com uma série de argumentos. De minha parte, um único argumento bastaria, a saber, o de que ela nos foi legada por nossos predecessores. Mas você despreza a autoridade e luta suas batalhas com a arma da razão. (10) Permita-me, portanto, usar minha razão contra a sua.

"Você expõe todos esses argumentos para provar que os deuses existem e, ao argumentar, torna duvidoso um assunto que, em minha opinião, não admite nenhuma dúvida, pois decorei não somente o número, mas também a ordem de seus argumentos. O primeiro era que, quando contemplamos o céu, nós percebemos imediatamente que algum poder existe por meio do qual os corpos celestes são governados. E disso você continuou com a citação: "Contemple essa deslumbrante abóbada celeste, que toda a humanidade invoca como Júpiter."

(11) Como se alguns entre nós realmente dessem o nome de Júpiter ao seu céu antes que ao Júpiter do Capitólio, ou como se fosse evidente e universalmente aceito que esses seres celestes são divinos, os quais Veleio e muitos outros nem sequer lhe concederiam como seres vivos. Você também considerou um argumento poderoso que a crença nos deuses imortais é universalmente aceita e está se espalhando todos os dias. Então, alguém ficaria contente que questões dessa importância sejam decididas

pelas crenças dos tolos? E particularmente vocês, estoicos, que dizem que os tolos são loucos?

V. "Mas você diz que os deuses aparecem para nós numa presença corporal. Por exemplo, eles apareceram para Póstumo no lago Regilo e para Vatino na via Salaria, e também alguma história ou outra sobre a batalha dos Locreanos em Sagra. Então, você realmente pensa que os seres que você chama de filhos de Tindareu, isto é, homens mortais de pais mortais, e que Homero, que não viveu muito depois deles, afirma que foram enterrados em Esparta, vieram cavalgando em cavalos brancos sem sela, encontraram Vatino e escolheram um camponês rude como ele para dar as boas novas de uma grande vitória nacional, em vez de Marco Cato, que era o principal senador no período? Ora, então você também acredita que a marca na pedra, parecida com uma pegada, que se pode ver hoje nas margens do lago Regilo, foi feita pelo cavalo de Castor? (12) Você não preferiria acreditar na doutrina perfeitamente aceitável segundo a qual as almas dos homens famosos, como os filhos de Tindareu, de quem você fala, são divinas e vivem para sempre, em vez de crer na de que homens que já foram queimados para sempre numa pira funerária foram capazes de cavalgar em cavalos e lutar em batalhas? Ou, se você mantiver que isso é possível, então você terá de explicar como isso foi possível, e não apenas aludir a meras fábulas."

(13) "Você realmente acredita que são meras fábulas?" respondeu Lucilio. "Você não sabe do templo no fórum dedicado a Castor e Pólux por Aulo Póstumo ou da resolução do senado com relação a Vatino? Quanto a Sagra, os gregos realmente têm um provérbio sobre isso: quando afirmam alguma coisa, eles dizem que é 'mais

certo que o assunto em Sagra.' Certamente sua autoridade deve ter algum peso sobre você."

"Ah, Balbo," respondeu Cotta, "você me combate com rumores, mas eu lhe peço razões..."[1]

VI. (14) "... seguem os acontecimentos futuros, pois ninguém pode escapar do que é futuro. Mas frequentemente nem é uma vantagem saber o que acontecerá, pois é miserável sofrer tormentos inúteis e não ter a consolação final, porém universal, da esperança, especialmente quando a sua escola também afirma que todos os acontecimentos são fatais, fatal significando o que desde sempre foi verdadeiro. O que há de bom, portanto, em saber que alguma coisa vai acontecer ou como isso nos ajuda a evitá-la, sabendo que certamente acontecerá? Além disso, de onde deriva sua arte de adivinhação? Quem achou a ferida no fígado? Quem anotou o gralhar do corvo ou os sortilégios? Não que eu não creia nessas coisas ou me preocupe em rir do bastão de Ato Navio do qual você falou. Mas como esses modos de adivinhação foram aprendidos? Isso é o que os filósofos devem me ensinar, especialmente se os seus adivinhos dizem um monte de mentiras. (15) 'Ora, mas os médicos,' você argumentou, 'também estão frequentemente errados.' Mas que semelhança existe entre a medicina, cuja base racional posso enxergar, e a adivinhação, cuja fonte não posso entender? Novamente, você pensa que os deuses foram aplacados pelo sacrifício dos Décios. Mas como os deuses podem ter sido tão injustos que sua ira contra o povo romano somente poderia ser apaziguada pela morte de heróis como os Décios? Não, o sacrifício dos Décios era um expediente do generalato, ou um estratagema,

1 Infelizmente, o texto está corrompido e perdeu-se parte da argumentação de Cotta.

como dizem os gregos, ainda que um expediente para generais que estavam prontos para dar suas vidas no serviço de sua pátria. Sua noção era: se um comandante galopa contra o inimigo, suas tropas devem segui-lo, e assim ocorreu. Com relação às afirmações do fauno, nunca ouvi uma, mas, se você diz ter ouvido, aceitarei sua palavra, ainda que eu não saiba o que seja um fauno. VII Portanto, Balbo, no que depender de você, não entendo a existência de deus. Creio nela, mas os estoicos não a explicam minimamente.

(16) "Quanto a Cleantes, sua opinião é, como você nos dizia, que as ideias dos deuses são formadas na mente humana de quatro maneiras. Já discuti suficientemente uma dessas maneiras: a que deriva de nosso pré-conhecimento dos acontecimentos futuros; a segunda é baseada nas perturbações meteorológicas e outras mudanças do clima; a terceira, na utilidade e abundância de bens que estão à nossa disposição; a quarta, nos movimentos ordenados das estrelas e na regularidade dos céus. Já falamos sobre o pré-conhecimento. Com relação às perturbações meteorológicas na terra e no mar, não se pode negar que há muitas pessoas que têm medo desses acontecimentos e pensam que são causados pelos deuses imortais, (17) mas a questão não é se há pessoas que pensam que os deuses existem, mas a questão é: os deuses existem ou não? Sobre as demais razões expostas por Cleantes, a que deriva da abundância de bens dados para nós e a da sequência ordenada de estações e a regularidade dos céus, essas razões serão tratadas quando discutirmos a divina providência, sobre a qual você, Balbo, falou bastante. (18) Bem como defiro para a mesma oportunidade o argumento que você atribui a Crisipo, segundo o qual, uma vez que existe alguma coisa no universo que não poderia ser criada pelo homem, alguma coisa de ordem superior deve existir. Também

deixo para essa oportunidade sua comparação da bela mobília numa casa e sua referência à harmonia e propósito comum de todo o mundo, assim como o silogismo de Zenão, conciso e penetrante, adiaremos a essa parte de meu discurso que acabei de mencionar. Igualmente com todos os seus argumentos de natureza científica sobre a força ígnea e calor, que você alegou ser a fonte universal de geração, serão oportunamente examinados. E reservarei a discussão sobre tudo o que você disse anteontem, quando tentou provar a existência divina, para mostrar que o mundo como um todo e o Sol e a Lua e as estrelas possuem sensação e inteligência, para a mesma ocasião. (19) Mas a questão que eu te colocarei repetidas vezes é esta: quais são as suas razões para crer que os deuses existem?"[2]

2 A discussão detalhada de todos esses argumentos se acha dispersa ao longo do livro III, quando Cotta ataca a doutrina estoica sobre a natureza dos deuses. Esse, no entanto, é um assunto para outra coletânea.

A filosofia moderna contra o Deus cristão

Bayle

Tradução: Plínio Junqueira Smith

Biografia

Para alguns, um pensador protestante; para outros, um fideísta; para outros ainda, um cético; para outros, finalmente, um pensador que se afastou progressivamente do cartesianismo e acabou formulando uma versão radical do materialismo ateu. O francês Pierre Bayle, autor do *Dicionário histórico e crítico* (do qual extraímos os trechos abaixo traduzidos), é um pensador de difícil classificação, pois costuma apresentar as questões filosóficas em todas as suas facetas e com todas as suas dificuldades. Tendo vivido entre 1647 e 1706, foi um dos precursores da ideia de que caráter e fé não teriam laços necessários, ou seja, de que para ser virtuoso não seria fundamental a um indivíduo ser também, ao mesmo tempo, um crente; tampouco, por consequência, que um indivíduo fiel e temente a Deus seria, em razão desse fato, um poço de virtude. Numa época de implacáveis perseguições por intolerância religiosa. Bayle ousou argumentar favoravelmente à tese de que uma sociedade de ateus funcionaria tão ou até mais harmoniosamente do que uma sociedade de cristãos. Com isso, o filósofo separa a esfera religiosa da esfera da ética, enfatizando a autonomia delas uma em relação à outra. Para Bayle, a principal dificuldade para se afirmar a existência do Deus cristão é a existência do mal. Como conciliar um Deus sumamente bom, sumamente poderoso e sumamente sábio com a existência do mal? Parece impossível atribuir a um único Ser todos esses atributos. Um dilema parece incontornável a quem se dedica a pensar sobre o assunto: ou devemos negar a existência do mal, o que parece impossível, já que o sofrimento humano se impõe a todos como um fato inegável, ou devemos negar um desses atributos a Deus, o que seria renunciar à ideia cristã de Deus. Uma solução alternativa seria o maniqueísmo, mas também essa doutrina enfrenta, no entender de Bayle, suas próprias dificuldades.

Zabarella

(G) *Falaremos da obra em que ele [Zabarella] sustenta que a prova de que existe um Deus, extraída da existência de um primeiro motor, só é boa quando se supõe que o movimento é eterno.*

Tudo o que acabamos de falar neste verbete e tudo o que está contido na observação (H) foi composto no mês de março de 1697. Eu o reli no mês de agosto de 1701, para enviá-lo à gráfica, e me lembrei, ao reler, de que eu tinha as obras de nosso Zabarella havia dois ou três anos.[1] Pensei, portanto, que era preciso examinar o que ele diz e conferir as conjecturas que eu tinha feito quando tinha por guia somente uma citação de Bérigardus. Esse exame me mostrou que elas não acertam o alvo e que o estado da questão não é como eu havia imaginado. Eu as mantenho, contudo, sem nenhuma modificação. Elas poderão ser um assunto de reflexão e, em todo caso, serão um testemunho de minha ingenuidade e mostrarão que não uso artifícios. Há autores que, em situações similares, corrigem seu manuscrito e não deixam de dizer: "Eis o que tínhamos conjecturado antes de ver a obra; descobrimos, depois, lendo-a, que nossas conjecturas estavam de acordo com o próprio livro." Quero agora agir de boa fé, quero que se saiba a diferença que existe entre o que eu julgava do escrito de Zabarella antes de tê-lo lido e o que devo dizer depois de tê-lo lido. Eis uma pequena análise do seu tratado.

Seu título é *Inventione aeterni Motoris* e contém somente oito páginas e meia na minha edição.[2] A primeira tese do autor é essa: a única maneira de descobrir que existe uma substância imaterial é por meio do movimento; mas ele afirma limitar-se aos conhecimentos que podemos ter naturalmente e exclui a revelação. "*Hâc praemissa protestatione, non hâc de re secundium principia philosophiae Arist. Esse loquuturos, est illam tantùm substantiarum à materiâ abjunctarum notitiam, quam via naturali adipis-*

1 Bayle tinha escrito o verbete sem ter lido as obras de Zabarella, utilizando-se somente de fontes secundárias. Ele havia tentado obter suas obras, mas não tinha conseguido. Bayle atribuiu a dificuldade de conseguir obras de filósofos escolásticos devido ao desprezo generalizado. Quando, posteriormente, as obras de Zabarella chegaram às suas mãos, ele introduziu essa observação, certamente a mais importante do verbete.

2 É a de Frankfurt, *sumptibus haeredum Lazari Zetzneri*, 1518, in 4°.

cimur, consideraturos, omissa penitùs earundem cognitione, quam revelatione divina et lumine supernaturali accepimus; verissimam illam quidem, sed Arist. Cujus dicta interpretanda suscepimus, prorsùs absconditam".[3] Ele adota a doutrina de Averróis, que rejeitou as outras provas que Avicena pretendeu encontrar nos livros de Aristóteles. Por exemplo, essas: existe um ser dependente de outro; logo, existe um ser primeiro que não depende do que quer que seja; pois, de outro modo, seria preciso admitir o progresso ao infinito; ora, esse primeiro ser é Deus; portanto etc. Existe uma perfeição e uma bondade maiores que outras, portanto existe uma perfeição e uma bondade soberanas; ora, o ser que tem essa perfeição e essa bondade é Deus; logo, existe um Deus. Averróis responde que tudo isso prova somente a existência de uma natureza independente das outras e mais perfeita que as outras, mas não sua imaterialidade. Ele acrescenta que os filósofos antigos, que admitiam apenas os corpos, diriam que essa natureza independente e muito perfeita não é senão o céu.[4] Zabarella conclui que, para chegar naturalmente à noção de uma substância imaterial, é preciso raciocinar assim: o céu tem um movimento que não cessa; tudo o que se move é movido por um outro; tudo o que é corporal é móvel; e não há progresso ao infinito entre os motores e as coisas movidas; logo, existe um primeiro motor que é separado dos corpos.

3 Jacobus Zabarella, *de Rebus naturalibus*, p. m 253. [Não é preciso traduzir o texto em latim, pois Bayle reproduz seu conteúdo no texto. O mesmo vale para as outras passagens em latim.]

4 *Quare illi philosopjii, quorum mentionem facit Plato in Sophistâ, qui praeter res corporeas et sensiles nil aliud existere concedebant, dicerent illud summum et optimum, et perfectissimum, non esse nisi caelum, nec ullum praeter illud dari alium Deum. Idem, ibidem*, p. 254.

Ele investiga, em seguida, se o movimento, qualquer que seja, fornece uma prova da existência desse motor e coloca-se do lado da negativa, pois conclui que somente a eternidade do movimento poderia provar a existência de um motor separado da matéria. Ele examina a opinião dos que pretendem que Aristóteles sustentou[5] que mesmo o movimento que começou pode nos conduzir ao conhecimento de um primeiro motor espiritual. Esse filósofo, eles dizem, raciocinou dessa maneira: tudo o que se move é movido por outro e não há progresso ao infinito; logo, existe um primeiro motor que é imóvel e, consequentemente, é incorporal; pois, se fosse um corpo, seria absolutamente necessário que fosse móvel. Zabarella responde que esse argumento de Aristóteles pode nos levar somente à existência de um motor que é imóvel num sentido genérico, no qual se podem incluir as almas dos animais. Essas almas, ele continua, são imóveis, enquanto não são móveis por si mesmas, mas somente por acidente. Ora, ainda que sejam móveis por acidente, não as deixamos de chamar primeiros motores, segundo a ordem que é essencial às coisas moventes. "*Si hunc Aristotelis discursum consideremus, manifestum est, per eum nos non duci ad alium motorem immobilem, quàm latè acceptum, qui animas quoque animalium mortalium complectatur; immobiles enim sunt, quatenùs non sunt per se móbiles, quam incorporeae sint, sed tamen sunt per accidens móbiles; neque per id fit, quin dicantur motores primi juxta ordinem moventium essentialem*".[6] Ele acrescenta que os que ele combate, percebendo o defeito do argumento, supriram o que lhe falta e disseram o seguinte: o céu se move, ele

5 Na *Física* VIII [Tradução parcial em *Dez provas da existência de Deus*, São Paulo: Alameda editorial, 2006.]

6 Aristóteles, *Fìsica* VIII, p. 255. [Bayle cita a página do texto de Zabarella.]

é movido por outra coisa; logo, existe um primeiro motor imóvel. Mas esse motor é eterno ou não é? Se é eterno, temos o que procuramos: o movimento do céu, qualquer que possa ser, mesmo de dois dias, nos conduz à existência de Deus. Se esse motor não é eterno, ele cessará algum dia; existe, portanto, alguma coisa que o destrói; logo, não é um primeiro motor e é preciso retirar-lhe essa característica e dá-la a essa outra coisa que o faz morrer. Teríamos, no entanto, subido até o primeiro motor e raciocinaríamos sobre essa hipótese: que absurdo, portanto, seria responder o que não está de acordo com uma suposição com que as partes litigantes concordaram? Mas, finalmente, essa coisa que fará morrer mais cedo ou mais tarde o que tínhamos considerado como o primeiro motor imóvel, não será ela esse primeiro motor? E, para sê-lo, não é preciso que ela não tenha nada acima de si que possa produzir nela algum movimento? Ela é, portanto, eterna, ela é, portanto, o que precisávamos encontrar seguindo a pista do argumento de Aristóteles. Vejamos a réplica de Zabarella. Ela diz respeito unicamente à solução desse dilema: o primeiro motor é eterno ou não é; se é, nós ganhamos; se não é, há, portanto, outro motor que pode destruí-lo, há, portanto, um motor acima do primeiro motor. Ora, isso é absurdo e contrário à suposição com a qual tínhamos concordado. Ele responde[7] que o primeiro motor encontrado por seus adversários não é eterno e que é um ser de mesma natureza que a alma dos animais, que é a forma do céu e que o céu, sendo composto de quatro elementos contrários uns aos outros, começou e morrerá como as outras partes do mundo; que da ruína do céu

7 *Idem, ibidem*, p. 256.

resultará necessariamente a destruição da alma motriz do céu;[8] que ela não morrerá pela ação de um primeiro motor; e que, assim, do fato de que ela será destruída não se seguirá que existe acima dela um agente ou uma causa eficiente. Basta que ela esteja unida a um corpo perecível por sua natureza, pois a corrupção desse corpo implica necessariamente a corrupção de sua forma ou da alma que faz nele as funções do primeiro motor. "*Quando igitur hi dicunt, si primus motor universi est corruptibilis, ergò non est primus, negandum est consequens ; ad probationem autem, quum dicunt, corrumpetur à motore priore, hoc quoque est negandum ; non enim eo quòd est corruptibilis, requiritur motor prior, à quo corrompatur, sed quum sit incorporeus, et forma corporis, satis causae est ad ipsum interimendum corruptibilitas corporis,cujus est forma; corpus autem ipsum, quum sit elementare, à suo contrario laedi et interimi potest*".[9] É porque, ele conclui, o movimento em geral só prova que existe um primeiro motor imóvel como o são as almas dos animais e somente o movimento eterno é a prova de um primeiro motor eterno. "*Ex motu igitur absolutè accepto absque consideratione aeternitatis nil aliud ostenditur, quàm dari primum motorem universi immobilem eo modo, quo animae animalium brutorum Sun immobiles, hoc est, non per se mobilem; quod autem Nec per se, Nec per accidens mobilis sit, proindè à matéria adjunctus, et impartibilis, et infatigabilis, et sempiternus, id eâ ratione non ostenditur; quapropter nullum aliud philosopho naturali médium relinquitur ad*

8 *Dicam itaque, ex interitu caeli necessário fieri ut anima quoque motrix intereat, quia licet haec contrarium non habeat, tamen ex subjecti corporis interitu ex necessitate deficeret, quum sit forma materialis quales sunt animae animalium; animam humanam semper excipio. Idem, ibidem.*

9 *Idem, ibidem.*

demonstrandum primum motorem aeternum, nisi motus aeternus; quando enim sumimum motum universi unum et eundem numero aeternum esse, statim inferimus, eum ab uno tantùm motore totum produci; quare necesse est, motorem illum esse infatigabilem, et sempiternum".[10]

Não seria fácil aos peripatéticos refutar essas razões de Zabarella. Ele argumenta contra eles *ad hominem*, valendo-se da doutrina deles sobre as formas substanciais e sobre a virtude motriz e primitiva da alma dos animais.[11] Os modernos, que rejeitaram com razão esses dogmas, o refutariam sem esforço e não encontrariam nada espinhoso nas suas objeções. Note, de passagem, como podem ser perigosas e perniciosas as consequências da hipótese dos aristotélicos sobre a atividade interna das formas distintas da matéria. É um dogma que admite um número quase infinito de primeiros motores e, disso, pode-se passar facilmente à rejeição de um primeiro motor universal ou à afirmação de que este está sujeito à morte. A alma de cada homem e de cada animal é em seu gênero um primeiro móvel. Ela se move a si mesma e imprime movimento ao corpo do qual é a forma. Pode-se, analogamente, encontrar o mesmo princípio nos corpos inanimados. A forma dos corpos pesados não precisa de um motor externo para empurrá-los para o centro, nem a dos corpos leves para afastá-los dele. Ela é, a esse respeito, seu primeiro motor. Ora, uma vez aceita essa hipótese dos aristotélicos, não será mais necessário um motor universal dos céus. Cada planeta será movido por sua forma, o céu das estrelas fixas será movido também pela sua

10 Aristóteles, *Física* VIII, p. 257.

11 A maior parte dos filósofos antigos acreditaram que a característica essencial da alma era a de se mover a si mesma. Ver Aristóteles, *De anima*, I, 2, e Platão, *Phaedro*, 1221 D.

forma e nenhum dos motores poderá passar por indestrutível, ele estará sujeito ao destino comum das formas, que não podem subsistir após a desorganização da matéria que lhe está unida.[12] Zabarella, compreendendo muito bem essa consequência, disse que a alma do céu morrerá um dia, desde que a matéria do céu seja composta de princípios que se chocam uns com os outros. É tão evidente que a matéria é mutável que os antigos filósofos acreditaram que os gênios não eram inteiramente separados da matéria, acreditaram que eram mortais, sem excetuar o maior de todos. A história contada por Plutarco é testemunho disso, "O grande Pan morreu".[13] Se soube penetrar as consequências do dogma comum das escolas, Zabarella não foi menos justo quando disse que, para encontrar um primeiro motor eterno, é preciso parar numa causa que seja única e tenha produzido todo o movimento. É uma vantagem que se encontra na filosofia cartesiana. Esta dá a Deus toda a força motriz e imediata do universo e não partilha essa força entre o criador e as criaturas. A multidão de motores pode conduzir insensivelmente ao ateísmo mais perigoso e é daí, sem dúvida, que surgiu o ateísmo dos filósofos chineses.[14] Esses acreditavam, no começo, em um Deus superior, imaterial e infinito, mas, como atribuíam grandes virtudes naturais aos corpos e, principalmente, aos corpos celestes, eles se esqueceram paulatinamente da divindade imaterial

12 Conferir com isso a comparação, feita no tomo XIV, p. 593, observação (I) do verbete "Xenocrates", entre os deuses de Xenócrates e os escravos serviglebas.

13 Plutarco, *de Oracul, defectu*, p. 419. Ver também a observação (I) do verbete "Crisipo", tomo V, p. 172.

14 Ver o verbete "Espinosa", observação (X), tomo XIII, p. 456.

e se limitaram aos princípios materiais. O céu visível e material é, atualmente, seu grande deus.[15]

De resto, não se deve espantar que a inquisição da Itália tenha permitido a Zabarella seguir Averróis na rejeição de algumas provas da existência de Deus. A liberdade é muito grande em toda parte a esse respeito. Desde que um doutor admita que essa existência pode ser provada por outros meios, é-lhe concedida a liberdade de criticar tal ou tal prova particular. Os cartesianos são mais atormentados com a demonstração fornecida pelo Sr. Descartes da existência de Deus do que com qualquer outra coisa. Vemos todos os dias que pessoas muito ortodoxas renovam essa disputa. O Sr. Wérenfels, professor em Bâle, sustentou, num escrito impresso, que esse argumento do Sr. Descartes é um puro paralogismo. O Sr. Swicer, professor em Zurique, respondeu-lhe. O Sr. Jaquelot, ministro de Haia, também lhe deu uma resposta, que foi inserida na *História das obras dos sábios.*[16] O sr. Brillon, doutor da Sorbonne, viu essa resposta, não ficou contente com ela e publicou[17] uma memória para mostrar que o Sr. Descartes fornece um sofisma e não uma demonstração. O padre François Lami, religioso beneditino, refutou essa memória.[18] O sr. Jaquelot, por sua vez, replicou.[19] O sr. l'Herminier, doutor da Sorbonne, acaba de publicar um livro,

---

15 Veja muitas provas disso na *Apologia dos Dominicanos*, impressa em Colônia, 1699, p. 79 e ss. Ver também o verbete "Espinosa", observação (X), tomo XIII, p. 456.

16 No mês de maio de 1700, p. 100 e s.

17 No Segundo *Journal des Savants*, do ano 1701.

18 Ver o *Journal de Trévoux*, janeiro e fevereiro de 1701, p. 104 e ss., edição holandesa.

19 Ver a *História das obras dos Sábios*, mês de maio de 1702, p. 226 e ss.

no qual não somente rejeita as *demonstrações do Sr. Descartes sobre a existência de Deus*, mas também a maioria das outras. "Das cinco que foram propostas por santo Tomás e que são comumente empregadas pelos filósofos e teólogos, esse doutor rejeita quatro e reconhece que somente uma é suficiente contra os ateus, pois ele considera um paralogismo provar a divindade por alguma dessas razões: que tudo o que existe não pode ser contingente e que deve existir um ser que existe necessariamente por si mesmo; que não se pode admitir um número infinito de causas subordinadas entre si e que é preciso absolutamente reconhecer uma causa primeira da qual todas as outras sejam dependentes; que a matéria não pode dar a si mesma movimento, que é uma necessidade existir um primeiro motor incorpóreo, do qual ela o tenha recebido mediata ou imediatamente; que, encontrando-se nos seres existentes diversos graus de perfeição, como bondade, beleza, poder etc., é preciso que exista um ser soberanamente perfeito, em relação ao qual se possa dizer que uns são mais ou menos perfeitos do que outros, conforme eles se aproximam mais ou menos de sua perfeição. Depois de ter afirmado que essas quatro demonstrações não passam de sofismas, a quinta, que o Sr. Herminier considera como a verdadeira demonstração da existência de Deus, é aquela que se apoia na estrutura do universo e na maneira pela qual este subsiste numa tão bela ordem de todas as suas partes e com uma regularidade tão constante de seus movimentos".[20] Eis o que se encontra no *Journal de Trévoux*, num extrato do livro do Sr. l'Herminier.[21] Há muito tempo que um escolástico bastante famoso[22] declarou serem

20 *Journal de Trévoux*, maio e junho de 1701, p. 317, edição holandesa.

21 O livro tem como título: *Summa Theologiae ad usum Scholae accommodata.*

22 Gabriel Biel, no *Magistrum Sententiarum*, distinção II, questão X, artigo III.

todas as provas que a razão pode fornecer da existência de Deus somente prováveis. Esse doutor da Sorbonne não vai tão longe.

Maniqueístas

(D) ... *seria muito difícil refutar* [o falso dogma dos dois princípios, um bom, outro mau], *sustentado por filósofos pagãos afeitos à disputa.*

Por razões *a priori* eles [os maniqueístas] teriam sido postos em fuga. As razões *a posteriori* eram o seu forte, nessas podiam combater por muito tempo e seria difícil dobrar-lhes. Entender-se-á melhor o que quero dizer pela exposição que se vai ler. As ideias mais seguras e as mais claras de ordem nos ensinam que um ser que existe por si mesmo, que é necessário, que é eterno, deve ser único, infinito, todo poderoso e dotado de todos os tipos de perfeição. Assim, consultando essas ideias, não se encontra nada mais absurdo do que a hipótese dos dois princípios eternos e independentes um do outro, dos quais um não teria nenhuma bondade e poderia impedir os desígnios do outro. Eis o que chamo de razões *a priori*. Essas nos conduzem necessariamente a rejeitar essa hipótese e a admitir somente um princípio de todas as coisas. Se bastasse apenas isso para a bondade de um sistema, o processo seria anulado pela confusão de Zoroastro e de todos os seus seguidores, mas não há sistema que, para ser bom, não precise de duas coisas: uma, que suas ideias sejam distintas; outra, que esse possa explicar as experiências. É preciso, portanto, ver se os fenômenos da natureza podem ser comodamente explicados pela hipótese de um único princípio. Os maniqueístas nos dão pena quando alegam que, como se veem no mundo muitas coisas que são contrárias umas às outras, o frio e o quente, o branco e o preto, a luz e as trevas, existem necessariamente dois princípios primeiros.[23] A oposição que se encontra entre esses seres, fortificada tanto quanto se queira pelo que se chama variações, desordens, irregularidades da natureza, não poderiam fazer nem meia objeção contra a unidade, simplicidade e imutabilidade de Deus. Explicam-se todas essas coisas, ou pelas diversas faculdades que Deus deu aos corpos, ou pelas leis do movimento que Ele estabeleceu, ou pelo concurso das causas ocasionais inteligentes, de acordo com as quais Lhe aprouve regular-se. Isso não exige as quintessências imaginadas pelos rabinos e que forneceram a um bispo italiano um argumento *ad hominem* a favor da encarnação. "Dessa união, o autor fala de maneira difusa, relatando os exemplos e as comparações com as quais os rabinos a explicam (alguns são os mesmos que utilizam nossos teólogos para explicar a encarnação) e, com as mesmas doutrinas que eles, ele prova com evidência que ela nada é senão uma ensefiração,[24] isto é, duas naturezas sefiradas e a divindade juntas num suposto."[25] Eles dizem que Deus se uniu com dez inteligências muito puras chamadas Sefiras e que ele opera com elas de tal maneira que é preciso atribuir-lhes todas as variações e imperfeições dos efeitos. "Atribuindo a Deus nos livros sagrados os atos opostos entre si e imperfeitos para salvar sua imutabilidade e suprema perfeição, eles introduziram uma hierarquia de dez inteligências muito puras, por meio

23 Cf. Santo Epifânio, quando ele fala de Scythianus, p. 619, *Contra os hereges*.

24 As Sefiras são, segundo a Cabala, as dez perfeições da essência divina [N. do T.].

25 Josepho Ciantes, bispo de Marsique, *Discurso sobre a muito santa incarnação defendida pelas muito célebres doutrinas dos hebreus contra as oposições a esses mesmo argumentos*, in *Journal d'Italie* de agosto de 1668, p. 102.

das quais como instrumentos de sua potência, ele realiza todas as coisas, mas de tal maneira que somente a elas são atribuídas toda a variedade, imperfeição e mudança."[26] Sem se comprometer com tanto custo, pode-se salvar a simplicidade e imutabilidade das vias de Deus: basta, para isso, somente o estabelecimento das causas ocasionais, desde que se tenha que explicar somente os fenômenos corporais e que não toque no homem. Os céus e todo o resto do universo pregam a glória, a potência, a unidade de Deus. Somente o homem, essa obra-prima de seu criador entre as coisas visíveis, somente o homem, digo, fornece objeções muito grandes contra a unidade de Deus. Eis como.

O homem é mau e infeliz. Cada um sabe isso pelo que se passa dentro de si e pelo comércio que está obrigado a ter com seu próximo. Basta viver cinco ou seis anos[27] para estar perfeitamente convencido desses dois pontos. Os que vivem muito e os que estão muito imersos nos negócios, sabem isso ainda mais claramente. As viagens nos dão lições perpétuas a esse respeito, mostrando-nos em todos os lugares os monumentos da infelicidade e da maldade do homem. Em todos os lugares, prisões e hospitais; em todos os lugares, forcas e mendigos. Você vê aqui os vestígios de uma cidade florescente, ali você não pode sequer encontrar as ruínas.[28]

"Agora há uma ceifa onde estava Troia e é preciso cortar com uma foice o terreno florescente e adubado pelo sangue frígio."[29]

26 *Journal d'Italie*, agosto de 1668, p. 101.

27 Nessa idade, uma criança já fez e sofreu maldades, teve tristeza e dor, se entediou etc.

28 Ver a *Conversa* XXX de Balzac.

29 Ovídio, *Epistola de Penélope a Ulysses*, verso 53.

Leia essas belas palavras extraídas de uma carta que foi escrita a Cícero: "Voltando da Ásia, eu navegava de Egina para Mégara e pus-me a observar as regiões vizinhas. Atrás de mim estava Egina, diante de mim Mégara, à minha direita o Pireu, à minha esquerda Corinto. Essas cidades, numa época muito florescentes, agora aniquiladas e destruídas, jazem sob o olhar."[30] As pessoas de estudo, sem sair de seu gabinete, são as que adquirem mais luz sobre esses dois pontos, porque, lendo história, passam em revista todos os séculos e todos os países do mundo. A história é, propriamente falando, uma coleção de crimes e infortúnios do gênero humano, mas observemos que esses dois males, um moral e outro físico, não ocupam toda a história, nem toda a experiência dos particulares. Encontram-se, em todos os lugares, tanto o bem moral, como o bem físico, alguns exemplos de virtude, alguns exemplos de felicidade. E é isso o que causa a dificuldade, pois se houvesse somente pessoas infelizes e más, não seria preciso recorrer à hipótese dos dois princípios. É a mistura da felicidade e da virtude com a miséria e o vício que exige essa hipótese, é nela que reside a força da seita de Zoroastro. Veja o raciocínio de Platão e de Plutarco nas passagens que citei acima.

Para que se veja como é difícil refutar esse falso sistema e se conclua que é preciso recorrer às luzes da revelação para arruiná-lo, imaginemos aqui uma disputa entre Melisso e Zoroastro. Ambos eram pagãos e grandes filósofos. Melisso reconhecia somente um princípio e diria, de início, que seu sistema está admiravelmente de acordo com as ideias de ordem: o ser necessário não é limitado, portanto é infinito e todo poderoso, portanto é único, e seria uma coisa monstruosa e contraditória se não tivesse bondade e se

30 Sulpício a Cícero, *Cartas familiares*, Epístola V, livro IV.

tivesse o maior dos vícios, a saber, uma malícia essencial. Confesso, responderia Zoroastro, que suas ideias são bem inferidas e admito de bom grado que, a esse respeito, suas hipóteses superam as minhas. Renuncio a uma objeção de que poderia me servir, que consistiria em dizer que, devendo o infinito compreender tudo o que é real e não sendo a malícia um ser menos real que a bondade, o universo exige que existam seres maus e seres bons; como a suprema bondade e a suprema maldade não podem subsistir num único sujeito, foi preciso necessariamente que existisse na natureza das coisas um ser essencialmente bom e outro ser essencialmente mau. Renuncio, digo, a essa objeção, dou-lhe a vantagem de estar mais conforme do que eu às noções de ordem, mas me explique um pouco por sua hipótese de onde vem que o homem é mau e tão sujeito à dor e à tristeza. Desafio-lhe a encontrar nos seus princípios a razão desse fenômeno, como eu a encontro nos meus. Reconquisto, portanto, a vantagem: você me supera na beleza das ideias e nas razões *a priori*, e eu lhe supero na explicação desses fenômenos e nas razões *a posteriori*. Visto que a principal característica do bom sistema é ser capaz de dar a razão das experiências e que basta a incapacidade de explicá-las para ter uma prova de que uma hipótese não é boa, ainda que pareça bela de outros pontos de vista, você deve concordar que eu atinjo o alvo ao admitir os dois princípios e que você não o atinge, você que admite apenas um.

Eis-nos, sem dúvida, no nó da dificuldade: está aqui a grande ocasião para Melisso. "Aqui está Rodes, aqui o salto. Agora é preciso coragem, Eneias, agora um coração firme". Continuemos a fazer falar Zoroastro.

Se é a obra de um único princípio supremamente bom, supremamente santo, supremamente poderoso, pode o homem estar exposto às doenças, ao frio, ao calor, à fome, à sede, à dor, à tristeza? Pode ter tantas más inclinações? Pode cometer tantos crimes? A suprema santidade pode produzir uma criatura criminosa? A suprema bondade pode produzir uma criatura infeliz? A suprema potência, unida a uma bondade infinita, não encherá de bens sua obra e não afastará tudo o que poderia feri-la ou entristecê-la? Se consultar as noções de ordem, Melisso responderá que o homem não era mau quando Deus o fez. Ele dirá que o homem recebeu de Deus um estado feliz, mas que, não tendo seguido as luzes da consciência, que segundo a intenção de seu autor deveria conduzi-lo pelo caminho da virtude, ele se tornou mau e mereceu que Deus, supremamente justo, tanto quanto supremamente bom, lhe fez sentir os efeitos de sua cólera. Não é, portanto, Deus que é a causa do mal moral, mas é a causa do mal físico, isto é, da punição do mal moral, punição que, bem longe de ser incompatível com o princípio supremamente bom, emana necessariamente de um de seus atributos, quer dizer, de sua justiça, que não lhe é menos essencial do que sua bondade. Essa resposta, a mais razoável que Melisso poderia dar, é, no fundo, bela e sólida, mas pode ser combatida por razões que têm alguma coisa de mais especioso e mais fascinante, pois Zoroastro não deixaria de representar que, se fosse a obra de um princípio infinitamente bom e santo, o homem teria sido criado não somente sem nenhum mal real, mas também sem nenhuma inclinação para o mal, visto que essa inclinação é um defeito que não pode ter por causa esse princípio. Resta, portanto, dizer que o homem, saindo das mãos de seu criador, tinha somente a força de se determinar por si mesmo para o mal e que, tendo assim se determinado, ele é a única causa do crime que cometeu e do mal moral que se introduziu no universo. Mas, primeiro, não temos nenhuma ideia distinta que possa nos fazer compreender que um ser, que não existe por si mesmo, no entanto aja por si mesmo. Zoroastro dirá, portanto, que o livre arbítrio dado ao homem não é capaz de dar-se uma determinação real, visto que existe incessante e totalmente pela ação de Deus. Segundo, ele porá essa questão: Deus previu que o homem se serviria mal de seu livre arbítrio? Se se responde que sim, ele replicará que não parece possível que alguma coisa preveja o que depende unicamente de uma causa indeterminada. Mas quero conceder-lhe, ele dirá, que Deus previu o pecado de sua criatura e concluo disso que ele o teria impedido, pois as ideias de ordem não admitem que uma causa infinitamente boa e santa, que pode impedir a introdução do mal moral, não a impeça, sobretudo quando, ao permiti-la, ela se verá obrigada a encher de penas sua própria obra. Se Deus não previu a queda do homem, ele deveria, pelo menos, ter julgado que essa seria possível. Portanto, já que no caso de que essa ocorresse ele se veria obrigado a renunciar à sua bondade paternal para tornar seus filhos muito miseráveis, exercendo sobre eles a qualidade de um juiz severo, ele teria determinado o homem para o bem moral, como ele o determinou para o bem físico: ele não teria deixado na alma do homem nenhuma força para se entregar ao pecado, não mais do que ele lhe deixou para se entregar à infelicidade enquanto infelicidade. Eis a que nos conduzem as ideias claras e distintas de ordem quando seguimos passo a passo o que deve fazer um princípio infinitamente bom. Com efeito, se uma bondade tão limitada como a dos pais exige necessariamente que eles previnam tanto quanto possível o mau uso que seus filhos poderiam fazer dos bens que eles lhes dão, com mais forte razão uma bondade infinita e todo poderosa prevenirá os maus efeitos de seus presentes. Em vez de dar o livre arbítrio, ela determinará suas criaturas para o bem ou, se lhes der o livre arbítrio, cuidará sempre eficazmente para impedir que pequem. Creio que Melisso não permaneceria quieto, mas tudo o que ele poderia responder seria combatido imediatamente por razões tão plausíveis quanto as suas e, assim, a disputa jamais terminaria.[31]

Se ele recorresse à via da retorsão, ele embaraçaria muito Zoroastro, mas, uma vez tendo lhe concedido seus dois princípios, lhe deixaria um caminho muito amplo para chegar ao termo da origem do mal. Zoroastro remontaria ao tempo do caos: era um estado, com relação a seus dois princípios, muito parecido àquele que Thomas Hobbes chama de estado de natureza e que supõe ter precedido o estabelecimento das sociedades. Nesse estado de natureza, o homem era um lobo para o homem, tudo pertencia ao primeiro ocupante, ninguém era senhor de nada exceto se fosse o mais forte. Para sair desse abismo, cada um concordou em abandonar seus direitos sobre tudo, a fim de que se lhe cedesse a propriedade de alguma coisa, transações foram feitas e a guerra cessou. Os dois princípios, cansados do caos em que cada um perturbava e transtornava o que o outro queria fazer, concordaram em se pôr de acordo: cada um cedeu alguma coisa, cada um teve parte na produção do homem e nas leis de união da alma.[32] O bom princípio obteve aquelas que obtém para o homem mil prazeres e consentiu

---

31 Tudo isso é mais amplamente discutido nas observações do artigo Pauliceanos.

32 Aplique aqui o que Junon diz a Vênus em Virgilio, *Eneida*, livro IV, verso 98-9 e 102-3: Mas qual será o limite? Aonde iremos com esse combate?/ Por que não realizamos antes a paz eterna e os hymeneos prometidos?.../ Portanto, que esse povo nos seja comum, dirijamo-lhes para a igualdade/ de auspícios.

naquelas que expõem o homem a mil dores; e se ele consentiu que o bem moral fosse infinitamente menor no gênero humano que o mal moral, ele obteve compensação em alguma outra espécie de criaturas, na qual o vício seria menor que a virtude na mesma proporção. Se muitos homens nesta vida têm mais misérias que felicidade, compensa-se isso noutro estado: o que eles não têm na forma humana, eles a reencontram noutra forma.[33] Por meio desse acordo, o caos se desembaraçou, o caos, digo, o princípio passivo que era o campo de batalha dos dois princípios ativos. Os poetas representaram esse desembaraçar na imagem de uma querela terminada.[34] Eis o que Zoroastro poderia alegar, vangloriando-se de não atribuir ao bom princípio a produção por seu próprio grado de uma obra que devia ser tão má e miserável, mas somente depois de estar seguro de que não poderia fazer melhor, nem se opor melhor aos desígnios horríveis do princípio mau. Para tornar sua hipótese menos chocante, ele podia negar que houve uma longa guerra entre esses dois princípios e expulsar todos esses combates e prisioneiros dos quais os maniqueístas falaram. Tudo se pode reduzir ao conhecimento certo que os dois princípios teriam tido de que um poderia obter do outro somente tais e tais condições. Teria sido possível fazer eternamente o acordo nesse pé.

Poder-se-ia objetar a esse filósofo mil grandes dificuldades, mas, como ele encontraria respostas e, no final das contas, como ele exigiria que se lhe fornecesse uma hipótese melhor e como ele pretenderia ter refutado solidamente a de Melisso, ele jamais seria levado

---

33 Note que todos aqueles, ou a maioria desses, que admitiram dois princípios, sustentaram a metempsicose.

34 Esse conflito, Deus e uma natureza melhor destrincharam. Ovídio, *Metamorfoses*, I, 21.

para a verdade. A razão humana é muito frágil para isso, é um princípio de destruição, e não de edificação: é adequada somente para levantar dúvidas e virar à direita e à esquerda para eternizar uma disputa, e não creio me enganar se digo da revelação natural, isto é, das luzes da razão, o que os teólogos dizem da economia mosaica. Eles dizem que ela era adequada somente para mostrar ao homem sua impotência e a necessidade de um redentor e de uma lei misericordiosa. Ela era um pedagogo (são seus termos) para levar-nos a Jesus Cristo. Digamos mais ou menos o mesmo da razão: ela é adequada somente para mostrar ao homem suas trevas e sua impotência, bem como a necessidade de outra revelação. É aquela da Escritura. É lá que encontramos de onde refutar de maneira invencível a hipótese dos dois princípios e todas as objeções de Zoroastro. Nessa encontramos a unidade de Deus e suas perfeições infinitas, a queda do homem e o que se segue. Podem dizer-nos, com um grande aparato de raciocínios, não ser possível que o mal se introduza no mundo pela obra de um princípio infinitamente bom e santo, responderemos que isso, no entanto, aconteceu e, consequentemente, que isso é muito possível. Não há nada mais insensato do que raciocinar contra os fatos. O axioma "Do ato à potência a consequência é válida" é tão claro quanto essa proposição: dois mais dois é igual a quatro.[35] Os maniqueístas se aperceberam do que acabei de observar e é por isso que eles rejeitam o *Velho Testamento*, mas o que eles mantiveram da Escritura fornecia armas bastante fortes aos ortodoxos. Assim, não é preciso muito esforço para confundir esses hereges, os quais, de resto, se

35 Ver abaixo, no artigo Pauliceanos, a observação E, perto do começo da primeira alínea.

embaraçam de maneira pueril quando descem ao detalhe.[36] Ora, visto que a Escritura nos fornece as melhores soluções, não errei ao dizer que seria difícil vencer um filósofo pagão nesse assunto. É o texto desta observação.

Ainda que longa, não a terminarei sem advertir meu leitor que ainda me restam três observações por fazer, que eu reenvio a outro artigo.[37] Direi, na primeira, se os padres sempre raciocinaram bem contra os maniqueístas e se eles os expulsaram; na segunda, que, segundo os dogmas do paganismo, as objeções de Zoroastro não tinham muita força; e, na terceira, em que sentido poder-se-ia dizer que os cristãos não rejeitam o sistema dos dois princípios. Eles têm mais problemas para explicar essas dificuldades pela via da razão, porque têm entre si disputas sobre a liberdade, nas quais o agressor parece ser sempre o mais forte[38] e também porque o pequeno número de predestinados e a eternidade do inferno fornecem objeções que Melisso não temeria muito.

Pauliceanos

(E) *É difícil responder às objeções dos maniqueístas sobre a origem do mal.*

Eu preparei meus leitores para ver aqui três observações que eu teria colocado no artigo dos maniqueístas, se eu não tivesse

36 Ver a observação B.

37 Ao artigo Pauliceanos, observações E, G e H.

38 Ver a observação F do artigo Marcionites.

querido evitar ser prolixo nesse lugar. Cumpramos nossa promessa e não frustremos a expectativa dos que teriam vontade de seguir nossa remissão. Eu colocarei à parte, abaixo,[39] a segunda e terceira observação. Mas eis a primeira.

Os padres da igreja, que refutaram tão bem os marcionitas, os maniqueístas e, em geral, todos os que admitiam dois princípios, não responderam bem às objeções que dizem respeito à origem do mal. Eles deveriam ter abandonado todas as razões *a priori*, como postos avançados que podem ser atacados e não podem ser defendidos. Deveriam ter ficado contentes com as razões *a posteriori* e colocado todas suas forças atrás dessa fortaleza. O velho e o novo Testamento são duas partes da revelação que se confirmam mutuamente e, dado que esses hereges reconhecem a divindade do novo Testamento, não seria difícil provar-lhes a divindade do velho Testamento, depois do que seria fácil arruinar suas objeções, mostrando que elas combatem a experiência. Existe, segundo a Escritura, somente um bom princípio e, contudo, o mal moral e o mal físico se introduziram no gênero humano. Portanto, não é contra a natureza do bom princípio que este permita a introdução do mal moral e que ele puna o crime, pois não é mais evidente que 4 mais 4 seja igual a 8 do que é evidente que se uma coisa aconteceu, então ela é possível. *Do ato à potência a consequência é válida* é um dos axiomas mais claros e incontestáveis de toda a metafísica.[40] Eis uma muralha inexpugnável e suficiente para tornar vitoriosa a causa dos ortodoxos, ainda que suas razões *a priori* possam ser refutadas. Mas, alguém perguntará, essas podem sê-lo? Sim, eu responderia, a maneira pela qual o mal se introduziu

39 Nas observações (G) e (H).

40 Veja, acima, o artigo "Maniqueístas", observação (D), citação 59.

sob o império de um Ser soberano infinitamente bom, infinitamente santo, infinitamente poderoso é não somente inexplicável, mas mesmo incompreensível, e tudo o que se opõe às razões de por que esse Ser permitiu o mal é mais conforme às luzes naturais e às ideias de ordem do que o são essas razões. Examine bem essa passagem de Lactâncio, que contém uma resposta a uma objeção de Epicuro. "Deus, diz Epicuro, ou quer suprimir os males e não o pode; ou ele o pode e não o quer; ou ele não o quer, nem o pode; ou ele o quer e o pode. Se ele o quer e não o pode, então ele é frágil, o que não condiz com Deus. Se ele o pode e não o quer, então ele é malévolo, o que é igualmente alheio a Deus. Se ele não o quer, nem o pode, então ele é ao mesmo tempo frágil e malévolo e, portanto, não é mais Deus. Se ele o quer e o pode, de onde, então, provém os males ou por que ele não os suprime? Eu sei que a maioria dos filósofos que defendem a providência são habitualmente perturbados por esse argumento e quase obrigados, apesar deles, a confessar que Deus não se preocupa com nada, o que é o objetivo principal de Epicuro. Mas, depois de termos adotado uma visão completa do raciocínio, refutamos facilmente esse argumento temível. Deus, com efeito, pode tudo o que ele quer e não há, em Deus, fragilidade ou malevolência. Ele poderia, portanto, suprimir os males, mas ele não o quer e, contudo, ele não é, por isso, malévolo. Com efeito, ele não os suprime pela razão de que ele, ao mesmo tempo, admitiu (como eu o mostrei) a sabedoria e há mais bem e contentamento na sabedoria do que aflição nos males. Com efeito, a sabedoria faz com que conheçamos Deus mesmo e, por esse conhecimento, atinjamos a imortalidade, que é o soberano bem. É por essa razão que, se não reconhecemos primeiro o mal, não poderemos mais reconhecer o bem. Mas isso Epicuro, nem ninguém mais, viu: se os males são suprimidos, a sabedoria é igualmente suprimida e não restaria mais no homem nenhum traço de virtude, pois o sentido desta consiste no fato de suportar e ultrapassar a duração dos males. É por essa razão que, por causa do pequeno proveito da supressão dos males, seríamos privados de um bem muito grande e verdadeiro e que nos é próprio. Portanto, estabelece-se que tudo, tanto os males como os próprios bens, foram propostos para o proveito do homem."[41]

Não se poderia relatar com melhor fé toda a força da objeção. Epicuro mesmo não a teria proposto com mais clareza, nem com mais vigor. Veja a nota.[42] Mas a resposta de Lactâncio é lamentável: esta é não somente fraca, mas cheia de erro e talvez mesmo de heresias. Ela supõe que foi preciso que Deus produzisse o mal por que, de outro modo, ele não teria podido nos comunicar, nem a sabedoria, nem a virtude, nem o sentimento do bem. Pode-se ver algo de mais monstruoso do que essa doutrina? Não destrói ela tudo o que nos dizem os teólogos sobre a felicidade do paraíso e sobre o estado de inocência? Eles nos dizem que Adão e Eva sentiam nesse estado feliz, sem nenhuma mistura de incômodo, todas as doçuras que lhes apresentava o jardim do Éden, estadia deliciosa e cheia de charmes, onde Deus os havia colocado. Acrescenta-se que, se eles não tivessem pecado, eles e todos os descendentes teriam gozado dessa felicidade, sem estarem sujeitos nem às doenças, nem às tristezas, e sem que jamais os elementos e os animais lhes fossem contrários. Foi seu pecado que lhes expôs ao frio e ao calor, à fome e à sede, à dor e à tristeza e aos males que certos

---

41 Lactâncio, *De Irâ Dei*, capítulo XIII, p. m. 548.

42 Note que essa objeção de Epicuro não diz respeito ao mal moral: essa seria ainda mais embaraçosa se lhe dissesse respeito.

animais nos causam. Portanto, em vez de sustentar, que a virtude e a sabedoria não podem convir ao homem sem o mal físico, como o assegura Lactâncio, é preciso sustentar que o homem ficou sujeito a esse mal somente porque ele renunciou à virtude e à sabedoria. Se a doutrina de Lactâncio fosse boa, dever-se-ia supor necessariamente que os bons anjos estão sujeitos a mil incômodos e que as almas dos bem-aventurados passam alternativamente da alegria à tristeza, de modo que, na estadia da glória e no seio da visão beata, não se estaria protegido da adversidade. Nada é mais contrário que isso ao sentimento unânime dos teólogos e à reta razão. É verdade que, segundo a boa filosofia, não é de maneira nenhuma necessário que nossa alma tenha sentido o mal a fim de fruir do bem ou que ela passa sucessivamente do prazer à dor, e da dor ao prazer, a fim de que possa discernir que a dor é um mal e que o prazer é um bem. E, assim, Lactâncio não choca menos as luzes naturais do que as luzes teológicas. Sabemos por experiência que nossa alma não pode sentir ao mesmo tempo o prazer e a dor. É preciso, portanto, necessariamente, que, na primeira vez, ela tenha sentido, ou a dor antes do prazer, ou o prazer antes da dor. Se seu primeiro sentimento foi o do prazer, ela achou que esse estado era cômodo, embora ignorasse a dor. E se seu primeiro sentimento foi o da dor, ela achou que esse estado era incômodo, embora ignorasse o prazer. Suponha que seu primeiro sentimento tenha durado muitos anos seguidos, sem nenhuma interrupção, você compreenderá que durante todo esse tempo ela se encontrou, ou num estado cômodo, ou num estado incômodo. E não se alegue a experiência, não me diga que um prazer que dura muito tempo se torna insípido e que a dor, com o tempo, se torna suportável, pois eu responderei que isso procede da mudança do órgão, que produz somente uma mudança de grau, mas não uma mudança de espécie. Se, de início, você tem um sentimento de 6 graus, ele não terá mais 6 graus no final de duas horas ou no final de um ano, mas somente, ou um grau, ou um quarto de grau. É assim que o costume enfraquece a ponta de nossos sentimentos: seus graus respondem ao abalo das partes do cérebro, esse abalo se enfraquece pelas frequentes repetições e daí vem que os graus do sentimento diminuem. Mas se a dor ou alegria nos fossem comunicados segundo o mesmo grau por cem anos seguidos, seríamos igualmente infelizes ou felizes no centésimo ano do que no primeiro dia. O que prova manifestamente que a criatura pode ser feliz por um bem contínuo, ou infeliz por um mal contínuo, e que a alternância referida por Lactâncio é uma má solução. Esta não está fundada, nem sobre as naturezas do bem e do mal, nem sobre a do sujeito que as recebe, nem sobre a da causa que os produz. O prazer e a dor não são menos aptos a serem comunicados no segundo momento que no primeiro, e no terceiro momento menos do que no segundo, e assim em todos os outros momentos. Nossa alma é tão suscetível de senti-los num momento do que antes de senti-los, e Deus, que os dá, não é menos capaz de produzi-los na segundo vez do que era na primeira. Eis o que nos ensinam as ideias naturais que temos desses objetos. A teologia cristã confirma isso de maneira invencível, visto que nos diz que os tormentos dos danados serão eternos e contínuos, tão vivos no final de cem mil anos do que no primeiro dia e que, ao contrário, os prazeres do paraíso durarão eterna e continuamente, sem que jamais sua vivacidade diminua. Eu gostaria de saber se, supondo uma coisa muito fácil, saber que existissem dois sóis no mundo, um se levantando quando o outro se pusesse, não seria necessário concluir que as trevas seriam desconhecidas para o gênero humano. Segundo a bela filosofia de Lactâncio, seria preciso concluir também que o homem não conheceria a luz, não saberia o que é o dia, que ele vê os objetos etc. Veja a nota.[43]

O que acabo de dizer prova, de maneira invencível, parece-me, que não se ganharia nada contra nossos pauliceanos, se se lhes dissesse que Deus misturou os bens e os males somente porque ele previu que o bem todo puro nos pareceria insosso em pouco tempo. Eles responderiam que essa propriedade não está contida na ideia que temos do bem e que é diretamente oposta à doutrina ordinária sobre a felicidade do paraíso. Quanto à experiência, esta nos ensina demais: 1) que as alegrias desta vida são sensíveis somente na proporção em que nos livram de um estado incômodo, 2) que essas trazem depois de si o desgosto por pouco que durem. Eles sustentariam que esse fenômeno é inexplicável, exceto se recorrermos à sua hipótese dos dois princípios. Com efeito, se dependemos, eles dirão, somente de uma causa toda poderosa, infinitamente boa, infinitamente livre e que dispõe universalmente de todos os seres segundo o bel-prazer de sua vontade, não devemos sentir nenhum mal, todos nossos bens devem ser puros, não devemos jamais sentir o menor desgosto. O autor de nosso ser, se é infinitamente beneficente, deve ter um prazer contínuo em nos tornar felizes e em evitar tudo o que poderia perturbar ou diminuir nossa alegria. É uma característica essencial contida na ideia da soberana bondade. As fibras de nosso cérebro não podem ser a causa de que Deus enfraqueça nossos prazeres, pois, segundo você, ele é o único autor da matéria, ele é todo poderoso e nada impede

43 Citarei abaixo, na observação (G), uma passagem de Plutarco que se pode aplicar contra as respostas de Lactâncio.

que ele aja segundo toda a extensão de sua bondade infinita: basta ele querer que nossos prazeres não dependam das fibras de nosso cérebro e, se ele quer que dependam delas, ele pode conservar essas fibras no mesmo estado. Basta que ele queira, ou que essas não sejam usadas, ou que o dano que sofrem seja prontamente consertado. Você, portanto, pode explicar nossas experiências somente pela hipótese dos dois princípios. Se nós sentimos prazer, é o bom princípio que o dá para nós, mas se não o sentimos todo puro e se logo caímos no desgosto, é porque o mau princípio atravessa o bom. Este paga na mesma moeda: faz com que a dor seja menos sensível pelo costume e que sempre nos reste algum recurso nos piores males. Isso, o bom uso que frequentemente se faz da adversidade e o mau uso que frequentemente se faz da felicidade são fenômenos que se explicam admiravelmente pela hipótese maniqueísta. São coisas que nos conduzem a supor que os dois princípios fizeram uma transação que limita reciprocamente suas operações.[44] O bom não pode nos fazer todo o bem que desejaria: foi necessário que, para nos fazer bastante bem, ele consentisse que seu adversário nos causasse igualmente mal, pois, sem esse consentimento, o caos teria permanecido para sempre caos e nenhuma criatura jamais teria sentido o bem. Assim, a soberana bondade, encontrando um meio melhor de se satisfazer vendo o mundo, ora feliz, ora infeliz, do que jamais vê-lo feliz, fez um acordo que produziu a mistura de bem e mal que vemos no gênero humano. Dando ao seu princípio o poder total e a glória de gozar sozinho a eternidade, você priva-o do atributo que vem antes de todos os demais, pois o *optimus* precede sempre o *maximus* no estilo das mais sábias nações quando

44 Na observação (I), na primeira alínea, propõe-se uma explicação que não supõe nenhum acordo.

elas falam de Deus: você supõe que nada o impede de encher de bens suas criaturas, ele as enche de males; se ele eleva algumas, é para que sua queda seja mais rude.[45] Nós o desculpamos disso tudo, nós explicamos, sem questionar sua bondade, tudo o que se pode dizer sobre a inconstância da fortuna e da inveja de Nêmesis e desse jogo contínuo do qual Esopo fez a ocupação de Deus: ele eleva as coisas baixas, dizia Esopo, e abaixa as altas.[46] Ele não pode tirar um partido melhor, dizemos, de seu adversário: sua bondade se estende tanto quanto pode e, se não nos fez mais bem, é porque não o pode. Não temos, portanto, razão para nos queixar.

Quem não se admirará e quem não deplorará o destino de nossa razão? Eis os maniqueístas, que, com uma hipótese inteiramente absurda e contraditória, explicam as experiências cem mil vezes melhor do que os ortodoxos com a suposição tão justa, tão necessária e tão unicamente verdadeira de um primeiro princípio infinitamente bom e todo poderoso.

Mostremos, com outro exemplo, a falta de sucesso dos padres em sua disputa contra esses hereges sobre a origem do mal. Eis uma passagem de Santo Basílio. "Mas o próprio mal não tem sua fonte em Deus, é piedoso dizer: pela razão de que nenhum contrário é engendrado por seu contrário... mas, você dirá, se o mal não é não-gerado e se não vem de Deus, de onde ele extrai sua natureza? Com efeito, ninguém que participa da vida negará que existem males. O que, então, é preciso dizer? Certamente, o mal não é ser de uma essência viva e dotada de uma alma, mas é uma afecção da alma oposta à virtude, introduzida nos preguiçosos e

45 *Tolluntur in altum ut lapsu graviore ruant*. Claudiano, *Contra Rufino*, livro I, perto do começo (versos 22-23).

46 Veja o artigo "Esopo", observação (I).

inativos, porque eles foram afastados do bem. Portanto, não busque o mal fora de si, não imagine uma certa natureza, princípio da maldade, mas que cada um se reconheça a si mesmo como autor de sua própria malícia. Com efeito, entre os males que nos acontecem, uns provém da natureza, como a velhice ou a enfermidade; outros sobrevém por sua própria espontaneidade, como os acidentes inesperados cujos princípios nos são alheios;... mas outros estão situados em nós mesmos, como desdenhar os prazeres ou não pôr medidas aos prazeres, conter sua cólera ou bater naquele que nos provocou injustamente, dizer o verdadeiro ou falso, ser doce ou moderado de caráter ou muito orgulhoso e conduzido pela arrogância. E, portanto, você é o senhor deles, não queira procurar alhures seus princípios, mas o que é propriamente mal, saiba que isso tem seu princípio numa escolha espontânea e voluntária etc.".[47] O teólogo alemão[48] que relata essa passagem tem razão em dizer que esse padre dá mais razão aos marcionitas do que deveria, pois ele não quer nem mesmo confessar que Deus seja o autor do mal físico, como são as doenças e a velhice, nem de cem coisas que nos vêm de fora e que acontecem inesperadamente. Assim, para se livrar do embaraço, ele adota erros e talvez mesmo heresias. Mas eis outro defeito de sua resposta. Ele imagina que escapará do assunto, desculpando a providência, desde que afirme que os vícios têm sua origem na alma do homem. Como ele não viu que é fugir da dificuldade ou dar como solução a coisa mesma em que consiste a principal dificuldade? A pretensão de Zoroastro, de Platão, de Plutarco, dos marcionitas, dos maniqueístas e, em geral, de todos

47 Basílio Magno, *Hexaëm. Homil.* II, apud Tobiam Psannerum, *Systema Theologiae Gentilis*, capítulo IX, p. m. 253.

48 Tobias Psannerus, *ibidem*.

os que admitem um princípio naturalmente bom e um princípio naturalmente mau, ambos eternos e independentes, é que sem isso não se poderia dizer por qual via o mal veio ao mundo. Você responde que ele veio pelo homem, mas como isso ocorre, pois, segundo você, o homem é a obra de um ser infinitamente santo e infinitamente poderoso? A obra dessa causa não deve ser boa? Não pode ser senão boa? Não é mais impossível que as trevas surjam da luz do que é possível que a produção desse princípio seja má? É aí que reside a dificuldade. Santo Basílio não poderia ignorá-lo, por que, então, ele diz tão friamente que não é preciso procurar o mal senão no interior do homem? Mas quem é que o colocou nele? O homem mesmo, abusando das graças de seu criador, que, sendo a suprema bondade, o havia produzido num estado de inocência. Se responder isso, você cometerá uma *petição de princípio*. Você disputa com um maniqueísta, que sustenta que duas criaturas contrárias concorreram na produção do homem e que o homem recebeu do princípio bom o que ele tem de bom e do princípio mau o que tem de mau, e você responde às suas objeções supondo que o criador do homem é único e supremamente bom. Não é dar-lhe sua própria tese como resposta? É claro que Santo Basílio disputa mal, mas como de resto é uma questão que incomoda toda a filosofia, ele devia se retirar para seu forte, isto é, ele devia provar pela palavra de Deus que o autor de todas as coisas é único e infinito em bondade e em todos os tipos de perfeições e que o homem, tendo saído de suas mãos inocente e bom, perdeu sua inocência e sua bondade por sua própria culpa.[49] Essa é a origem do mal moral e do mal físico. Márcio e todos os maniqueístas podem raciocinar

49 Ver o artigo "Maniqueístas", entre as citações 58 e 59, e mais acima a observação (E) deste artigo na primeira alínea.

tanto quanto queiram para mostrar que, sob uma providência infinitamente boa e santa, essa queda do homem inocente não podia ter acontecido, mas eles raciocinam contra um fato e, consequentemente, eles se mostrarão ridículos. Suponho sempre que são pessoas que podem ser reduzidas por argumentos *ad hominem* a reconhecer a divindade do Velho testamento, pois, se estivéssemos lidando com Zoroastro ou Plutarco, seria outra coisa.

Para se ver que tenho razão em afirmar a necessidade de opor a esses sectários somente a máxima "do ato à potência a consequência é válida" e esse pequeno entimema, "isso aconteceu, portanto isso não repugna à santidade e à bondade de Deus", observo que não se pode entrar na disputa sobre outro pé sem alguma desvantagem. Embora possam ser boas, as razões da permissão do pecado, que não são tomadas dos mistérios revelados na Escritura, têm o defeito[50] de que se pode combatê-las por outras razões mais especiosas e mais conformes às nossas ideias de ordem. Por exemplo, se você diz que Deus permitiu o pecado a fim de manifestar sua sabedoria, a qual se manifestaria antes nas desordens produzidas pela malícia dos homens todos os dias do que se manifestaria num estado de inocência, responder-se-á a você que isso é comparar a divindade, ou a um pai de família, que deixaria quebrar as pernas de seus filhos, a fim de mostrar para toda a cidade a destreza que ele tem de curar os ossos quebrados, ou a um monarca que deixaria crescer as sedições e as desordens por todo o seu reino a fim de adquirir a glória de tê-las remediado.[51] A conduta desse pai e desse monarca é tão contrária às ideias claras e distintas, segundo

50 Relatar aqui o que disse um padre da igreja: "Feliz erro de ter tido uma tal redenção".

51 Ver no artigo "Callistrato", citações (7) e (8), as palavras de Sêneca.

as quais julgamos a bondade e a sabedoria e, em geral, todos os deveres de um pai e de um rei, que nossa razão não pode compreender como Deus poderia ter a mesma conduta. Mas, você dirá, as vias de Deus não são as nossas vias. Pare, portanto, nesse ponto, é um texto da Escritura[52] e não venha raciocinar.[53] Não venha mais dizer que, sem a queda do primeiro homem, a justiça e misericórdia de Deus teriam permanecido desconhecidas, pois ser-lhe-á respondido que não havia nada mais fácil do que mostrar aos homens esses dois atributos. Somente a ideia do ser soberanamente perfeito revela claramente ao homem pecador que Deus possui todas as virtudes dignas de uma natureza infinita em todos os aspectos. Com quão mais forte razão ela teria ensinado ao homem inocente que Deus é infinitamente justo? Mas ele não teria punido ninguém. É por isso mesmo que se teria reconhecido sua justiça. Teria sido um ato contínuo, um exercício perpétuo dessa virtude, ninguém teria merecido a punição e, por consequência, a supressão de toda pena teria sido uma função da justiça. Responda-me se quiser. Eis dois príncipes, um dos quais deixa que seus súditos se tornem miseráveis, a fim de tirá-los dessa situação quando tiverem sofrido bastante, enquanto o outro os conserva sempre num estado de prosperidade. Não é este melhor, não é mesmo mais misericordioso que o outro? Os que ensinam a concepção imaculada da santa virgem provam demonstrativamente que Deus exerceu sua misericórdia e o benefício da redenção mais sobre ela do que sobre os outros homens. Não é preciso ser metafísico para saber isso: um camponês sabe claramente que não é uma bondade maior impedir que um homem caia num fosso do que deixá-lo cair e tirá-lo ao

52 Isaias, capítulo LV, versículo 8.

53 Veja, abaixo, a observação (M), perto do final.

cabo de uma hora[54] e que vale mais impedir que um assassino mate uma pessoa do que fazê-lo supliciar na roda depois das mortes que se deixou ele cometer.[55] Tudo isso nos adverte de que não se deve meter-se com os maniqueístas sem estabelecer antes de todas as coisas o dogma *da elevação da fé e o rebaixamento da razão.*[56]

Os que dizem que Deus permitiu o pecado porque não o poderia ter impedido sem destruir o livre arbítrio dado aos homens e era o mais belo presente que lhes tinha feito se expõem demais. A razão dada é bela, vê-se nela grandeza e algo deslumbrante, mas, afinal, pode-se combatê-la por razões que estão ao alcance de todos os homens e mais fundadas sobre o bom senso e sobre as ideias de ordem. Sem ter lido o belo tratado de Sêneca sobre os favores, sabe-se pela luz natural que é da essência de um benfeitor não dar graças quando se sabe que se abusaria delas e serviriam somente para a ruína de quem as recebesse. Não há inimigo tão apaixonado que nesse caso não enchesse de graça seu inimigo. É da essência de um benfeitor não economizar nada para fazer que seus benefícios tornem feliz a pessoa que ele honra. Se pudesse conceder a ciência de se servir bem e a recusasse, o caráter de benfeitor lhe cairia mal. Não lhe cairia melhor se, podendo fazer seu cliente não abusar do benefício, ele não o impedisse curando-o

---

54 Ver Garasse, *Somme théologique*, p. 430.

55 "Por que o mais cruel de todos, Cionna, reinou tanto tempo? Mas ele pagou! Teria sido melhor que a rota lhe fosse barrada, que ele tivesse sido impedido de matar tantos homens superiores que ele mesmo pagar isso um dia. É numa tortura e num suplício muito duros que Vário, homem dos mais intratáveis, morreu, mas, porque ele tinha feito desaparecer Druso pela espada, Metelo pelo veneno, teria sido melhor que eles fossem salvos do que ver Vário pagar por seu crime." Cícero, *de Natura Deorum*, III, 32-33.

56 O sr. Amyraut fez um livro que leva esse título.

de suas más inclinações.[57] São ideias tão conhecidas das pessoas como dos filósofos. Confesso que, se se pudesse impedir o mau uso de um favor somente quebrando os braços e as pernas de seus clientes ou colocando ferros em seus pés no fundo de um calabouço, não se estaria obrigado a preveni-lo, seria melhor recusar-lhes o benefício. Mas se se pudesse preveni-lo mudando o coração e dando-lhe o gosto das coisas boas, dever-se-ia fazê-lo. Ora, é o que Deus faria facilmente se o quisesse. Observe o que Cícero opõe aos que alegam que não é uma falta de Deus o fato de os homens não usarem bem suas graças. "A esse argumento, você responde comumente: não é verdade que os deuses não teriam cuidado perfeitamente de nós porque muitos homens fazem um mau uso de seu benefício; muitos também fazem mau uso de seu patrimônio e não é por essa razão que não receberam de seu pai um benefício. Quem nega isso? E qual é a semelhança dessa aproximação? Pois Dejanira não quis mais prejudicar Hércules quando ela lhe deu a túnica manchada de sangue do centauro; e ele não quis prejudicar Jasão de Pheres, não mais que aquele que com sua espada abriu um abscesso que os médicos não puderam curar, pois *muitos, mesmo querendo prejudicar, ajudaram e, querendo ajudar, prejudicaram.* Assim, é falso que o que é dado revela a intenção do doador e, se aquele que recebeu alguma coisa tira dela um bom partido, isso não prova que o doador a deu por amizade."[58] Não há boa mãe que, tendo permitido a suas filhas irem ao baile, não revogasse essa permissão se estivesse segura que elas sucumbiriam ao flerte e que lá deixariam sua virgindade, e toda mãe que, sabendo certamente

57 Ver, sobre isso, a observação (E) do artigo "Orígenes".

58 Cícero, *De Natura Deorum*, III, 28. Junte a isso o que foi dito de Eutrapelus de Horácio, no artigo "Orígenes", citação 43.

que isso não deixaria de acontecer, as deixasse ir ao baile depois de ter se contentado de exortá-las à sabedoria e de ameaçá-las com sua desgraça se voltassem mulheres, se acusaria pelo menos da justa censura de não amar nem suas filhas, nem a castidade. Se dissesse, para justificar-se, que ela não quis ofender de maneira nenhuma a liberdade de suas filhas, nem lhes testemunhar sua desconfiança, responderíamos que essa circunspecção foi muito mal entendida, que ela parecia antes uma madrasta irritada do que uma mãe e que teria sido melhor manter as filhas sob os olhos do que lhes dar um mal sob o propósito desse privilégio de liberdade ou de tais marcas de confiança. Isso mostra a temeridade dos que argumentam com a circunspecção que eles dizem que Deus teve com o livre arbítrio do primeiro homem. É melhor crer e se calar do que alegar razões que se podem refutar com os exemplos que acabo de dar. Cotta, num livro de Cícero, ofereceu tantos argumentos contra os que dizem que a faculdade de raciocinar é um presente dado pelos deuses ao homem que Cícero não se sentiu capaz de resolver essas dificuldades, pois, se fosse capaz de resolvê-las, ele as teria refutado. Seu espírito de acadêmico estava em seu lugar quando poderia mostrar que se pode sustentar o a favor e o contra infinitamente. Portanto, visto que ele deixou sem resposta os argumentos de Cotta, é preciso acreditar que ele não soube o que dizer contra eles. Cícero era, entretanto, um dos mais excelentes gênios que alguma vez existiu. Cotta, tendo mostrado que a razão é cúmplice de todos os crimes e que, assim, os deuses teriam no-la dado se tivessem querido nos fazer mal,[59] se propôs a solução

59 Como era tarde, ele funge que Balbo não responde a Cotta e remete a partida para outro dia, que jamais chega. Cotta responde que deseja ser refutado e que ele espera isso. Cicero, *De Natura Deorum*, III, perto do fim.

ordinária, que é que os homens abusam dos favores do céu. "Mas você ressalta sem cessar que é um erro dos homens, não dos deuses... Você diz que o erro está nos vícios dos homens."[60] Ele replica que seria preciso prevenir o abuso e dar ao homem uma razão que expulsasse o mal, que não se poderia desculpar os que dão o que sabem que deve ser pernicioso. Ele prova isso com vários exemplos. "Você teria dado aos homens uma razão que excluísse os vícios e os defeitos. Em que ponto, portanto, ocorreu o erro dos deuses? Pois legamos um patrimônio com a esperança de transmitir um bem, no que nós podemos nos enganar, mas como um deus poderia se enganar? Como o Sol, quando levantou seu filho Phaeton sobre sua carne? Ou como Netuno, quando Teseu causou a perda de Hipólito, quando ele tinha recebido de seu pai Netuno a possibilidade de pedir três votos? Esses são tema de poetas, mas nós, nós queremos ser filósofos, nós lidamos com fatos reais, não com fábulas. E, no entanto, julgaríamos que são culpáveis em sua benfeitoria mesmo esses deuses poéticos, se tivessem sabido que essas coisas seriam perniciosas a seus filhos. E se é verdade que, como o repetia Ariston de Chios, os filósofos prejudicam a seus ouvintes que interpretam mal o que disseram de bom, debochados poderiam sair da escola de Aristipo, coléricos da de Zenão, de golpe, se seus ouvintes devessem sair viciosos, por terem interpretado de maneira enviesada a argumentação dos filósofos, os filósofos deveriam se calar em vez de prejudicar seus ouvintes. Assim como se os homens usam a razão dada com boa intenção pelos

---

60 Cícero, *De Natura Deorum*, III, 31, 76. "Não é verdade que, como um patrimônio que se dá, a razão foi dada ao homem como um benefício dos deuses, pois o que de pior eles poderiam ter dado aos homens se quisessem prejudicá-los?" Cícero, *De Natura Deorum*, III, 28, 31.

deuses imortais para o engano e malícia, teria sido melhor para o gênero humano que eles não a tivessem dado do que a terem dado, assim como se um médico soubesse que o doente a quem ele ordenou tomar vinho o tomasse muito puro e morresse imediatamente, ele cometeria grave erro, assim também sua triste providência seria censurável por ter dado a razão aos que ela sabia que eles fariam um uso perverso e desonesto. A menos que você talvez diga que ela não sabia. Ah, se você pudesse! Mas você não ousaria, pois não ignoro o caso que você faz de seu nome!"[61] Com essas razões, é fácil mostrar que o livre arbítrio do primeiro homem, que se conservava são e inteiro nas circunstâncias em que devia usá-lo para sua própria perdição, para a ruína do gênero humano, para a danação eterna da maioria dos seus descendentes e para a introdução de um dilúvio terrível de males de culpa e de males de pena, não foi um bom presente. Jamais compreenderemos que se lhe pode conceder esse privilégio graças a uma bondade e ao amor da santidade. Os que dizem que foi preciso que existissem seres livres para que Deus fosse amado de um amor de escolha,[62] sentem em sua consciência que essa hipótese não satisfaz a razão, pois, quando se prevê que esses seres livres escolherão, não o partido do amor de Deus, mas o partido do pecado, percebe-se que o fim que se tinha proposto desaparece e, assim, não é de maneira nenhuma necessário conservar o livre arbítrio. Eu ainda examinarei isso na observação (M). Veja, na nota, nossa lição.[63]

---

61 *Idem*, 31.

62 Veja o *Traité de Morale* do Padre Malebranche.

63 "Esses santos e profundos mistérios da fé não caminham no mesmo passo que as causas naturais e é por isso que se crê neles e que se os compreende melhor com os olhos fechados: os segredos do céu, só os vê quem fecha os olhos e crê.

(I) *Em que sentido não se pode dizer que, segundo os maniqueístas, Deus é o autor do pecado.*

(...)

Os jesuítas sustentam[64] "que seria melhor ser ateu e não reconhecer a divindade do que prestar homenagens supremas a uma natureza" que proíbe ao homem praticar o mal e que, contudo, obriga-o a cometê-lo e, depois, pune-o. Eles sustentam "que o Deus de Epicuro é mais inocente e, se for preciso falar assim, mais Deus" do que aquele. "E quando os marcionitas e os maniqueístas pensaram em fazer um segundo Deus, autor dos males, eles adoraram outro que daria todos os bens, lá onde o seu," dizem os jesuítas aos religiosos, "é pior que os homens." Aqueles a quem se fizeram essas censuras não rejeitam essas consequências, eles rejeitam somente o princípio e sustentam apenas que não se pode, sem uma calúnia infame, acusá-los de tornar Deus autor do pecado.[65] Os mesmos jesuítas pretendem que a doutrina da Calvino sobre a predestinação implica consequências "que destroem absolutamente toda a ideia que se deve ter de Deus e, em seguida, conduzem diretamente ao ateísmo."[66] O ministro, que respondeu ao sr. Maimbourg, convenceu-o de ter relatado infielmente a doutrina de Calvino. Dever-se-ia permanecer nisso, pois,

---

Francesco Redi, *De la génération des insectes*." Note que os dois versos italianos que ele cita são do conde Guido Ubaldo Bonarelli, no final de sua pastoral intitulada *Os filhos de Sciro*.

64 Padre Adam, citado por Daillé, *Replique à Adam et a à Cottibi*, parte II, capítulo I, p. 2-3.

65 Ver sr. Daillé em todo esse capítulo.

66 Maimbourg, *História do calvinismo*, livro I, p. m. 73. Ver também p. 56.

quando se acrescenta que o sr. Maimbourg tirou uma falsa consequência da doutrina que imputou a Calvino, raciocina-se lamentavelmente. Meu leitor julgará isso.[67] "Além disso, digo que ele conclui mal e que não há nada mais absurdo e menos teológico que a consequência que o sr. Maimbourg quer tirar da doutrina desses teólogos." É que ela destrói absolutamente toda ideia que se deve ter de Deus e, em seguida, conduz diretamente ao ateísmo. "Jamais se disse algo tão imprudente. Tomemos as coisas pelo pior. Se essa doutrina destrói *toda ideia que se deve ter de Deus*, é porque ela nos representa um Deus cruel, injusto, punidor e castigador por suplícios eternos de criaturas inocentes. E é precisamente o que quer dizer o sr. Maimbourg, que isso destrói a ideia de Deus, porque a ideia de Deus contém os atributos da doçura, da justiça e da equidade. Mas, em consciência, o que nos dá a ideia de um Deus severo, tirano e usando seus direitos com um rigor excessivo, nos conduz ao ateísmo?... É um pensamento tolo dizer que uma hipótese conduz ao ateísmo, a qual insere Deus em todas as coisas,[68] faz dele a causa de tudo, coloca-o como o único fim de todas as suas próprias criações, e eleva-o acima da criatura, até poder dispor, segundo todas as regras que parecem mesmo injustas no sentido da carne. Pouco importa se essa opinião dos Superlapsários conduza ao ateísmo e que, ao contrário, ela põe a divindade no mais alto grau de grandeza e elevação em que ela pode ser concebida. Com efeito, ela nega de tal maneira a criatura diante do criador, que o Criador, nesse sistema, não está ligada a nenhuma espécie de lei com relação à criatura, mas ele pode dispor dela como bem lhe

---

67 Jurieu, *Apologie pour les Réformateurs*, parte I, capítulo XIX, p. 245-6.

68 E, contudo, o espinosismo que ensina que todas as coisas são o próprio Deus é um ateísmo execrável.

aprouver e pode fazê-la servir à sua glória pela via que lhe agradar, sem que ela esteja em direito de lhe contradizer."

Eis a mais monstruosa doutrina e o paradoxo mais absurdo que jamais se propôs em teologia e eu me enganaria muito se alguma vez algum célebre teólogo tivesse dito uma tal coisa. Examinaram-se todos os lados imagináveis para explicar de que maneira Deus influi nas ações dos pecadores. Preservou-se a hipótese da predestinação absoluta, quando se acreditou que ela não faria nenhum mal à santidade de Deus. Mas, quando se imaginou que ela lhe atingiria, foi abandonada. Aqueles que não viram ser o livre arbítrio incompatível com a predeterminação física ensinaram constantemente essa predeterminação, mas aqueles que acreditaram que ela o arruinava, rejeitaram-no e admitiram somente um concurso *simultâneo* e indiferente. Aqueles que acreditaram ser todo concurso contrário à liberdade da criatura supuseram que ela era a única causa de sua ação.[69] Nada os determinou a supor que o pensamento que todos os decretos, pelos quais a providência se engajaria com a nossa vontade, tornariam necessários os acontecimentos e fariam que nossas ações criminosas não seriam menos um efeito de Deus do que um efeito da criatura.[70] Eles tiraram partido da ideia de que o pecado não é um ser, que é somente uma privação e um nada que não tem causa eficiente, mas uma causa *deficiente*.[71] Enfim, chegou-se a sustentar que Deus não poderia prever

---

69 Durand de St. Pottien e muitos outros célebres teólogos supõem isso. Veja um tratado do sr. de Launoi inserido em resumo nos *Essais de théologie* do sr. Papin, impresso no ano de 1687.

70 Veja o livro do capuchinho Louis de Dole, impresso em Lion, no ano de 1634.

71 Ver, contra tudo isso, os *Essais de théologie* do sr. Papin, *au Traité contre la Prédétermination Physique.*

as ações livres da criatura. Por que tantas suposições? Qual foi a medida, qual foi a regra de tantas tentativas? O desejo de desculpar Deus. Compreendeu-se claramente que toda a religião está em jogo e que, quando se ousa ensinar que ele é o autor do pecado, os homens seriam conduzidos diretamente ao ateísmo. Igualmente, vê-se que todas as seitas cristãs, que são acusadas dessa doutrina por seus adversários, se defendem como de uma blasfêmia horrível e de uma impiedade execrável, e elas se queixam de serem diabolicamente caluniadas. E eis um ministro que nos diz muito gravemente ser um dogma "que põe a divindade no mais alto grau de grandeza e elevação em que pode ser concebida." É o elogio que ele não teme dar a uma doutrina que "nos representa um Deus cruel, injusto, punidor e castigador por suplícios eternos de criaturas INOCENTES." Ele interpela nossa consciência para saber se a ideia de um Deus tirano nos conduz ao ateísmo. Tomando "as coisas pelo pior", isto é, supondo que Maimbourg tinha razão em sustentar que segundo Calvino "Deus criou a maioria dos homens para condená-los, não porque eles o tenham merecido por seus crimes, mas porque assim lhe agradou, e que ele não previu sua danação senão porque ele a ordenou antes de prever seus crimes",[72] supondo, digo, que Maimbourg acuse com muita justiça Calvino por dizer que os que sofrem os suplícios eternos são "criaturas inocentes"[73] e, por consequência, que Deus é o autor de seu pecado, o sr. Jurieu não pode suportar que Maimbourg conclua: "portanto, a doutrina de Calvino destrói a ideia que se deve ter de Deus e, em seguida, conduz diretamente ao ateísmo." Ele não se contenta com pretender que "jamais se disse algo mais imprudente" do que

72 Jurieu, *Apologie pour le Réformat*, parte I, capítulo XIX, p. 241.

73 No mesmo lugar, p. 246.

o é essa conclusão,[74] ele a considera como um "pensamento tolo"[75] e "de ignorante"[76] e ele diz que ela testemunha que Maimbourg é "um mal filósofo e um miserável teólogo"[77] e que "não há nada mais absurdo e menos teológico do que essa consequência".[78] É um grande defeito na controvérsia aquele com que se reprova Ovídio, *Nescire quod bene cessit, relinquere: nescire desinere*[79] [não saber parar no que se obteve êxito, não saber terminar]. Esse ministro havia justificado muito bem os Superlapsários, mostrando o que se lhes atribui equivocadamente e declarando que eles negam a consequência com que são censurados, a de fazer Deus autor do pecado.[80] Seria preciso retirar-se do campo de batalha depois desse golpe e não ser muito temerário para sustentar que, embora eles fizessem Deus "cruel, injusto, punidor e castigador por suplícios eternos de criaturas inocentes", isto é, embora eles fizessem Deus autor do pecado e, contudo, juiz severo que puniria esse pecado eternamente na pessoa que não seria culpada, eles não conduziriam o homem ao ateísmo, mas, ao contrário, eles elevariam a divindade ao mais alto grau de glória em que pode ser concebida. De onde vem, portanto, devemos perguntar-lhe, que todas as seitas cristãs evitam como a dificuldade mais perigosa de toda a teologia a confissão de que Deus seja o autor do pecado? De onde vem que somente a ideia de um tal dogma causa horror? É

---

74 Jurieu, *Apologie pour le Réformat*, Parte I, capítulo XIC, p. 246.

75 No mesmo lugar.

76 No mesmo lugar, p. 247.

77 No mesmo lugar.

78 No mesmo lugar, p. 245.

79 Scaurus, *apud* Sêneca, *Controvers.* XXVIII, p. 272.

80 Jurieu, *Apologie pour le Réformat*, Parte I, capítulo XIC, p. 244-5.

preciso confessar que há pessoas felizes: se um ministro houvesse dito essas coisas, seus leitores teriam se escandalizado, ele teria de renegar isso como uma impiedade e, talvez, eu seja o único que se resguardou dessa estranha doutrina.

Mas, enfim, ele diz,[81] quanto mais misturamos Deus em tudo, mais se supõe que ele existe e que ele é poderoso. É raciocinar como um insensato dizer: "Deus é o autor do pecado, portanto Deus não existe": é, portanto, falso que isso possa conduzir ao ateísmo. Pobre derrota! Nesse caso, os poetas antigos que atribuíam a Júpiter e aos outros deuses todos os tipos de pecados,[82] por exemplo, o de levar os homens para o mal,[83] sem contudo dizer que o próprio Deus que os levava os castigava, não teriam sustentado coisas capazes de arruinar a ideia de Deus, apagar a religião e fazer ateus. Note que não há diferença entre a própria pessoa cometer um crime, quando tem os instrumentos, e cometê-los com os instrumentos de outrem. É claro para todo homem que raciocina que Deus é um ser soberanamente perfeito e que, de todas as perfeições, nenhuma lhe convém mais essencialmente do que a bondade, a santidade e a justiça. No momento em que você tira dele essas perfeições, para dar-lhe as de um legislador que proíbe o crime ao homem e que, contudo, leva o homem ao crime e, depois, pune-o eternamente, você faz dele uma natureza na qual não se poderia ter nenhuma confiança, uma natureza enganadora, maligna, injusta, cruel: essa não é mais um objeto de religião. De que serviria invocá-lo e chamá-lo de ser sábio? É, portanto, a via

81 Ver em *Apologie pour le Réformat*, Parte I, capítulo XIC, p. 246-7.

82 Cícero, *De natura deorum*, I, XVI.

83 Ver a observação (C) do artigo "Egialle" e as observações (X) e (Y) do artigo "Helena".

do ateísmo. O medo que a religião inspira deve estar mesclado de amor, de esperança e de uma grande veneração. Quando se teme um objeto somente porque ele tem o poder e a vontade de causar o mal e que ele exerce cruel e impiedosamente esse poder, ele é odiado e detestado. Não é mais um culto de religião. Representar Deus como um ser que faz leis contra o crime, as quais ele mesmo faz serem violadas para ter um pretexto de punir, não é expor a religião à zombaria dos libertinos?[84] Não se tirará dessa natureza a existência, enquanto se supuser que ela é autor do pecado, isso é evidente, pois toda causa deve necessariamente existir quando age, mas será reduzida ao universo ou ao Deus dos espinosistas, a uma natureza que existe e que age necessariamente, sem saber o que faz e que é inteligência somente porque os pensamentos das criaturas são suas modificações.

---

84 Note que, ao sustentar como fazem os Reformados, que o homem é a única causa de seu pecado, a distinção que eles fazem entre Deus legislador e dispensador dos acontecimentos é boa, pouco importa o que diz o sr. Pufendorf, p. 290, de seu *Jus feciale divinum etc.*

Hume

Tradução: Plínio Junqueira Smith

Biografia

Não é fácil determinar a posição de Hume sobre a existência de Deus e as mais diversas interpretações já foram propostas, de ateu a teísta, passando por agnóstico. Uma razão é que seus textos, nos quais fala *in propria persona*, parecem, às vezes, contraditórios e, às vezes, parecem levar na direção do ateísmo, embora ele não se apresente como ateu ou, pelo menos, silencie a respeito dessas supostas consequências. Outra razão é que nos *Diálogos sobre a religião natural*, obra que trata mais longa e minuciosamente do assunto, Hume simplesmente se esconde por trás de personagens e a própria introdução é escrita por outro personagem. Quem, portanto, representaria Hume? Embora a maioria dos intérpretes se incline por identificar Philo como o porta-voz de Hume, houve quem visse em Cleantes o herói de Hume. Até Demea, personagem ridicularizado por Hume, se encarrega de apresentar uma doutrina tipicamente humeana num momento crucial do debate. Assim, o mais provável é que, para uma interpretação adequada da obra, se deva levar em conta o jogo entre esses personagens. O fato é que os *Diálogos* foram considerados um golpe mortal nas pretensões de uma religião natural, isto é, numa religião que pretenda fundar a crença em Deus baseada em raciocínios empíricos e científicos. Hume ainda demole o assim chamado argumento *a priori* a favor da existência de Deus. Qualquer que seja a posição pessoal de Hume, é difícil resistir à impressão, após ler os *Diálogos*, de que a crença em Deus é inteiramente infundada e de que não dispomos de um único bom argumento para afirmar a sua existência.

Diálogos sobre a religião natural, partes 5 e 8

Crítica do argumento do desígnio

Parte 5

Mas, continuou Philo, para mostrar-lhe ainda mais inconvenientes no seu antropomorfismo [de Cleantes], por favor faça um novo exame de seus princípios. *Efeitos semelhantes provam causas semelhantes.* Esse é o argumento experimental e esse, você também afirma, é o único argumento teológico. Ora, é certo que quanto mais parecidos forem os efeitos que são vistos e quanto mais parecidas forem as causas que são inferidas, mais forte é o argumento. Todo afastamento de qualquer lado diminui a probabilidade e torna o experimento menos conclusivo. Você não pode duvidar desse princípio, nem deveria rejeitar suas consequências.

Todas as novas descobertas na astronomia, que provam a grandeza e magnificência imensa das obras da natureza, são muitos argumentos adicionais para uma divindade, de acordo com o verdadeiro sistema do teísmo. Mas, de acordo com a sua hipótese do teísmo experimental, essas se tornam muitas objeções, ao remover o efeito para ainda mais longe de toda semelhança com os efeitos da arte e invenção humanas. Com efeito, se Lucrécio, mesmo seguindo o velho sistema do mundo, podia exclamar

> *Quis regere immensi summam, quis habere profundi*
> *Indu manu validas potis est moderanter habenas?*
> *Quis pariter coelos omnes convertere? Et omnes*
> *Ignibus aethheriis terras suffire feraces?*
> *Omnibus inve locis esse omni tempore praesto ?*

Se Tully estimava esse raciocínio tão natural a ponto de colocá-lo na boca de seu epicurista. *Quibus enim oculis animi intueri potuit vester Plato fabricam illam tanti operis, qua construi a Deo atque aedificare mundum facit? Quae molitio? Quae ferramenta? Qui vectes? Quae machinae? Qui ministri tanti muneris fuerunt? Quemadmodum autem obedire et parere voluntati architecti era, ignis, aqua, terra potuerunt?* Se esse argumento, digo, teve alguma força em épocas precedentes, quão mais forte não deveria ser ele no presente, quando se ampliaram tão infinitamente os limites da natureza e se abriu essa cena tão magnificente para nós? É ainda menos razoável formar nossa ideia de uma causa tão ilimitada a partir de nossa experiência das estreitas produções de desígnio e invenção humanas.

As descobertas por meio do microscópio, conforme abrem um novo universo em miniatura, são ainda, de acordo com você, objeções, e, para mim, são argumentos. Quanto mais adiante você levar nossas investigações desse tipo, mais seremos levados a inferir que a causa universal do todo é muito diferente da humanidade ou de qualquer objeto de experiência e observação humanas.

E o que você diz das descobertas em anatomia, química, botânica?... Estas certamente não são objeções, respondeu Cleantes, estas somente descobrem novos casos de arte e invenção. É ainda a imagem da mente refletida em nós a partir de inumeráveis objetos. Acrescente: de uma mente *como a mente humana*, disse Philo. Não conheço outra, replicou Cleantes. E quanto mais semelhante melhor, insistiu Philo. Certamente, disse Cleantes.

Agora, Cleantes, disse Philo, com ar de animação e triunfo, observe as consequências. Primeiro, por esse método de raciocínio, você renuncia a toda pretensão de infinidade em qualquer dos atributos de uma divindade, pois, como a causa deve ser somente proporcional ao efeito e o efeito, tanto quanto é de nosso conhecimento, não é infinito, que pretensões você pode ter, com base em suas suposições, para aplicar esse atributo ao ser divino? Você ainda insistirá em que, ao afastá-lo tanto de toda semelhança das criaturas humanas, cedemos à mais arbitrária hipótese e, ao mesmo tempo, enfraquecemos todas as provas de sua existência.

Segundo, você não tem razão, com base em sua teoria, para atribuir perfeição à divindade, mesmo em sua capacidade finita, ou para supor que ela é livre de todo erro, equívoco ou incoerência em seus empreendimentos. Existem muitas dificuldades inexplicáveis nas obras da natureza, as quais, se admitirmos um autor perfeito provado *a priori*, são facilmente resolvidas e se tornam apenas dificuldades aparentes para a estreita capacidade do homem, que não pode traçar relações infinitas. Mas, de acordo com o seu método de raciocínio, todas essas dificuldades se tornam reais e talvez se insista nelas como novos casos de semelhança com a arte e invenção humana. Pelo menos, você deve reconhecer que nos é impossível dizer, com nossas concepções limitadas, se esse sistema contém algum grande erro ou merece algum elogio considerável, se comparado a outros sistemas possíveis ou reais. Poderia um camponês, se a *Eneida* fosse lida para ele, pronunciar que esse poema não tem absolutamente nenhum erro ou mesmo atribuir-lhe um lugar adequado entre as produções do engenho humano, ele que jamais viu qualquer outra produção?

Mas se este mundo fosse uma produção tão perfeita, ainda deveria permanecer incerto se todas as excelências da obra podem ser atribuídas ao produtor. Se examinarmos um navio, que ideia exaltada deveremos formar da engenhosidade do carpinteiro, que bolou uma máquina tão complicada, útil e bela? E que surpresa deveremos ter, quando descobrirmos que é um mecânico limitado, que imitou outros e copiou uma arte que, através de uma longa sucessão de épocas, depois de múltiplas tentativas, erros, correções, deliberações e controvérsias, tinha sido gradualmente melhorada? Muitos mundos poderiam ter sido remendados e estragados, ao longo de uma eternidade, antes que este sistema foi encontrado: muito trabalho perdido, muitas tentativas frustradas e um lento, mas contínuo progresso levado adiante durante épocas infinitas na arte de fazer um mundo. Nesses assuntos, quem pode determinar onde está a verdade? Mais do que isso, quem pode conjeturar onde está a probabilidade, entre um grande número de hipóteses que podem ser propostas e um número ainda maior que podem ser imaginadas?

E que sombra de argumento, continuou Philo, você pode produzir, a partir de sua hipótese, para provar a unidade de Deus? Um grande número de homens se une para construir uma casa ou navio, para levantar uma cidade, para organizar uma república. Por que não muitos deuses se reuniriam para inventar e construir um mundo? Isso seria muito mais parecido aos assuntos humanos. Ao partilhar a obra entre muitos, podemos limitar ainda mais os atributos de cada um e nos livrarmos daquele poder e conhecimento extensos que se devem supor numa única divindade e que, de acordo com você, somente pode servir para enfraquecer a prova de sua existência. E se essas criaturas tolas, se essas criaturas viciosas como o homem podem frequentemente se unir e executar um plano, muito mais poderão essas divindades ou demônios, que podemos supor bem mais perfeitos.

Multiplicar as causas sem necessidade é, certamente, contrário à verdadeira filosofia, mas esse princípio não se aplica ao caso presente. Fosse uma única divindade antecedentemente provada por sua teoria, que possuísse todo atributo exigido para a produção do universo, seria inútil, confesso (embora não absurdo), supor qualquer outra divindade existente. Mas, enquanto ainda é uma questão aberta se todos esses atributos estão unidos num único sujeito ou dispersos entre muitos seres independentes, por quais fenômenos na natureza podemos pretender decidir a controvérsia? Quando vemos um corpo subir num prato da balança, estamos seguros de que há, no prato oposto, ainda que escondido da visão, algum peso contraposto igual a esse. Mas ainda é permitido duvidar se esse peso é um agregado de muitos corpos distintos ou uma massa unida uniforme. E, se o peso exigido excede em muito qualquer coisa que jamais vimos unida num único corpo, a primeira suposição se torna ainda mais provável e natural. Um ser inteligente com poder e capacidade tão vastos, como são necessários para produzir o universo, ou, para falar na linguagem da filosofia antiga, um animal tão prodigioso, excede toda analogia e, mesmo, compreensão.

Mas, além disso, Cleantes, os homens são mortais e renovam sua espécie por reprodução, e isso é comum a todas as criaturas vivas. Os dois grandes sexos, diz Milton, animam o mundo. Por que deveria essa circunstância tão universal e tão essencial ser excluída dessas divindades numerosas e limitadas? Veja, então, que a teogonia dos tempos antigos reaparece entre nós.

E por que não se tornar um perfeito antropomórfico? Por que não afirmar que a divindade ou divindades são corpóreas e têm olhos, um nariz, boca, orelhas etc.? Epicuro sustentou que nenhum homem jamais tinha visto razão exceto numa figura humana; portanto, os deuses devem ter uma figura humana. E esse argumento, que merecidamente foi muito ridicularizado por Cícero, se torna, de acordo com você, sólido e filosófico.

Numa palavra, Cleantes, um homem que segue sua hipótese é capaz, talvez, de afirmar ou conjeturar que o universo, alguma vez, surgiu de alguma coisa como o desígnio. Mas, além dessa posição, ele não pode certificar-se de nenhuma circunstância e, depois, fixará cada ponto de sua teologia com a máxima licença da imaginação e hipótese. Este mundo, tanto quanto sabemos, é muito defeituoso e imperfeito, se comparado com um padrão superior. É somente a primeira rude tentativa de alguma divindade infantil, que posteriormente o abandonou, é somente a obra de alguma divindade dependente e inferior, e é objeto de riso de seus superiores, é a produção da velhice e decrepitude de alguma divindade aposentada e, desde sua morte, continuou ao acaso, do primeiro impulso e força ativa, que recebeu dela... Você mostra, com razão, sinais de horror, Demea, diante dessas estranhas suposições, mas estas e outras mil do mesmo tipo são suposições de Cleantes, não minhas. A partir do momento em que se supõe que os atributos da divindade são finitos, todas essas suposições têm cabimento. E eu não posso, de minha parte, pensar que um sistema de teologia tão insensato e não estabelecido seja, em algum aspecto, preferível a nenhum sistema.

Repudio inteiramente essas suposições, bradou Cleantes, contudo, elas não me atingem com horror, especialmente quando propostas dessa maneira desconexa em que você as expõe. Ao contrário, dão-me prazer quando vejo que, com a máxima indulgência de sua imaginação, você nunca se livra da hipótese de desígnio no universo, mas está obrigado, a todo instante, a recorrer a ela. A essa concessão, eu adiro firmemente e considero-a como um fundamento suficiente para a religião.

Parte 8

O que você atribui à fertilidade de minha invenção, replicou Philo, deve-se inteiramente à natureza do assunto. Em assuntos adaptados ao estreito limite da razão humana, há comumente apenas uma determinação que carrega probabilidade ou convicção consigo e, para um homem de julgamento sadio, todas as outras suposições, exceto essa, parecem inteiramente absurdas e quiméricas. Mas, em questões como a presente, centenas de concepções contraditórias podem preservar uma espécie de analogia imperfeita e a invenção tem aqui amplo espaço para se exercer. Sem qualquer grande esforço de pensamento, acredito que eu poderia, num instante, propor outros sistemas de cosmogonia, que teriam alguma pequena aparência de verdade, embora seja mil, um milhão para uma, se o seu ou qualquer um dos meus seja o sistema verdadeiro.

Por exemplo, e se eu revivesse a antiga hipótese epicurista? Estima-se comum e, creio, justamente que esse é o sistema mais absurdo que alguma vez foi proposto e, no entanto, não sei se, com algumas alterações, não poderia vir a ter alguma pequena aparência de probabilidade. Em vez de supor uma matéria infinita, como fez Epicuro, suponhamos que é finita. Um número finito de partículas é suscetível somente de transposições finitas. E deve ocorrer, numa duração eterna, que toda ordem ou posição possível deve ser testada um número infinito de vezes. Este mundo, portanto, com todos os seus acontecimentos, mesmo o menor, foi anteriormente produzido e destruído e será produzido e destruído de novo, sem nenhum limite ou fim. Ninguém que tem uma concepção dos poderes do infinito, em comparação com o finito, jamais terá escrúpulos de aceitar essa determinação.

Mas isso supõe, disse Demea, que a matéria pode adquirir movimento sem nenhum agente voluntário ou primeiro motor.

E qual é a dificuldade, replicou Philo, dessa suposição? Todo acontecimento, antes da experiência, é igualmente difícil e incompreensível, e todo acontecimento, depois da experiência, é igualmente fácil e inteligível. Movimento, em muitos casos, proveniente da gravidade, da elasticidade, da eletricidade, começa na matéria sem nenhum agente voluntário, e supor sempre, nesses casos, um agente voluntário desconhecido é mera hipótese, uma hipótese não acompanhada de vantagens. O começo do movimento na própria matéria é tão concebível *a priori* como sua comunicação proveniente da mente e inteligência.

Além disso, por que não poderia o movimento ter sido propagado por impulso através da eternidade e a mesma quantidade dele, ou quase a mesma, ser ainda mantida no universo? Tanto quanto é perdida pela composição do movimento é ganha por sua decomposição. E, quaisquer que sejam as causas, é certo que a matéria está, e sempre esteve, em perpétua agitação, até onde alcança a experiência ou tradição humanas. Provavelmente não há, neste momento, em todo o universo, uma partícula de matéria em repouso absoluto.

E essa mesma consideração, continuou Philo, com a qual nos defrontamos no curso deste argumento, também sugere uma nova hipótese de cosmogonia que não é absolutamente absurda e improvável. Existe um sistema, uma ordem, uma economia das coisas pela qual a matéria pode preservar essa agitação perpétua, que parece essencial a ela, e, contudo, manter uma constância nas formas que produz? Certamente existe essa economia, pois isso é realmente o que ocorre no mundo presente. O movimento contínuo da matéria, portanto, em menos do que infinitas transposições, deve produzir essa economia ou ordem e, por sua própria natureza, essa ordem, uma vez estabelecida, sustenta-se a si mesma, por muito tempo, se não pela eternidade. Mas onde quer que a matéria esteja equilibrada, arranjada e ajustada para continuar em perpétuo movimento e, contudo, preserva uma constância nas formas, sua situação deve, necessariamente, ter exatamente a mesma aparência de arte e invenção que observamos atualmente. Todas as partes de cada forma devem ter uma relação com as outras e com o todo. O próprio todo deve ter uma relação com as outras partes do universo, com o elemento no qual a forma subsiste, com os materiais com os quais repara seu desperdício e queda, e com todas as outras formas, hostis ou amigas. Um defeito em qualquer desses pormenores destrói a forma, e a matéria de que é composta novamente se desprende e é lançada em movimentos e fermentações irregulares até que se una a alguma outra forma regular. Se nenhuma forma assim estiver preparada para recebê-la e se houver uma grande quantidade dessa matéria corrompida no universo, o próprio universo estará inteiramente desordenado, seja este o frágil embrião de um mundo em seus primeiros começos, que é assim destruído, ou a carcaça apodrecida de um mundo debilitado pela velhice e pela fraqueza. Em ambos os casos, segue-se o caos, até que revoluções finitas, embora inumeráveis, produzam finalmente algumas formas, cujas partes e órgãos são tão ajustados a ponto de sustentarem as formas entre uma sucessão continuada de matéria.

Suponha (pois tentaremos variar a expressão) que a matéria fosse jogada em qualquer posição por uma força cega e não guiada. É evidente que essa primeira posição deve, com toda probabilidade, ser a mais confusa e desordenada possível, sem qualquer semelhança com as obras de invenção humana que, junto com uma simetria de partes, revelam um ajuste de meios a fins e uma tendência para a autopreservação. Se a força motriz cessa depois dessa operação, a matéria deve permanecer para sempre em desordem e continuar um imenso caos, sem qualquer proporção ou atividade. Mas suponha que a força motriz, qualquer que seja, ainda continua na matéria, essa primeira posição imediatamente dará lugar a uma segunda, que igualmente, com toda probabilidade, será tão desordenada como a primeira, e assim por diante, por muitas sucessões de mudanças e revoluções. Nenhuma ordem ou posição particular jamais continua inalterada por um momento sequer. A força original, ainda permanecendo em atividade, confere uma inquietação perpétua à matéria. Toda situação possível é produzida e instantaneamente destruída. Se um laivo ou início de ordem aparece por um momento, é instantaneamente rechaçado e confundido por essa força incessante que atua sobre todas as partes da matéria.

Assim, o universo perdura por muitas épocas numa sucessão contínua de caos e desordem. Mas não é possível que ele possa finalmente se acalmar, de modo a não perder seu movimento e força ativa (pois a supusemos inerente a ele), contudo de modo a preservar uma uniformidade na aparência entre o movimento e flutuação contínuos de suas partes? Vemos que isso ocorre com o universo atualmente. Cada indivíduo está perpetuamente mudando, bem como cada parte de cada indivíduo, e, contudo, o todo permanece, na aparência, o mesmo. Não podemos esperar ou, antes, estarmos seguro dessa posição proveniente das revoluções eternas da matéria não guiada? E isso não pode explicar toda a aparência de sabedoria e planejamento que existe no universo? Contemplemos o assunto um pouco e veremos que esse ajuste, se alcançado pela matéria, de uma aparente estabilidade nas formas, com uma revolução ou movimento real e perpétuo das partes, fornece uma solução plausível, se não verdadeira, para a dificuldade.

É vão, portanto, insistir nos usos das partes dos animais ou vegetais e seu curioso ajustamento entre si. Eu gostaria de saber como um animal poderia subsistir, se suas partes não se ajustassem dessa maneira? Não vemos que ele morre imediatamente sempre que esse ajuste cessa e que sua matéria corrompida busca alguma nova forma? Acontece, de fato, que as partes do mundo são tão bem ajustadas que alguma forma regular imediatamente reivindica essa matéria corrompida. Se não fosse assim, poderia o mundo existir?

Não deveria ele se dissolver tanto quanto o animal e passar por novas posições e situações até que numa sucessão maior, mas finita, encontrasse a ordem presente ou outra semelhante?

Ainda bem, replicou Cleantes, que você nos disse que essa hipótese lhe foi sugerida num repente, no decorrer da argumentação. Se tivesse tempo para examiná-la, você logo perceberia as insuperáveis objeções a que está exposta. Nenhuma forma, você diz, pode subsistir a menos que possua esses poderes e órgãos necessários para a sua subsistência. Alguma nova ordem deve ser tentada, e assim por diante, sem interrupção, até que, por fim, alguma ordem que pode se sustentar e manter-se a si mesma seja encontrada. Mas, de acordo com essa hipótese, de onde surgem as muitas conveniências e vantagens que os homens e todos os animais possuem? Dois olhos, dois ouvidos, não são absolutamente necessários para a subsistência da espécie. A espécie humana poderia ter sido propagada e preservada sem cavalos, cachorros, vacas, ovelhas e as inumeráveis frutas e produtos que servem para nossa satisfação e deleite. Se camelos não tivessem sido criados para o uso do homem nos desertos arenosos da África e Arábia, teria o mundo sido dissolvido? Se nenhum ímã tivesse sido concebido para dar essa direção maravilhosa e útil para a agulha, teriam a sociedade e a espécie humanas sido imediatamente extintas? Embora as máximas da natureza sejam em geral muito frugais, contudo casos desse tipo estão longe de serem raros e qualquer um deles é uma prova suficiente de desígnio, e de um desígnio benevolente, que faz surgir a ordem e arranjo do universo.

Pelo menos, você pode seguramente inferir, disse Philo, que a hipótese precedente até aqui está incompleta e imperfeita. Eu não terei escrúpulos em admitir isso. Mas pode-se razoavelmente ter a expectativa de maior sucesso em quaisquer tentativas dessa natureza? Ou pode-se alguma vez esperar erigir um sistema de cosmogonia que não estará sujeito a exceções e não conterá circunstância repugnante à nossa experiência limitada e imperfeita da analogia da natureza? Sua própria teoria certamente não pode pretender nenhuma vantagem desse tipo, mesmo que você tenha recorrido ao antropomorfismo para melhor preservar uma conformidade com a experiência comum. Vamos testá-la mais uma vez. Em todos os casos que sempre vimos, ideias são copiadas de objetos reais e são ectípicas, não arquetípicas, para me expressar em termos eruditos. Você reverte essa ordem e concede prioridade ao pensamento. Em todos os casos que sempre vimos, o pensamento não tem influência sobre a matéria, exceto quando a matéria está tão unida a ele que tem uma influência recíproca igual sobre ele. Nenhum animal pode mover imediatamente alguma coisa, exceto os membros de seu próprio corpo e, de fato, a igualdade da ação e reação parece ser uma lei universal da natureza. Mas sua teoria implica uma contradição com essa experiência. Esses casos, e muitos outros, que seria fácil reunir (particularmente a suposição de uma mente ou sistema de pensamento que é eterno ou, em outras palavras, um animal não-reprodutível e imortal), esses casos, digo, podem ensinar, a todos nós, a sobriedade na condenação de uns pelos outros e nos permitem ver que, como nenhum sistema desse tipo deve jamais ser recebido a partir da menor analogia, assim também nenhum sistema deveria ser rejeitado com base numa pequena incongruência, pois este é um inconveniente a partir do qual se pode justamente pronunciar que ninguém está isento.

Todos os sistemas religiosos, confessa-se, estão sujeitos a dificuldades grandes e insuperáveis. Cada disputante triunfa por sua vez, enquanto leva adiante uma guerra ofensiva e expõe os absurdos, barbaridades e doutrinas perniciosas de seu antagonista. Mas todos eles, em conjunto, preparam um triunfo completo para o cético, que lhes diz que nenhum sistema jamais deveria ser adotado com relação a esses assuntos, por causa dessa simples razão: não se deve assentir a nenhum absurdo em qualquer assunto. Uma suspensão total do juízo é aqui nosso único recurso razoável. E se todo ataque, como se observa comumente, e nenhuma defesa, entre teólogos, obtém sucesso, quão mais completa deve ser *sua* vitória, ele, que permanece sempre, com toda a humanidade, na ofensiva e não tem uma morada fixa ou residência permanente, a que estaria sempre, em qualquer ocasião, obrigado a defender?

Crítica da prova ontológica

Diálogos sobre a religião natural, parte 9,

Não deixarei para Philo, disse Cleantes (embora eu saiba que começar objeções é seu principal prazer), indicar as fragilidades desse raciocínio. Parece-me tão mal fundamentado e, ao mesmo tempo, de tão poucas consequências para a causa da verdadeira piedade e religião que eu mesmo me aventurarei a mostrar sua falácia.

Começarei observando que há um absurdo evidente na pretensão de mostrar uma questão de fato ou prová-la [a existência de Deus] por quaisquer argumentos *a priori*. Nada é demonstrável, a menos que o contrário implique uma contradição. Nada que é distintamente concebível implica uma contradição. O que quer que concebamos como existente podemos também conceber como não-existente. Não existe nenhum ser, portanto, cuja não-existência implique uma contradição. Consequentemente não existe um ser cuja existência é demonstrável. Proponho esse argumento como inteiramente decisivo e estou disposto a sustentar toda a controvérsia sobre ele.

Pretende-se que a divindade é um ser necessariamente existente e tenta-se explicar essa necessidade de sua existência ao se afirmar que, se conhecêssemos toda sua essência ou natureza, deveríamos percebê-la como sendo impossível para ele não existir, assim como é impossível que duas vezes dois não seja quatro. Mas é evidente que isso jamais pode acontecer enquanto nossas faculdades permanecerem as mesmas de agora. Ainda será possível para nós, a qualquer momento, conceber a não-existência do que antes concebíamos existir, nem pode a mente jamais estar sob uma necessidade de supor algum objeto que permaneça sempre existindo, do mesmo modo como estamos sob uma necessidade de sempre conceber que duas vezes dois é igual a quatro. Portanto, as palavras "existência necessária" não têm significado ou, o que é a mesma coisa, nenhum significado que seja consistente.

Mas, além disso, por que o universo material não poderia ser o ser necessariamente existente, de acordo com essa suposta explicação da necessidade? Não ousamos afirmar que conhecemos todas as qualidades da matéria e, tanto quanto podemos determinar, essa pode conter algumas qualidades que, se fossem conhecidas, fariam sua não-existência parecer uma contradição tão grande como dizer que duas vezes dois são cinco? A meu ver, há somente um argumento empregado para provar que o mundo material não é o ser necessariamente existente e esse argumento é extraído da contingência tanto da matéria como da forma do mundo. "Pode-se *conceber*," diz-se,[1] "que qualquer partícula de matéria seja aniquilada e que qualquer forma seja alterada. Essa aniquilação ou alteração, portanto, não é impossível." Mas parece uma grande parcialidade não perceber que o mesmo argumento se estende igualmente para Deus, tanto quanto temos alguma concepção dele, e que a mente pode, pelo menos, imaginá-lo como não-existente ou imaginar a alteração de seus atributos. Devem ser algumas qualidades desconhecidas e inconcebíveis que podem fazer sua não-existência parecer impossível ou seus atributos inalteráveis. E não se pode atribuir nenhuma razão pela qual essas qualidades não possam pertencer à matéria. Como estas são inteiramente desconhecidas e inconcebíveis, jamais se poderá provar que são incompatíveis com ela.

Acrescente-se a isso que, ao traçar uma sucessão eterna de objetos, parece absurdo investigar uma causa geral ou primeiro autor. Como pode qualquer coisa que existe desde a eternidade ter uma causa, uma vez que essa relação implica uma prioridade no tempo e um começo de existência?

Também nessa cadeia ou sucessão de objetos, cada parte é causada pela que a precede e causa a que a sucede. Onde, então, está a dificuldade? Mas o Todo, você diz, exige uma causa. Respondo que a união dessas partes num todo, como a união de muitos condados distintos num reino ou de muitos membros distintos num corpo, é realizada meramente por um ato arbitrário da mente e não tem influência sobre a natureza das coisas. Se eu mostrasse a você as causas particulares de cada indivíduo numa coleção de vinte partículas de matéria, eu deveria pensar que é pouco razoável se você, depois, me perguntasse qual era a causa do todo de vinte. Isso é suficientemente explicado na explicação da causa das partes.

---

1 Dr. Clarke

Apesar de os raciocínios que você fez, Cleantes, poderem me dispensar de começar quaisquer dificuldades adicionais, disse Philo, contudo não consigo evitar de insistir em outro tópico. Aritméticos observam que os produtos de 9 compõem sempre, ou 9, ou algum produto menor de 9, se você somar todos os numerais dos quais se compõem quaisquer dos produtos anteriores. Assim, de 18, 27, 36, que são produtos de 9, você obtém 9 somando 1 e 8, 2 e 7, 3 e 6. Assim, 369 também é um produto de 9 e, se somar 3, 6 e 9, você obterá 18, que é um produto menor de 9.[2] Para um observador superficial, uma regularidade tão maravilhosa pode ser admirada como o efeito, seja do acaso ou do desígnio, mas um algebrista habilidoso imediatamente conclui que é obra da necessidade e demonstra que deve sempre resultar da natureza desses números. Não é provável, pergunto, que toda a economia do universo seja conduzida por uma necessidade similar, ainda que nenhuma álgebra humana possa fornecer uma chave que resolva as dificuldades? E, em vez de admirar a ordem dos seres naturais, não pode acontecer que, se pudéssemos penetrar na natureza íntima dos corpos, deveríamos ver claramente por que era absolutamente impossível que esses pudessem alguma vez admitir qualquer outra disposição? É tão perigoso introduzir essa ideia de necessidade na questão presente! E tão naturalmente essa propicia uma inferência diretamente oposta à hipótese religiosa!

Mas, deixando de lado essas abstrações, continuou Philo, e nos limitando a tópicos mais familiares, ousarei acrescentar uma observação, a de que raras vezes se julgou o argumento *a priori* muito convincente, exceto pessoas de inclinação metafísica, as quais se acostumaram com o raciocínio abstrato e as quais, descobrindo

2 *République des Lettres*, agosto de 1685.

nas matemáticas que o entendimento frequentemente conduz à verdade por meio da obscuridade e contra as primeiras aparências, transferiram o mesmo hábito de pensar a assuntos em que esse hábito não deveria ter lugar. Outras pessoas, mesmo de bom senso e mais bem inclinadas para a religião, sempre sentem alguma deficiência nesses argumentos, ainda que talvez não sejam capazes de explicar distintamente onde essa se encontra. Uma prova certa de que os homens sempre extraíram, e sempre extrairão, sua religião de fontes diferentes dessa espécie de raciocínio.

Diderot

Tradução: Paulo Jonas de Lima Piva

Biografia

Denis Diderot entrou para a história muito mais como um dos principais mentores da *Enciclopédia ou Dicionário raciocinado das ciências, das artes e dos ofícios* – um dos maiores empreendimentos intelectuais e editoriais de todos os tempos, publicado entre 1750/1 e 1772, em pleno Antigo Regime – e como um dramaturgo inovador, autor de *Paradoxo sobre o comediante* (1773) e de peças como *O pai de família* (1756) e *O filho natural* (1757), do que propriamente como um grande filósofo. Nascido em Langres, em 1713, de uma família de artesãos de forte formação católica, Diderot foi aluno de jesuítas, recebeu tonsura, estudou teologia na Sorbonne, mas acabou não dando sequência à sua carreira eclesiástica, como mandava uma tradição de sua família. Ingressar na vida religiosa era em sua época uma opção bastante segura do ponto de vista financeiro e muito alvissareira do ponto de vista do prestígio social.

Seu irmão mais velho, seguindo a tradição, tornou-se padre; já sua irmã abraçou o claustro e morreu louca num convento.

Pensador muitíssimo dinâmico, Diderot fez de sua obra filosófica praticamente um registro das etapas de uma razão em constante transformação. Nos seus escritos de juventude encontramos um Diderot imerso em meio a conflitos metafísicos e religiosos. Na tradução livre que fez, em 1745, do *Ensaio sobre o mérito e a virtude*, de Shaftesbury, e nos *Pensamentos filosóficos*, de 1746, lemos passagens que mostram as convicções do filósofo migrando do catolicismo tradicional para uma mescla de cristianismo com deísmo, isto é, para uma concepção de religiosidade mais racional e para uma crença numa divindade não revelada, diferente, portanto, do deus supostamente revelado pela *Bíblia*. Sempre tendo o ceticismo e o ateísmo como interlocutores, em *O passeio do cético*, pequeno escrito de 1747, Diderot parece se afastar ainda mais da religião cristã, embora ainda não definitivamente do deísmo. É em 1749, com a *Carta sobre os cegos para o uso daqueles que veem*, que o cristianismo e o deísmo são superados de vez como problemas em suas reflexões. Doravante, sua posição será de adesão ao empirismo, ao materialismo e ao ateísmo. A propósito, numa carta endereçada à sua amiga Catarina II, imperatriz da Rússia, Diderot escreve: "Não foi Deus quem fez os homens à sua imagem, são os homens que todos os dias fazem Deus à sua".[1] Em outras palavras, no entender do filósofo iluminista, Deus seria uma ficção, mais exatamente, uma fábula antropomórfica.

Diderot morreu em 1784, em Paris.

---

1 Diderot, D. "Mélanges pour Catherine II". In: *Oeuvres*. Édition de Laurent Versini. Paris, Robert Laffont, Bouquins, Tome III, 1995, p. 268.

Carta sobre os cegos para o uso daqueles que veem (1749)

(...)

Eu poderia acrescentar à história do cego de Puiseaux e de Saunderson aquela de Dídimo de Alexandria, de Eusébio, o Asiático, de Nicaise de Méchelin e de alguns outros que apareceram tão elevados acima do resto dos homens, e com um sentido a menos, que os poetas poderiam fingir, e sem exagero, que os deuses invejosos os privaram dele, com medo de ter iguais entre os mortais. Pois o que era esse Tirésias, que lera nos segredos dos deuses, e que possuía o dom de predizer o futuro, senão um filósofo cego cuja fábula o conservou na memória? Mas não nos afastemos mais de Saunderson, e sigamos este homem extraordinário até o túmulo.

Quando ele estava a ponto de morrer, chamaram para junto dele um ministro muito hábil, o senhor Gervaise Holmes; eles tiveram um diálogo sobre a existência de Deus, do qual nos restam alguns fragmentos que eu traduzirei para vocês dando melhor de mim, pois eles valem realmente a pena. O ministro começa objetando-lhe as maravilhas da natureza: "Ah, senhor!, dizia-lhe o filósofo cego, deixe de lado todo esse belo espetáculo que nunca foi feito para mim! Fui condenado a passar minha vida nas trevas, e o senhor me cita prodígios que eu não entendo, e que só provam para o senhor e para aqueles veem como o senhor. Se o senhor quer que eu creia em Deus, é preciso que me faça tocá-lo.

— Senhor, retomou habilmente a palavra o ministro, ponha as mãos sobre si mesmo, e reencontrará a divindade no mecanismo admirável dos seus órgãos.

— Senhor Holmes, prossegui Saunderson, eu repito, tudo isso não é tão belo para mim quanto o é para o senhor. Mas, o mecanismo animal, se ele fosse tão perfeito como o senhor pretende, e como eu quero de fato acreditar, pois o senhor é um homem honesto, incapaz de me ludibriar, o que tem ele de comum com um ser soberanamente inteligente? Se ele o assombra, é talvez porque o senhor tenha o hábito de considerar prodígio tudo o que lhe parece acima de suas forças. Fui tantas vezes um objeto de admiração para o senhor que tenho uma opinião bastante má do que o surpreende. Atraí do fundo da Inglaterra pessoas que não podiam conceber como eu fazia geometria: é preciso que o senhor concorde que essas pessoas não tinham noções muito exatas da possibilidade das coisas. Um fenômeno está, a nosso ver, acima do homem? Dizemos imediatamente: "é obra de um Deus"; nossa vanidade não se contenta com menos. Não poderíamos pôr em nossos discursos um pouco menos de orgulho e um pouco mais de filosofia? Se a natureza nos oferece um nó difícil de desatar, deixemo-lo pelo que ele é, e não empreguemos para cortá-lo a mão de um ser que se torna em seguida para nós um novo nó mais indissolúvel que o primeiro. Pergunte a um indiano por que o mundo fica suspenso nos ares, e ele lhe responderá que o mundo é conduzido sobre o dorso de um elefante; e o elefante, sobre o que ele se apoiará? Sobre uma tartaruga; e a tartaruga, quem a sustentará?... Este indiano lhe causa piedade; e poder-se-ia lhe dizer como a ele: Senhor Holmes, meu amigo, confesse de início a sua ignorância, e me poupe, por favor, do elefante e da tartaruga".

Saunderson se deteve por um momento: esperava aparentemente que o ministro lhe respondesse; mas por onde atacar um cego? O senhor Holmes se prevaleceu da boa opinião que

Saunderson havia concebido da sua probidade e das luzes de Newton, de Leibniz, de Clarke e de alguns de seus compatriotas, os primeiros gênios do mundo, que todos haviam ficado impressionados com as maravilhas da natureza, e reconheciam um ser inteligente como o seu autor. Era, sem contradizer, o que o ministro podia objetar de mais forte a Saunderson. Também o bom cego conviria que haveria temeridade em negar o que um homem como Newton não deixaria de admitir: ele objetou todavia ao ministro que o testemunho de Newton não era tão forte para ele do que aquele da natureza inteira para Newton; e que Newton acreditava sob a palavra de Deus, ao passo que ele estava reduzido a crer sob a palavra de Newton.

"Considere, senhor Holmes, acrescentou, o quanto é preciso para que eu tenha confiança em sua palavra e na de Newton. Eu não vejo nada; entretanto, admito em tudo uma ordem admirável; mas conto que o senhor não exija mais do que isso. Eu lhe concedo isto quanto ao estado atual do universo, para obter do senhor, em compensação, a liberdade de pensar o que me aprouver sobre o seu antigo e primeiro estado, sobre o qual o senhor não é menos cego do que eu. O senhor não tem aqui testemunhos a me opor; e seus olhos não lhe são de nenhum auxílio. Imagine, pois, se quiser, que a ordem que o impressiona sempre subsistiu; mas me deixe crer que não é assim; e que, se nos remontássemos ao nascimento das coisas e dos tempos, e que se sentíssemos a matéria se mover e o caos desabrochar-se, encontraríamos uma multidão de seres informes para alguns seres bem organizados. Se eu nada tenho a lhe objetar sobre a condição presente das coisas, posso ao menos interrogá-lo sobre sua condição passada. Posso lhe perguntar, por exemplo, quem lhe disse, a Leibniz, a Clarke e a Newton, que nos primeiros instantes da formação dos animais uns encontravam-se sem cabeça e outros sem pé? Posso lhe garantir que estes não possuíam estômago, e que aqueles não tinham intestinos; que aqueles a quem um estômago, um paladar e dentes pareciam prometer a duração, deixaram de existir por algum problema no coração ou nos pulmões; que os monstros foram aniquilados sucessivamente; que todas as combinações viciosas da matéria desapareceram, e que restaram apenas aquelas em o mecanismo não implicava nenhuma contradição importante e que podiam subsistir por si mesmas e se perpetuar.

"Isso suposto, se o primeiro homem tivesse tido a laringe fechada, tivesse sofrido com a falta de alimentos convenientes, tivesse pecado pelas partes da geração, não tivesse encontrado sua companheira, ou se propagado em outra espécie, senhor Holmes, o que se tornaria o gênero humano? Ele ficaria envolvido na depuração geral do universo, e este ser orgulhoso que se chama homem, dissolvido e disperso entre as moléculas da matéria, teria restado, talvez para sempre, no número dos possíveis.

"Se nunca tivesse existido seres informes, o senhor não deixaria de presumir que eles jamais existiram, e que eu me lanço em hipóteses quiméricas; mas a ordem não é tão perfeita, continuou Saunderson, que não apareçam ainda, uma vez ou outra, produções monstruosas". Depois, virando-se de frente para o ministro, acrescentou: "Olhe-me bem, senhor Holmes, eu não tenho olhos. O que fizemos a Deus, o senhor e eu, um para possuir este órgão, o outro para dele ser privado?".

Saunderson tinha o ar tão sincero e tão sério ao pronunciar essas palavras, que o ministro e o resto da assembleia não conseguiram deixar de partilhar a sua dor, e puseram-se a chorar amargamente sobre ele. O cego percebeu. "Senhor Holmes, disse ele ao ministro, a bondade do seu coração me era bem conhecida, e sou muito sensível à prova que dela me dá nestes derradeiros momentos; mas se eu lhe sou caro, não me recuse ao morrer o consolo de nunca ter afligido ninguém".

Depois, retomando um tom um pouco mais firme, ele acrescentou: "Conjecturo, pois, que, no começo, quando a matéria em fermentação fazia eclodir o universo, meus semelhantes eram muito comuns. Mas, por que não asseguraria eu a respeito dos mundos o que eu creio a respeito dos animais? Quantos mundos estropiados, falhados que se dissiparam-se, que se reformam-se e se dissipam talvez a cada instante em espaços distantes, em que eu não toco, e onde o senhor não vê, mas onde o movimento continua e continuará a combinar aglomerados de matéria, até que eles obtenham algum arranjo no qual possam perseverar? Ó filósofos! Deixem-se levar, pois, comigo, para os confins deste universo, para além do ponto em que eu toco e onde os senhores veem seres organizados; passeiem sobre esse novo oceano, e procurem através de suas agitações irregulares alguns vestígios desse ser inteligente cuja sabedoria admiram aqui!

"Mas de que serve tirá-lo do seu elemento? O que é este mundo, senhor Holmes? Um composto sujeito a revoluções, que todos indicam uma tendência contínua à destruição; uma sucessão rápida de seres que se seguem, que se compelem e desaparecem; uma simetria passageira; uma ordem momentânea. Eu o censurava há pouco por julgar a perfeição das coisas pela sua capacidade; e eu poderia acusá-lo aqui de medir a duração pela de seus dias. O senhor julga a existência sucessiva do mundo, como a mosca efêmera, pela sua. O mundo é eterno para o senhor, como o senhor é eterno para o ser que vive apenas um instante. Ainda assim o inseto é mais razoável do que o senhor. Que sequência prodigiosa de gerações de efêmeros atesta a sua eternidade! Que tradição imensa! Entretanto, nós passaremos todos, sem que se possa consignar nem a extensão real que ocupamos, nem o tempo preciso que teremos durado. O tempo, a matéria e o espaço não são talvez senão um ponto".

Saunderson agita-se nesta conversa um pouco mais do que seu estado lhe permitia; sobreveio-lhe um acesso de delírio que durou algumas horas, e do qual ele só saiu para exclamar: "Ó Deus de Clarke e de Newton, tenha piedade de mim!" e morrer.

(...)

Adição aos Pensamentos Filosóficos (1762)

Um homem havia sido traído por seus filhos, por sua esposa e por seus amigos; sócios infiéis destruíram sua fortuna e o mergulharam na miséria. Tomado por um ódio e por um profundo desprezo pela espécie humana, ele abandona a sociedade e se refugia solitário numa caverna. Lá, com os punhos apoiados sobre os olhos e meditando uma vingança proporcional ao seu ressentimento, ele dizia: "Perversos! Que farei eu para puni-los pelas suas injustiças e torná-los todos tão infelizes quanto merecem? Ah! Se fosse possível imaginar... obcecá-los com uma grande quimera à qual eles atribuíssem mais importância do que às suas próprias vidas, e sobre a qual eles jamais pudesse se entender!...". No mesmo instante ele se lança para fora da caverna gritando: "Deus! Deus!...". Ecos sem número repetem ao seu redor: "Deus! Deus!". Esse nome terrível repercutiu de um pólo a outro, e por toda parte foi ouvido com assombro. No início os homens se prosternam; em seguida se reabilitam, interrogam-se, disputam, exasperam-se, anatematizam-se, odeiam-se, degolam-se uns aos outros, e o desejo fatal do misantropo é realizado. Pois assim foi no passado e será no porvir a história de um ser sempre e igualmente importante e incompreensível.

Suplemento à viagem de Bougainville (1772)

III. O diálogo entre o capelão e Oru

(...)

Aqui, o sincero capelão concorda que jamais a Providência o tinha colocado diante de uma tentação tão poderosa. Ele era jovem; ele se agitava, atormentava-se; ele desviava seus olhos dos olhares das amáveis suplicantes; volvia-os sobre elas; levantava seus olhos e suas mãos para o céu. Thia, a mais jovem, abraçava os seus joelhos e lhe dizia: "Estrangeiro, não aflija meu pai, não aflija minha mãe, não me aflija! Honra-me na cabana e entre os meus familiares; eleve-me à situação das minhas irmãs que zombam de mim. Asto, a mais velha, já tem três filhos; Palli, a segunda, tem dois, e Thia não tem nenhum. Estrangeiro, honesto estrangeiro, não me rejeite; torne-me mãe: faça em mim um filho com quem eu possa um dia passear de mãos dadas, ao meu lado, no Taiti, que o veja em nove meses preso ao meu seio, do qual eu me sinta orgulhosa, e que faça uma parte de meu dote quando eu passar da cabana de meu pai para outra. Eu serei talvez mais felizara contigo do que com os nossos jovens taitianos. Se você me conceder esse favor, nunca mais o esquecerei; eu o abençoarei por toda minha vida; escreverei seu nome em meu braço e no braço do teu filho; nós o pronunciaremos sem cessar, com alegria; e quando você abandonar esta praia, meus votos o acompanharão sobre os mares até que você chegue ao seu país".

O ingênuo capelão diz que ela lhe apertava as mãos, que ela fixava em seus olhos olhares tão expressivos e tão tocantes, que ela chorava, que seu pai, sua mãe e suas irmãs se afastaram, que ele ficou sozinho com ela, e que dizendo, "Mas minha religião! mas a minha condição!", ele se encontrou no dia seguinte deitado ao lado daquela jovem que o cobria de carícias, e que convidava seu pai, sua mãe e suas irmãs, quando eles se aproximaram do seu leito pela manhã, a juntar seu reconhecimento ao dela. Asto e Palli, que tinham se afastado, entraram com os pratos do país, com bebidas e frutas. Elas abraçam a irmã e fazem votos por ela; comeram todos juntos; em seguida, Oru ficou só com o Capelão e lhe disse:

Vejo que a minha filha está contente ao seu lado, e eu lhe agradeço por isso. Mas você poderia me ensinar o que é a palavra religião, que você pronunciou tantas vezes e com tanta dor?

O Capelão, após devanear por um momento, respondeu:

Capelão — Quem fez sua cabana e os utensílios que a mobíliam?

Oru — Eu.

Capelão — Pois bem, nós acreditamos que este mundo e o que ele encerra é obra de um operário.

Oru — Ele tem então pés, mãos, uma cabeça?

Capelão — Não.

Oru — Onde ele mora?

Capelão — Em toda parte.

Oru — Aqui mesmo?

Capelão — Aqui.

Oru — Nós nunca o vimos.

Capelão — Nós nunca o vemos.

Oru — Eis um pai bastante indiferente. Ele deve ser velho, pois tem ao menos a idade da sua obra.

Capelão — Ele não envelhece. Ele falou aos nossos ancestrais, deu-lhes leis, prescreveu-lhes a maneira como ele gostaria de ser honrado; ele lhes ordenou certas ações como boas, proibiu outras como más.

Oru — Entendo; e uma dessas ações que ele proibiu como más é dormir com uma mulher ou com uma moça. Por que então ele fez os dois sexos?

Capelão — Para se unirem, mas conforme certas condições requeridas, depois de algumas cerimônias prévias, em consequência das quais um homem pertence a uma mulher e não pertence senão a ela, uma mulher pertence a um homem e tão-somente a ele.

Oru — Por toda sua vida?

Capelão — Por toda sua vida.

Oru — De modo que, se acontecesse a uma mulher dormir com outro que o seu marido, ou a um marido dormir com uma outra que sua mulher... Mas isso nunca acontece, uma vez que ele está presente e que isso o desagrada, e ademais ele sabe como impedi-lo.

Capelão — Não, ele os deixa fazer, e eles pecam contra a lei de Deus, pois é assim que chamamos o grande operário; contra a lei do país, e cometemos um crime.

Oru — Eu não gostaria de ofendê-lo com os meus discursos, mas, se você me permitir, eu lhe diria a minha opinião.

Capelão — Fale.

Oru — Esses preceitos singulares, eu os acho opostos à natureza, contrários à razão, feitos para multiplicar os crimes, e para irritar a todo instante o velho operário que fez tudo sem cabeça, sem mãos e sem instrumentos; que está em toda parte e que não pode ser visto em parte alguma; que dura hoje e amanhã e que não tem um dia a mais; que manda e que não é obedecido; que pode impedir e não impede. Digo que Contrários à natureza, porque eles supõem que um ser sensível, pensante e livre pode ser a propriedade de um ser semelhante a ele. Sobre o que esse direito estaria fundado? Não vê você que confundiram em seu país a coisa que não tem nem sensibilidade, nem pensamento, nem desejo, nem vontade, que se abandona, que se pega, que se guarda, que se troca, sem que ela sofra e sem que ela se lamente, com a coisa que não se troca, que não se adquiri de modo algum, que tem liberdade, vontade, desejo, que pode dar-se ou recusar-se por um momento, dar-se ou recusar-se para sempre, que se lamenta e que sofre, e que não poderia tornar-se um bem de comércio sem que fosse esquecido o seu caráter e que se fizesse uma violência à natureza? Contrários à lei geral dos seres; nada, com efeito, parece-lhe mais insensato do que um preceito que proscreve a mudança que está em nós, que ordena uma constância que não pode existir, e que viola a natureza e a liberdade do macho e da fêmea, acorrentando--os para sempre um ao outro; do que uma fidelidade que limita o mais caprichoso dos gozos a um mesmo indivíduo; do que um juramento de imutabilidade de dois seres de carne, em face de um céu que não é o mesmo um só instante, sob cavernas que ameaçam ruir, embaixo de uma rocha que despenca em pó, ao pé de uma árvore que se racha, sobre uma pedra que se movimenta? Creia em mim, vocês tornaram a condição do homem pior do que a do animal. Não sei o que é esse seu grande operário, mas eu me rejubilo que ele não tenha falado com os nossos pais, e não desejo tampouco que ele fale aos nossos filhos, pois ele poderia por acaso dizer-lhes as mesmas tolices, e eles cometeriam talvez a tolice de nelas acreditar.

(...)

*Conversa de um filósofo com a marechala de**** (1774)

Eu tinha não sei bem qual assunto a tratar com o marechal de ***; fui ao seu palácio uma manhã; ele não estava; fiz-me anunciar à senhora marechala. É uma mulher encantadora; ela é bela e devota como um anjo; tem a doçura pintada no rosto; além disso, tem uma voz e uma ingenuidade de discurso inteiramente condizentes com a sua fisionomia. Ela se encontrava no toalete. Aproximaram-me de uma poltrona; sento-me e iniciamos uma conversa. A respeito de algumas considerações de minha parte, que a edificaram e que a surpreenderam (pois ela era da opinião de que aquele que nega a Santíssima Trindade é um homem condenável que acabará enforcado), ela me diz:

— O senhor não é o senhor Crudeli?
Crudeli: — Sim, senhora.
Marechala: — É o senhor então que não acredita em nada?
C: — Eu mesmo.
M: — No entanto, sua moral é a de um crente.
C: — Por que não seria quando se é um homem de bem?
M: — E essa moral, o senhor a pratica?
C: — Dou de mim o melhor.

M: — O quê! Então o senhor não rouba, não mata, não furta nunca?

C: — Muito raramente.

M: — O que o senhor ganha então em não crer?

C: — Absolutamente nada, senhora marechala. E por acaso cremos porque há algo a ganhar?

M: — Não sei; mas a razão do interesse não estraga nada dos negócios deste mundo nem dos do outro.

C: — Fico um pouco aborrecido com a nossa pobre espécie humana. Nós não valemos muito.

M: — Mas como! O senhor não rouba?

C: — Não, por minha honra.

M: — Se o senhor não é nem ladrão nem assassino, convenhamos ao menos que o senhor não é consequente.

C: — Por que não?

M: — É que me parece que se eu nada tivesse para esperar ou para temer quando eu deixasse de existir, haveria muitas pequenas delícias de que eu não me privaria no presente, enquanto existo. Confesso que empresto a Deus com juros diários.

C: — A senhora o imagina.

M: — Não é uma imaginação, é um fato.

C: — E eu poderia lhe perguntar quais são as coisas que a senhora permitiria a si mesma caso a senhora fosse incrédula?

M: — Não, por favor; é um assunto de minha confissão.

C: — Quanto a mim, aplico em fundos perdidos.

M: — É o recurso dos miseráveis.

C: — Gostaria que eu fosse um usurário?

M: — Sim, claro; podemos praticar a usura com Deus tanto quanto quisermos: não podemos arruiná-lo. Sei que isso não é delicado, mas que importa? Como o objetivo é alcançar o céu, seja por destreza ou pela força, é preciso levar em conta tudo, não negligenciar nada que possa ser aproveitado. Lamentavelmente, nós nos esforçamos em vão, nossa aplicação será sempre muito mesquinha em comparação com o resultado que esperamos. E o senhor não espera nada?

C: — Nada.

M: — Isso é triste. Convenhamos, pois, que o senhor ou é muito mau ou muito louco!

C: — Na verdade, eu não saberia lhe dizer, senhora marechala.

M: — Que motivo pode ter um incrédulo para ser bom se ele não é louco? Eu gostaria muito de saber.

C: — E vou lhe dizer.

M: — Ficarei agradecida.

C: — A senhora já pensou que se pode nascer tão afortunadamente que se encontre um grande prazer em praticar o bem?

M: — Penso que sim.

C: — Que é possível ter recebido excelente educação, que fortalece o pendor natural à beneficência?

M: — Certamente.

C: — E que, numa idade mais avançada, a experiência nos convença de que, pensando bem, mais vale para sua felicidade no mundo ser um homem de bem do que um velhaco?

M: — De fato; mas como se é um homem de bem quando maus princípios se unem às paixões para nos arrastar ao mal?

C: — Somos inconsequentes: e não há nada mais comum do que ser inconsequente!

M: — Lamentavelmente não: acreditamos e todos os dias nos comportamos como se não acreditássemos.

C: — E, sem crer, nos comportamos quase como se acreditássemos.

M: — Ainda bem; mas qual inconveniente haveria em ter uma razão a mais, a religião, para fazer o bem, e uma razão a menos, a incredulidade, para fazer o mal?

C: — Nenhum, se a religião fosse um motivo para fazer o bem e a incredulidade um motivo para fazer o mal.

M: — Há alguma dúvida a esse respeito? O espírito da religião não é contrariar incessantemente essa natureza desprezível e corrompida, e o da incredulidade, o de abandoná-la à sua malícia, libertando-a do medo?

C: — Isso, senhora marechala, vai nos lançar numa longa discussão.

M: — E o que tem isso? O marechal não voltará cedo; e é melhor falarmos de coisas razoáveis do que maldizermos o nosso próximo.

C: — Será preciso então que eu retome as coisas de um pouco mais alto.

M: — Da altura que o senhor quiser, desde que eu o entenda.

C: — Se a senhora não me entendesse, seria minha inteira culpa.

M: — Isso é polido de sua parte; mas é preciso que o senhor saiba que eu nunca li mais do que minhas horas, e que me ocupei apenas em praticar o Evangelho e em ter filhos.

C: — São dois deveres que a senhora desempenhou bem.

M: — Sim, quanto aos filhos: o senhor encontrou seis ao meu redor, e, em alguns dias, o senhor poderá ver mais um sobre os meus joelhos; mas comece.

C: — Senhora marechala, haverá algum bem neste mundo que não tenha inconveniente?

M: — Nenhum.

C: — E algum mal que não tenha vantagem?

M: — Nenhum.

C: — O que a senhora chama então de mal ou bem?

M: — O mal seria o que possui mais inconvenientes do que vantagens; e o bem, ao contrário, o que possui mais vantagens do que inconvenientes.

C: — Senhora marechala, teria a bondade de se lembrar da sua definição do bem e do mal?

M: — Eu me lembrarei. O senhor chama isso uma definição?

C: — Sim.

M: — É então filosofia?

C: — Excelente.

M: — E eu fiz filosofia!

C: — Assim, a senhora está persuadida de que a religião tem mais vantagens do que inconvenientes, e é por isso que a chama de um bem?

M: — Sim.

C: — Para mim, não duvido que seu intendente a roube menos na véspera da Páscoa do que depois das festas, e que, de vez em quando, a religião não impeça um pequeno número de males e produza um pequeno número de bens.

M: — Pouco a pouco isso vai se somando.

C: — Mas a senhora acredita que as terríveis devastações que ela causou nos tempos passados, e que ela causará nos tempos vindouros, sejam suficientemente compensadas por essas miseráveis vantagens? Pense que ela criou e que perpetua a mais violenta antipatia entre as nações. Não há um só muçulmano que não imagine realizar uma ação agradável a Deus e ao seu Profeta exterminando todos os cristãos, que, do seu lado, não são mais tolerantes. Pense que ela criou e que perpetua numa mesma região divisões que raramente se extinguiram sem efusão de sangue. Nossa história nos oferece a esse respeito exemplos bastante recentes e funestos. Pense que ela criou e que perpetua na sociedade, entre os cidadãos, nas famílias e entre os próximos, os ódios mais fortes e mais constantes. Cristo disse que viera para separar o esposo da mulher, a mãe de seus filhos, o irmão da sua irmã, o amigo do amigo; e sua predição se cumpriu muito fielmente.

M: — São de fato abusos; mas não é bem assim.

C: — É sim, se os abusos lhe são inseparáveis.

M: — E como o senhor me mostrará que os abusos da religião são inseparáveis da própria religião?

C: — Muito facilmente: diga-me, senhora, se um misantropo propusesse tornar o gênero humano infeliz, o que ele poderia inventar de melhor do que a crença num ser incompreensível, a respeito do qual os homens jamais pudessem se entender, e ao qual eles atribuíssem mais importância do que à sua própria vida? Ora, é possível separar da noção de uma divindade a incompreensibilidade mais profunda e a importância maior de todas?

M: — Não.

C: — Conclua então.

M: — Concluo que é uma ideia que não é sem consequência na cabeça dos loucos.

C: — E acrescente que os loucos sempre foram e serão sempre em maior número; e que os mais perigosos são aqueles que a religião faz, e dos quais os perturbadores da sociedade sabem tirar bom proveito na ocasião.

M: — Mas é preciso que alguma coisa aterrorize os homens em relação às más ações que escapam à severidade das leis; e se a religião fosse destruída, pelo que o senhor a substituiria?

C: — Se eu não tivesse nada para colocar no seu lugar, seria sempre um terrível preconceito a menos; sem contar que, em nenhum século e em nenhuma nação, as opiniões religiosas serviram de base aos costumes nacionais. Os deuses que eram adorados por esses velhos gregos e por esses velhos romanos, as pessoas mais honestas da terra, eram a canalha mais dissoluta: um Júpiter, era de se queimar inteiramente vivo; uma Vênus, era de se enclausurar no hospício; um Mercúrio, era de se colocar em Bicêtre.

M: — E pensa o senhor que é inteiramente indiferente sermos cristãos ou pagãos; que, pagãos, não valeríamos menos; e que, cristãos, não valemos mais?

C: — Por minha fé, estou convencido disso, com a diferença de que seríamos um pouco mais alegres.

M: — Isso é possível.

C: — Mas, senhora marechala, existem cristãos? Eu nunca os vi?

M: — E é a mim que o senhor diz isso, logo a mim?

C: — Não, senhora, não é à senhora; é a uma de minhas vizinhas que é honesta e piedosa como a senhora, e que se acreditava cristã da melhor fé do mundo como a senhora acredita que é.

M: — E o senhor a fez ver que estava enganada?

C: — Num instante.

M: — E como o senhor conseguiu isso?

C: — Abri um Novo Testamento, do qual ela se servia muito, pois estava muito gasto. Li para ela o Sermão da Montanha, e a cada versículo eu lhe perguntava: "Pratica isso? E isso? E isso ainda?". Fui mais longe. Ela é bela, e embora ela seja muito devota, ela não ignora isso;

ela tem a pele muito branca, e embora ela não atribua um grande valor a essa frágil vantagem, ela não fica zangada que se lhe façam elogio; ela tem o colo tão bem feito quanto é possível tê-lo, e, embora ela seja muito modesta, ela acha bom que o percebam.

M: — Desde que apenas ela e o seu marido o saibam.

C: — Creio que o marido saiba disso melhor do que ninguém; mas para uma mulher que se gaba de grande cristianismo, isso não é o suficiente. Eu lhe digo: "Não está escrito no Evangelho que aquele que cobiçou a mulher do seu próximo cometeu adultério no seu coração?".

M: — E ela lhe responde que sim?

C: — Eu lhe digo: "E o adultério cometido no coração não leva à danação tão seguramente quanto o adultério mais bem-sucedido?".

M: — Ela lhe responde ainda que sim?

C: — Eu lhe digo: "E se o homem é danado pelo adultério que cometeu no coração, qual será a sorte da mulher que convida todos os que dela se aproximam a cometer o mesmo crime?". Esta última questão a embaraça.

M: — Compreendo; é que ela não velava muito exatamente esse colo que ela tinha tão bem quanto era possível tê-lo.

C: — É verdade. Ela me responde que era uma questão de uso, como se nada não fosse mais de uso do que se chamar cristão e de não sê-lo; que não era necessário vestir-se ridiculamente, como se houvesse alguma comparação a fazer entre um pequeno miserável ridículo, sua danação eterna e a do seu próximo; que ela se deixava vestir pela sua costureira, como se não valesse mais mudar de costureira do que renunciar à sua religião; que era o capricho do seu marido, como se um esposo fosse bastante insensato para exigir da mulher o esquecimento da decência e de seus deveres, e que uma verdadeira cristã devesse levar a obediência a um esposo extravagante até o ponto do sacrifício da vontade de seu Deus e ao desprezo às ameaças de seu redentor!

M: — Eu conhecia de antemão todas essas puerilidades; eu as teria dito talvez como sua vizinha: mas ela e eu teríamos sido ambas de má-fé. Mas que partido adotou ela após sua advertência?

C: — Na manhã seguinte a essa conversa (era um dia de festa), eu subia à minha casa e minha devota, e minha devota e bela vizinha, descia da sua casa para ir à missa.

M: — Vestida como de costume?

C: — Vestida como de costume. Eu sorri, ela sorriu; e nós passamos um ao lado do outro sem nos falar. Senhora marechala, uma mulher de bem! Uma cristã! Uma devota! Após este exemplo e de cem mil outros da mesma espécie, qual influência real posso conceder à religião sobre os costumes? Quase nenhuma, e tanto melhor assim.

M: — Como, tanto melhor?

C: — Sim, senhora: se vinte mil habitantes de Paris se entregassem à extravagância de se conformarem estritamente suas condutas ao Sermão da Montanha…

M: — Pois bem! Haveria alguns belos colos mais cobertos.

C: — E tantos loucos que o lugar-tenente da polícia não saberia o que fazer com eles; pois nossos hospícios não seriam suficientes para tantos. Há nos livros inspirados duas morais: uma geral e comum a todas as nações, a todos os cultos, e que se segue mais ou menos; uma outra, própria a cada nação e a cada culto, na qual se crê, que se prega nos templos, que se preconiza nos lares, e que não se segue de forma alguma.

M: — E de onde vem essa extravagância?

C: — Do fato de que é impossível sujeitar um povo a uma regra que convém apenas a alguns homens melancólicos que a modelaram ao seu caráter. Acontece com as religiões o que ocorre com as instituições monásticas, as quais se afrouxam todas com o tempo. São loucuras que não podem conter o impulso constante da natureza, o qual nos reconduz à sua lei. E faça que o bem dos particulares seja tão estreitamente ligado ao bem geral que um cidadão quase não possa prejudicar a sociedade sem se prejudicar a si mesmo; assegure à virtude a sua recompensa como se assegura à maldade o seu castigo; que, sem nenhuma distinção de culto, em qualquer condição que o mérito se encontre, que ele conduza os indivíduos aos grandes lugares do Estado. Desse modo, não se contará mais homens maus além de um pequeno número que uma natureza perversa, que não pode ser corrigida por nada, arrasta ao vício. Senhora marechala, a tentação está muito próxima e o inferno longe demais; não espere nada que valha a pena de algo que um sábio legislador possa executar, de um sistema de opiniões bizarras que engana apenas as crianças; que encoraja ao crime pela comodidade das expiações; que manda o culpado pedir perdão a Deus pela injúria feita ao homem, e que avilta a ordem dos deveres naturais e morais, subordinando-a a uma ordem de deveres quiméricos.

M: — Eu não o compreendo.

C: — Eu me explico; mas parece-me que a carruagem do senhor marechal acabou de chegar muito a propósito para impedir que eu dissesse uma tolice.

M: — Diga, diga a sua tolice, senhor; eu não a ouviria; acostumei-me a não ouvir o que não me agrada.

C: — Eu me aproximei de seu ouvido e lhe disse bem baixinho: Senhora marechala, pergunte ao vigário da sua paróquia, desses dois crimes, urinar num vaso sagrado, ou manchar a reputação de uma mulher de bem, qual é o mais atroz? Ele tremerá de horror em face do primeiro, gritará sacrilégio; e a lei civil, que apenas toma conhecimento da calúnia, enquanto pune o sacrilégio com o fogo, acabará misturando as ideias e corrompendo os espíritos.

M: — Conheço mais de uma mulher que teria o escrúpulo de comer carne na sexta-feira, e que... eu iria dizer também uma tolice. Continue.

C: — Mas, senhora, é absolutamente necessário que eu fale com o senhor marechal.

M: — Ainda um momento, e depois iremos vê-lo juntos. Eu não sei bem o que lhe responder, no entanto, o senhor não me persuade.

C: — Eu não me propus a persuadi-la. Ocorre na religião o que ocorre no casamento. O casamento, que é a causa da infelicidade de muitos, fez a felicidade da senhora e do marechal, que fizeram muito bem de se casarem. A religião, que fez, que faz e que fará tantos malvados, tornou-a melhor ainda; a senhora faz bem em protegê-la. É-lhe agradável imaginar que ao seu lado, acima da sua cabeça, um ser grande e poderoso, que a vê andar sobre a terra, e esta ideia firma o seu passo. Continue, senhora, a desfrutar dessa garantia augusta de seus pensamentos, desse espectador, desse modelo sublime de suas ações.

M: — O senhor não tem, como vejo, a mania do proselitismo.

C: — De modo algum.

M: — Eu o estimo ainda mais por isso.

C: — Eu permito a cada um pensar à sua maneira, desde que me deixe pensar à minha; ademais, aqueles que são feitos para se entregar a esses preconceitos não têm necessidade de que os catequize.

M: — Acredita que o homem possa vencer a superstição?

C: — Não enquanto ele permanecer ignorante e medroso.

M: — Sendo assim, superstição por superstição, é preferível a nossa.

C: — Não penso assim.

M: — Diga-me a verdade, não lhe causa repugnância pensar que não será mais nada após a morte?

C: — Eu gostaria de existir mais, embora não saiba por que um ser, que pôde tornar-me infeliz sem razão, não se divertiria duas vezes com isso.

M: — Se, apesar deste inconveniente, a esperança de uma vida futura lhe parece consoladora e doce, por que a arranca de nós?

C: — Eu não tenho essa esperança, porque o desejo não me furtou a vaidade; porém, eu não a tiro de ninguém. Se alguém pode crer que verá quando não tiver mais olhos; que ouvirá quando não tiver mais ouvidos; que pensará quando não tiver mais cabeça; que amará quando não tiver mais coração; que sentirá quando não tiver mais sentidos; que existirá quando não estiver mais em parte alguma; que será alguma coisa, sem extensão e sem lugar, consinto.

M: — Mas este mundo aqui, quem o fez?

C: — Eu lhe pergunto o mesmo.

M: — Foi Deus.

C: — E o que é Deus?

M: — Um espírito.

C: — Se um espírito faz a matéria, por que da matéria não se faz um espírito?

M: — E por que o faria?

C: — É que eu a vejo criá-lo todos os dias. A senhora acredita que os animais têm alma?

M: — Certamente que acredito.

C: — E poderia me dizer no que se transforma, por exemplo, a alma da serpente do Peru, enquanto ela se resseca, suspensa sobre um fogão e exposta à fumaça um ou dois anos seguidos?

M: — Que ela se torne o que ela quiser, que eu tenho a ver com isso?

C: — É que a senhora marechala não sabe que essa serpente defumada, ressecada, ressuscita e renasce.

M: — Não creio nisso de forma alguma.

C: — No entanto, é um homem sagaz, é Bouguer que afirma isso.

M: — Seu homem sagaz mentiu.

C: — E se tivesse dito a verdade?

M: — Eu estaria pronta a crer que os animais são máquinas.

C: — E o homem que não é senão um animal um pouco mais perfeito do que um outro... Mas o senhor marechal...

M: — Ainda uma questão, e é a última. O senhor está tranquilo na sua incredulidade?

C: — Não conheço tranquilidade maior.

M: — Entretanto, e se estivesse enganado?

C: — Se eu estivesse enganado?

M: — Tudo o que julga falso seria verdadeiro, e então o senhor estaria danado. Senhor Crudeli, é algo terrível estar danado; arder por toda uma eternidade é muito tempo.

C: — La Fontaine acreditava que nós nos sentiríamos aí como um peixe dentro d'água.

M: — Sim, sim; mas seu La Fontaine ficou bem sério no derradeiro momento; e é onde eu o espero.

C: — Não respondo por nada, se minha cabeça não tiver mais nada com isso; mas se eu acabar em virtude uma dessas moléstias que deixam ao homem agonizante toda sua razão, não ficarei mais perturbado no momento em que me esperar do que no momento em que me vê.

M: — Esta intrepidez me confunde.

C: — Eu a encontro muito mais no moribundo que crê num juiz severo que pesa até os nossos mais secretos pensamentos, e em cuja balança o homem mais justo se perderia em sua vaidade, se não tremesse por achar-se leviano demais: se este moribundo tivesse então a oportunidade de escolher entre ser aniquilado ou se apresentar a esse tribunal, sua intrepidez me confundiria muito mais caso ele balançasse para a primeira opção, a menos que fosse mais insensato do que o companheiro de São Bruno, ou mais embriagado com o próprio mérito do que Bobola.

M: — Li a história do associado de São Bruno; mas nunca ouvi falar do seu Bobola.

C: — Era um jesuíta do colégio de Pinsk, na Lituânia, que deixou ao morrer um pequeno cofre cheio de dinheiro, com um bilhete escrito e assinado de próprio punho.

M: — E esse bilhete?

C: — Foi concebido nesses termos: "Peço-lhe, meu caro confrade, depositário deste pequeno cofre, de abri-lo quando eu tiver feito milagres. O dinheiro que ele contém servirá para os custos do processo de minha beatificação. Juntei algumas lembranças autênticas para a confirmação de minhas virtudes, e que poderão ser muito úteis aos que empreenderem escrever sobre minha vida".

M: — Isso é de morrer de rir.

C: — Para mim, senhora marechala; mas, para a senhora, seu Deus não admite brincadeira.

M: — O senhor tem razão.

C: — Senhora marechala, é muito fácil pecar gravemente contra sua lei.

M: — Concordo.

C: — A justiça que decidirá a sua sorte é muito rigorosa.

M: — É verdade.

C: — E se acredita nos oráculos da sua religião sobre do número de eleitos, ele é bem pequeno.

M: — Oh! É que não sou jansenista; vejo a medalha apenas pelo seu reverso consolador: o sangue de Jesus Cristo cobre um grande espaço em meus olhos; e me pareceria muito singular que o diabo, que não entregou seu filho à morte, tivesse, no entanto, a melhor parte.

C: — A senhora condenaria Sócrates, Fócion, Aristides, Catão, Trajano e Marco Aurélio?

M: — Nossa! Apenas bestas ferozes poderiam pensar assim. São Paulo diz que cada um será julgado pela lei que conheceu; e São Paulo tem razão.

C: — E por qual lei o incrédulo será julgado?

M: — Seu caso é um pouco diferente. O senhor é um pouco como esses habitantes malditos do Coraizain e de Betsaida, que fecharam seus olhos à luz quer os iluminava, e que taparam seus ouvidos para não ouvir a voz da verdade que lhes falava.

C: — Senhora marechala, esses corozainitas e betsaidenses foram homens como nunca houve senão lá, se foram mestres de crer ou de não crer.

M: — Eles viram prodígios que teriam posto em leilão os sacos e a cinza, se realizado em Tiro e em Sidon.

C: — É que os habitantes de Tiro e Sidon eram pessoas de espírito, enquanto que os de Corazain e Betsaida não passavam de tolos. Mas, aquele que fez os tolos irá puni-los porque são tolos? Eu narrei à senhora uma história há pouco, e estou com vontade de lhe narrar um conto. Um jovem mexicano... Mas o senhor marechal?

M: — Vou mandar saber se ele pode receber. Então! Seu mexicano?

C: — Cansado de seu trabalho, passeava um dia à beira-mar. Viu uma tábua que estava com uma ponta imersa nas águas e com a outra posta na margem. Ele sentou na tábua e aí, prolongando seus olhares sobre a vasta extensão que se desenrolava diante dele, dizia: "Nada é mais verdadeiro do que minha avó disparatada com sua história de não sei quais habitantes que, não sei em que tempo, atracaram aqui de não sei onde, de um país além de nossos mares. Não há senso comum nisso: não vejo o mar confinar com o céu? E posso crer, contra o testemunho de meus sentidos, numa velha fábula cuja data se ignora, que cada uma arranja à sua maneira, e que não é senão um tecido de circunstâncias absurdas, sobre as quais eles comem o coração e arrancam o branco dos olhos?". Enquanto ele raciocinava assim, as águas agitadas o embalavam sobre a tábua, e ele adormeceu. Enquanto dormia, o vento cresceu, as ondas levantaram a tábua em que estava deitado, e eis nosso jovem raciocinador embarcado.

M: — Infelizmente! É bem essa a nossa imagem: nós estamos cada um de nós sobre a nossa tábua; o vento sopra, e a onda nos carrega.

C: — Ele já estava longe do continente quando despertou. Quem ficou muito surpreso por se achar em pleno mar? Foi o nosso mexicano. Quem ficou muito mais? Ainda ele, quando, tendo perdido de vista a margem sobre a qual passeava há um instante, o mar lhe pareceu confinar com o céu de todos os lados. Suspeitou então que poderia estar realmente enganado; e que, se o vento permanecesse no mesmo ponto, talvez fosse transportado à costa, e entre seus habitantes, dos quais a avó lhe havia falado tantas vezes.

M: — E de sua inquietação, não me disse nenhuma palavra.

C: — Não teve nenhuma. Disse a si mesmo: Que diferença isso me faz, contanto que eu atraque? Raciocinei como um doidivanas, que seja; mas fui sincero comigo mesmo; e é tudo o que se pode exigir de mim. Se não é uma virtude ter espírito, não é um crime não tê-lo. Entretanto, o vento continuava, o homem e a tábua vagavam, e a margem desconhecida começava a surgir: ele a toca, está lá.

M: — Nós nos veremos aí um dia, senhor Crudeli.

C: — Eu o desejo, senhora marechala; em qualquer lugar que seja, estarei sempre envaidecido de lhe fazer minha corte. Apenas abandonou a tábua e pôs o pé na areia quando percebeu um venerável ancião, em pé, ao seu lado. Perguntou-lhe de onde ele era, e a quem tinha a honra de falar: "Sou o soberano do país", respondeu-lhe o ancião. No mesmo instante o jovem se prosterna. "Levante-se, disse-lhe o ancião. Você negou minha existência? — É verdade. — E a existência do meu império? — É verdade. — Eu o perdoo, porque sou aquele que vê no fundo dos corações, e porque li no fundo do seu que agiu de boa-fé; mas o restante dos seus pensamentos e de suas ações não é igualmente inocente". Então o ancião, que o segurava pela orelha, lembrou-lhe todos os erros de sua vida; e, a cada artigo, o jovem mexicano se inclinava, batia no peito e pedia perdão... Agora, senhora marechala, coloque-se por um momento no lugar do ancião, e me diga o que iria fazer? Agarrado o jovem insensato pelos cabelos; e iria se comprazer em arrastá-lo por toda a eternidade pela margem?

M: — Em verdade, não.

C: — Se uma dessas seis bonitas crianças que a senhora tem, depois de fugir da casa paterna e de ter cometido grandes tolices, voltasse arrependida?

M: — Eu correria ao encontro delas; as apertaria em meus braços e as regaria com minhas lágrimas; mas o senhor marechal, seu pai, não aceitaria a coisa tão brandamente.

C: — O senhor marechal não é um tigre.

M: — Para isso falta muito.

C: — Talvez fosse preciso pedir um pouco de perdão; mas ele perdoaria.

M: — Certamente.

C: — Sobretudo se ele viesse a considerar que antes de pôr no mundo essa criança, ele conhecia toda a sua vida, e que o castigo de suas faltas não teria nenhuma utilidade, nem para ele mesmo, nem para o culpado, nem para seus irmãos.

M: — O ancião e o senhor marechal são dois.

C: — Quer dizer que o senhor marechal é melhor do que o ancião?

M: — Deus me proteja! Quero dizer que, se minha justiça não é a do senhor marechal, a justiça do senhor marechal poderia muito bem não ser a do ancião.

C: — Ah, senhora! Não sente as consequências dessa resposta. Ou a definição geral convém igualmente à senhora, ao senhor marechal, a mim, ao jovem mexicano e ao ancião, ou não sei mais o que é, e ignoro como se agrada ou desagrada este último".

Estávamos neste ponto quando vieram nos avisar que o senhor marechal nos esperava. Dei minha mão à senhora marechala, que me dizia: "É de fazer girar a cabeça, não é?

C: — Por que não, quando é se boa?

M: — No final das contas, o mais simples é comportar-se como se o ancião existisse.

C: — Mesmo quando não se crê nele.

M: — E quando se crê, não devemos contar demais com a sua bondade.

C: — Se isso não é o mais polido, é ao menos o mais seguro.

M: — A propósito, se tivesse de prestar conta de seus princípios a nossos magistrados, o senhor se confessaria?

C: — Eu faria o máximo que posso a fim de lhes poupar uma ação atroz.

M: — Ah! Covarde! E se estivesse a ponto de morrer, o senhor se submeteria às cerimônias da Igreja?

C: — Não lhes faltaria.

M: Oh! Infame! Seu hipócrita!".

*****

Meslier

Tradução: Paulo Jonas de Lima Piva

Biografia

Jean Meslier nasceu em 1664 e morreu provavelmente em 1729. Vigário por toda a sua vida de uma pequena paróquia do interior de uma França pré-iluminista, Etrépigny, ele conheceu de perto as atrocidades sociais e a truculência política cometidas pelo Antigo Regime e endossadas pela Igreja.

Membro do baixo clero, Jean Meslier colocou sua pena a serviço da indignação. O resultado disso foram três cópias manuscritas de um livro intitulado *Memória dos pensamentos e dos sentimentos de Jean Meslier*, o qual foi elaborado sob o mais angustiante sigilo, vindo à baila somente após à sua morte, na forma de um testamento. Nesta obra, o vigário ataca de forma radical e implacável a religião, o cristianismo em particular, não poupando nem mesmo a figura de Jesus Cristo, descrito por ele como um sofista, um charlatão e um louco, mais precisamente, como "um homem de nada, um homem vil e desprezível, sem espírito, sem talento, sem ciência, enfim, apenas um louco, um insensato, um miserável fanático e um velhaco desgraçado".[1]

Além das religiões históricas e da religião em si mesma, da figura de Cristo, dos livros pretensamente revelados por uma divindade, da teologia – interpretada por ele como uma ideologia estapafúrdia mantenedora de uma ordem de obscurantismo e de dominação –, a própria ideia de Deus como tese central e fundamental da explicação ontológica do universo e da condição humana é atingida violentamente pela sua arenga secreta, porém, verborrágica. Seu materialismo sem deuses de matéria e o seu monismo sem *Deus sive natura*, afastam-no de atomistas como Epicuro e Lucrécio e de monistas com concepções racionalistas de divindade como Spinoza. Contudo, tal distanciamento lhe proporcionou uma certa originalidade e um certo pioneirismo filosófico. Tais singularidades o tornam, no mínimo, um pensador bastante curioso. De acordo com os poucos estudiosos que se dedicaram ao exame das suas ideias, Jean Meslier é um dos precursores do materialismo das Luzes. Michel Onfray, por exemplo, no seu recente *Tratado de Ateologia*, vai mais além: afirma com veemência que Meslier foi o primeiro escritor abertamente ateu da nossa história, o ponto de partida de uma história do ateísmo *strictu sensu*.[2]

Em virtude de uma imperdoável desonestidade intelectual de Voltaire "– que, a propósito não era ateu–", não foi desse modo, infelizmente, que Meslier tornou-se conhecido pela posteridade, ao menos durante um século. Bastante impressionado com a

---

1 Cf. Meslier, J. *Oeuvres complètes*, "Cinquième Preuve", Jome I, Paris, Anthropos, 1970, p. 391.

2 Cf. Onfray, M. Tratado de Ateologia, Martins Fontes, 2005, p. 19.

contundência e com a radicalidade do pensamento do padre ateu, o autor de *Cândido* apropriou-se de parte das suas críticas, mais exatamente dos seus ataques à Igreja, das suas denúncias contra o clero e do seu exame da religião judaico-cristã. Tais pontos eram o que mais interessava ao projeto voltaireano de luta contra o obscurantismo e à intolerância, um combustível precioso para o seu intento de esmagar a Infame. Em contrapartida, Voltaire se desfez, sem nenhum escrúpulo, de uma outra parte da obra de Meslier, aquela que continha o que havia de mais iconoclástico, libertário e, por conseguinte, o que havia de mais perigoso nos manuscritos.

Em primeiro lugar, Voltaire tratou de apagar o ateísmo de Meslier, perspectiva temerária no seu entender, pois poderia dissolver a moral e, consequentemente, todas as hierarquias entre os homens, levando a sociedade ao caos, uma vez que sem a crença numa instância superior que punisse os desobedientes e remunerasse com uma vida eterna no paraíso os submissos, tudo seria permitido. Outro aspecto eliminado da obra original de Meslier por Voltaire foi a sua crítica política e social baseada na negação do absolutismo monárquico, na recusa absoluta da propriedade particular e na proposta – ainda que utópica – da construção de uma nova ordem social, essencialmente comunista e protagonizada pelos excluídos do Antigo Regime. Esse vislumbre de projeto social ficou eternizado na violenta e revolucionária fórmula "que todos os grandes da Terra fossem enforcados com as tripas dos padres", a qual recebeu inúmeras paráfrases e versões, dentre elas um dos slogans do inflamado maio parisiense de 1968: "enforcar o último burguês com as tripas do último burocrata".

O resultado de tamanha e criminosa manipulação textual e mutilação filosófica foi o lançamento, pelo próprio Voltaire, em

1762, do *Extrato dos sentimentos de Jean Meslier*, logo celebrizado como o *Testamento do cura Meslier*. Já a obra integral de Meslier – particularmente a sua ideologia igualitária e sobretudo o seu materialismo ateu e anticristão – só foi recuperada no século 19, com a redescoberta num sebo das três cópias dos manuscritos originais da sua *Memória*.

Vale ressaltar – e o leitor irá perceber – que a escrita de Meslier é a de um padre da aldeia, portanto, destituída da elegância e da fluência de um texto de Rousseau ou até mesmo de um Voltaire.

Memória dos pensamentos e sentimentos de Jean Meslier (1720)

Sétima Prova

59

Da vaidade e da falsidade das religiões extraídas da própria falsidade da opinião dos homens no tocante à pretensa existência dos deuses.

Mas como todos esses abusos, assim como todos os outros abusos e erros dos quais já falei nas provas anteriores, são fundados apenas sobre a crença e sobre a persuasão ou a opinião de que existem deuses, ou pelo menos de que há um Deus, isto é, sobre a crença e sobre a convicção de que há um Ser soberano todo-poderoso, infinitamente bom, infinitamente sábio e infinitamente perfeito que quer ser adorado e servido pelos homens de tal ou qual maneira, e que os príncipes e os reis da terra pretendem ainda fundar o poder e a autoridade deles sobre o poder e a autoridade deste Deus todo-poderoso, pela graça mediante a qual eles se dizem instituídos para governar e para comandar todos os outros homens – é preciso agora provar e mostrar claramente que os homens se enganam ainda com isso e que não existe esse tal Ser, isto é, que *não há Deus*. E, por consequência, que é falsamente e de maneira abusiva que os homens se servem do nome e da autoridade de Deus para estabelecer e para manter os erros das suas religiões, do mesmo modo que para manter o poder tirânico dos seus príncipes e de seus reis.

É o que vou mostrar claramente com argumentos demonstrativos tirados dos princípios da metafísica, dos princípios da física e dos princípios da moral; e é a sétima prova demonstrativa que eu tenho a dar da vaidade e da falsidade de todas as religiões que nós vemos no mundo.

60

A maioria dos eruditos e dos mais sábios da Antiguidade negou ou colocou em dúvida a existência dos Deuses

Mas antes é importante considerar aqui que a crença ou que a convicção na existência de um Deus não foi sempre tão universalmente nem tão constantemente bem recebida entre os homens, que não foram poucos os que a colocaram em dúvida nem os que a negaram absolutamente. Pois sem falar das várias nações que, conforme o que é narrado nas histórias, não reconheceram nenhuma divindade, podemos dizer que, em todos os séculos passados, vários daqueles que foram os mais esclarecidos, os mais eruditos e mesmo os mais sábios, ao menos segundo os relatos, foram aqueles que menos creram na existência de Deus.

Testemunhamos, por exemplo, um Sócrates filósofo, que foi julgado o mais sábio do seu tempo, e que foi mesmo, segundo se diz, pois foi julgado assim pelo oráculo de Apolo. Sócrates foi acusado de ter uma má opinião sobre os deuses. Ele não se dignou somente a se justificar e a purgar-se desse suposto crime, como ingeriu com uma força moral inigualável o veneno que lhe foi ordenado tomar.

Testemunhamos também um Aristóteles, o maior filósofo do seu tempo, e que foi, pelo seu grande espírito, denominado *o gênio da Natureza*, o qual, tendo também sido acusado de ter maus sentimentos em relação aos deuses, foi obrigado a se retirar para a Cálcis, onde morreu com a idade de sessenta e três anos. Testemunhamos ainda um Platão, denominado *o divino*, por sua grande capacidade, o qual defendia em suas leis que era necessário intimidar os homens com algum medo pelos deuses.

Testemunhamos um Diágoras e um Pitágoras, ambos grandes filósofos, que foram exilados e banidos dos seus países, seus livros queimados por terem falado mal dos deuses e escrito contra eles; e vários outros filósofos semelhantes, como um Vanini, célebre ateu, um Teodoro, denominado *o ateu*, um Josias, um Aécio, um Averróis, este, célebre médico da nação árabe, um Plínio, famoso naturalista que zombava das opiniões dos homens referentes à crença nos deuses e que dizia que se ele tivesse que reconhecer alguma divindade, que ele não reconheceria outra senão o sol.

Testemunhamos ainda um Triboniano, famoso jurisconsulto, um Luciano, autor famoso e engraçado, um Rabelais, cura de Meudon, perto de Paris, que zombava de todas as religiões do mundo, e um Espinosa, que não reconhecia nenhuma divindade.

Testemunhamos ainda um Júlio III, 225º papa, que zombava ele próprio da sua dignidade e da sua religião; e, enfim, sem falar de vários outros exemplos, um Leão X, papa florentino da ilustre casa dos Médicis, homem douto que, zombando da sua própria religião, dizia como troça aos seus amigos: *Ah! Quanto nós nos enriquecemos com essa fábula de Cristo...*

Houve algo parecido com o nosso famoso duque de Orleans, regente de nossa França, que teria tido sentimentos semelhantes em relação à sua religião, se é verdadeiro, como se tem, que ele teria dito na ocasião de algumas advertências piedosas que sua mãe lhe havia feito, que ele não temia nada neste mundo e que ele não esperava nada de um outro.

Entretanto, é necessário citar aqui os sentimentos particulares de várias pessoas, uma vez que vemos quase manifestamente por toda parte que está aí o verdadeiro sentimento da maior parte das pessoas do mundo, e particularmente dos grandes da terra e dos eruditos do século. É o que se vê muito claramente todos os dias pela maneira indiferente e insolente com que eles tratam as coisas da religião e com que eles olham o culto aos deuses. É o que se vê claramente pelo amor e pelo vínculo excessivo que eles têm com a vida presente e com todos os bens da terra, e, igualmente, pelo pouco zelo e afeição que eles têm pela glória do seu Deus e pela salvação particular das suas almas, pela pouca inclinação que eles têm para desfrutar dessas pretensiosas e tão grandes e eternas recompensas do céu que lhes são tão vantajosamente e magnificamente prometidas; e, por fim, pelo pouco medo que eles têm desses supostos e tão terríveis e tão espantosos castigos eternos do inferno, com os quais eles são tão terrivelmente ameaçados.

Tudo isso, digo eu, faz ver claramente que eles não estão persuadidos disso que lhes dizem, nem os padres disso que eles mesmos dizem aos outros, pois se eles estivessem verdadeiramente bem persuadidos e se eles acreditassem verdadeiramente uns e outros nas consequências que alardeiam, seria moralmente impossível que eles fossem tão pouco tocados e tão pouco comovidos. (...)

E assim, o que eles têm de fé e de crença – para ser mais preciso, o que eles fazem parecer ter – é apenas, muito certamente, uma vã aparência de fé e de religião, não querendo por razões políticas declarar nem descobrir, de modo mais aberto, os verdadeiros sentimentos do seu coração. Quanto ao comum dos homens, vemos também pelos seus costumes e pela sua conduta, que a maior parte deles não está mais convencida da verdade da sua religião nem das coisas que ela lhes ensina do que aqueles dos quais eu venho falar, embora eles façam com mais disciplina os seus exercícios. E aqueles que em meio ao povo tenham um pouco que seja de espírito e de bom senso, por mais ignorantes que eles sejam acerca das ciências humanas, não deixam de entrever e de sentir, mesmo que de alguma maneira, a vaidade e a falsidade daquilo com o qual querem enganá-los sobre esse assunto, de modo que não é senão pela força, contra a vontade deles, contra as suas próprias luzes, contra a sua própria razão e contra os seus próprios sentimentos, que eles creem – para ser mais exato, que eles se esforçam para crer no que lhes é dito. E isso é tão verdadeiro que a maior parte, mesmo daqueles que são os mais submissos, sente esta repugnância e esta dificuldade que há em crer no que a religião lhes ensina e os obriga a crer. A Natureza sente por isso uma secreta repugnância e uma secreta oposição. A razão natural reclama, por assim dizer, dela mesma contra o que se quer lhe fazer crer; daí vem também que nossos cristícolas[3] tenham como máxima na sua religião que é preciso cativar o espírito sob a obediência da fé, a mesma fé que eles próprios confessam ver frequentemente abalada nos seus maiores santos, particularmente quando eles veem a prosperidade dos maus. E eles pretendem que *é um grande mérito para eles cativar assim seu espírito sob a obediência de sua fé* (***Epístola de São Paulo aos Coríntios*** II-X-4: *Nós reduzimos à servidão todos os espíritos para submetê-los à obediência de Jesus Cristo*). A razão natural, como já disse, reclama dela mesma contra esta violência que lhe é feita. Ora, constranger e subjugar desse modo o espírito à obediência da fé e querer renunciar assim às próprias luzes de sua razão para se esforçar a crer contra os seus próprios sentimentos, não é verdadeiramente crer. Ao contrário, é antes fazer ver que não se crê verdadeiramente e que não se saberia mesmo crer verdadeiramente, pois uma verdadeira crença é uma persuasão íntima da alma e um consentimento interior do espírito, que vê, ou pelo menos que acredita ver, a verdade do que se crê. Pois, como diz o próprio Santo Agostinho: "*Deus nos persuade interiormente a fim de que creiamos e que queiramos crer, pois não há verdadeira crença onde não haja verdadeiro convencimento*

---

3 Referência pejorativa aos cristãos, mais exatamente aos adeptos da crença judaico-cristã numa divindade revelada, cujos ensinamentos encontram-se dados num livro, no caso, a *Bíblia*, mais precisamente, o velho e o novo testamentos (N. T).

ou persuasão; e o homem, embora livre, não saberia crer, a menos que ele não fosse persuadido e não tivesse do que persuadi-lo (Santo Agostinho, *De Spiritu et Littera*, cap. 34).

Ora, não há convencimento ou persuasão onde há apenas constrangimento do espírito, e, por consequência, não há verdadeira crença onde há apenas constrangimento do espírito. E assim esta pretensa crença constrangida e forçada que a maioria dos homens tem, e quase mesmo todos os homens, nas coisas da fé, não vem de uma persuasão íntima da alma, mas antes de uma repugnância interior da alma e do espírito, que não vê e que não saberia mesmo ver a verdade disso que se gostaria que ele acreditasse, logo, não é uma crença verdadeira. É como se um homem de bom senso que visse em pleno meio-dia a bela claridade do dia e do sol quisesse, contudo, se esforçar para crer que fosse noite. Ou como se esse mesmo homem se vendo na obscuridade e nas trevas de uma profunda noite quisesse, entretanto, esforçar-se pra acreditar que ele estivesse na claridade do dia e do sol. Parecer-me-ia evidente que um tal esforço e que uma tal crença que fosse assim constrangida e forçada não seria uma verdadeira crença, e que ela não poderia mesmo ser uma prova segura da verdade disso que se pretenderia querer crer, ou fazer crer, por uma tal crença. "Uns, *diz o senhor de Montaigne*, sobre esse assunto, enganam o mundo que creem, o que não creem, e os outros, que são em maior número, enganam-se a si mesmos, não sabem penetrar, não conseguem descobrir o que é crer" (*Ensaios*, II, 12).

Portanto, uma vez que a pretensa crença nas pretensas verdades da religião, e que a crença mesma na existência de Deus, não são, na maioria dos homens, e mesmo em todos os homens, senão uma crença cega, constrangida e forçada, como venho dizer, pode-se não somente dizer que essa não é uma crença verdadeira, como pode-se ainda assegurar que uma tal crença não é uma prova da certeza da existência de Deus. E assim, é em vão que nossos cristícolas tentam se aproveitar de tal crença para mostrar a certeza da existência de um Deus, visto que tal crença é manifestamente mais uma prova certa da incerteza do que da certeza da sua existência.

Pois é visível que se sua existência fosse tão certa e tão evidente como se pretende, os homens não teriam de se constranger a si mesmos, nem de sujeitar, como eles fazem, o seu espírito a crer, e não haveria tantas pessoas de espírito que a negariam ou que a colocassem em dúvida. O que faz já manifestamente ver que a crença na existência de um Deus não é tão certa e tão segura como se pretende, e, por consequência, que o ateísmo não é uma opinião tão estranha nem tão monstruosa e tão desnaturada como nossos supersticiosos deícolas[4] o fazem entender.

O que é importante observar aqui, como eu disse, antes de entrar nas maiores provas.

61

De onde vem a primeira crença e noção dos deuses

Por outro lado, parece bastante claro que a primeira crença nos deuses não vem senão disso que alguns homens mais perspicazes, mais astutos, mais sutis, e talvez mesmo tão mais

4 Alusão pejorativa não mais especificamente aos fiéis do deus judaico-cristão, do deus revelado, mas, de forma mais abrangente, aos crentes de outras concepções de divindade, não reveladas em particular (N. T).

maldosos do que os outros, querendo se elevar pela ambição acima dos outros homens e talvez querendo também divertir-se com a ignorância e com a tolice deles, resolveram tomar para si mesmos o nome e a qualidade de Deus e de soberanos senhores para serem mais temidos e respeitados pelos homens. E os outros, seja por medo, seja por tolice, seja por complacência e por adulação, tendo-os deixado assim proceder, fizeram deles seus amos. E sendo os amos, eles consolidaram o nome e a qualidade de soberanos senhores!

Como vimos agora que os grandes conquistadores, melhor dizendo, que os grandes bandidos e usurpadores das províncias e dos reinos da terra atribuem a si mesmos o nome e o título de duque, de rei, de imperador e de príncipes soberanos, qualificando a si mesmos de muito grandes, de muito elevados e de senhores muito poderosos; e por pouco não se qualificam ainda agora com o nome e o título de deuses todo-poderosos tamanho é o esforço do orgulho deles para serem elevados acima dos outros homens – parece-me muito claramente que é daí que vem a primeira origem e a primeira noção ou crença nos deuses.

É o que parece particularmente ocorrer com a crença nesse Deus dos Judeus e dos cristãos do qual é falado em sua história da pretensa criação do mundo, pois é expressamente notório que esse Deus falava a linguagem de um homem, que ele raciocinava, que ele caminhava e que ele passeava num jardim, nem mais nem menos do que faria ordinariamente um homem, e que é notório que esse pretenso Deus teria criado o primeiro homem à sua imagem e semelhança (***Genesis*** I-27), sinal bastante evidente que esse pretenso Deus tinha a forma e a figura de homem, e, por consequência, que ele era efetivamente apenas um homem, uma vez que ele possuía a forma, a imagem e a semelhança de um homem, ou que o homem possuía sua imagem e sua semelhança.

Mas seguindo as aparências, esse pretenso Deus era um homem perspicaz e arguto, que queria se divertir e zombar da simplicidade, da grosseria e da estupidez deste outro homem que se chama Adão, que não era, conforme todas as aparências, senão uma pessoa simplória, tola e ingênua, visto que é notório, na mesma história, ou melhor, na mesma fábula, que ele se deixa tão facilmente e tão tolamente se seduzir pelas palavras de uma mulher e pelas promessas enganosas de uma serpente que teria sido mais arguta e mais perspicaz do que ele, como a própria história ou fábula assinala.

Do mesmo modo, é preciso crer que esse mesmo pretenso Deus que falara a Moisés, não era verdadeiramente mais do que um homem, ou mesmo apenas um homem falso, uma vez que o próprio Moisés lhe atribuiu não somente a palavra e o discurso humano, mas lhe atribuiu também todos os membros do corpo humano e todas as paixões de um homem, e que esse próprio suposto Deus, querendo caçoar de Moisés por este ter lhe pedido para ver seu rosto, respondeu de uma maneira muito cômica que ele *poderia bem ver o seu traseiro e suas nádegas se ele quisesse, mas que ele não veria o seu rosto* (*Êxodo* XXXIII-23). Esse suposto Deus tinha, então, aparentemente, um rosto humano, um traseiro e nádegas, uma vez que ele mesmo disse, e, por consequência, esse não era verdadeiramente senão um homem que queria contrafazer o deus ou se disfarçar em deus. Mas como ele queria mostrar apenas o seu traseiro e não o seu rosto, aparentemente ele teve medo ainda de mostrar o que ele era mostrando o seu rosto, o que é ainda um sinal bastante evidente de que ele era de fato apenas um homem e não um deus. O que se quer antes dizer é apenas que essas pretensas palavras e discursos de Deus a Moisés são tão-somente palavras do próprio Moisés que as inventou e que as atribuiu a um deus com a finalidade de dar a si mesmo, com esse artifício enganador, mais crédito e autoridade entre os homens para os quais falou.

O que poderia bem ser, pois há muito tempo os impostores se servem desses tipos de artifícios para enganar os homens, que seria agora uma grande tolice querer ainda se deixar enganar com isso.

62

Os deícolas foram enfim obrigados a reconhecer a falsidade da pluralidade dos deuses que os Antigos adoravam

Contudo, não podemos negar que todos os outros deuses e deusas que vieram depois e que foram adorados em todos os séculos passados com os nomes, por exemplo, de Saturno, de Júpiter, de Marte, de Apolo, de Mercúrio, de Esculápio, e de milhares de outros deuses semelhantes, ou com os nomes de Cibele, de Juno, de Ceres, de Diane, de Minerva, de Palas, de Vênus, e de milhares de outras deusas parecidas, tendo sido todos apenas homens e mulheres, ilustres se quisermos, príncipes e princesas, por exemplo, ou algumas outras personagens de distinção, que são dadas a elas mesmas, ou às quais se deu – como eu disse, por complacência, por bajulação ou por ignorância e tolice – o nome de deus ou de deusa, os homens, sendo então tão tolos e tão cegos para acreditar que homens fracos e mortais, como são todos, podem, entretanto, antes ou após a morte, tornarem-se deuses imortais.

E o que mais surpreendente é que os próprios filósofos se deixam levar, ou se fazem parecer se deixar levar, por um tão vão e tão tolo pensamento como esse. Testemunha um Plutarco, grande e renomado filósofo, o qual, na narração do senhor de Montaigne, dizia "que é preciso estimar e crer firmemente que as almas dos homens sábios e virtuosos, segundo a natureza e segundo a justiça divina, tornam-se homens santos, e de santos, semideuses, e de semideuses, depois que eles são, como são os sacrifícios de purgação, perfeitamente limpos e purificados, sendo libertos de toda passibilidade e de toda mortalidade, eles se tornam, não por nenhuma ordem civil, mas pela verdade, e segundo razão verossímil, deuses inteiros e perfeitos, recebendo uma finalidade muito feliz e muito gloriosa" *(Ensaios*, II, 12*)*.

Não vou me restringir a refutar aqui um raciocínio tão vão e uma opinião tão vã como essa, que se destrói a si mesma. Basta apenas observar aqui que não há certeza alguma nem nenhum fundamento verdadeiro nesta crença que se tem da existência dos deuses, uma vez que a primeira noção que os homens tiveram disso veio apenas do erro, da ignorância e da impostura. O que é de tal forma verdadeiro que há muito tempo a maioria dos homens reconheceu nisso o erro dos Antigos. E eles reconheceram tão bem a vaidade e a falsidade de todas essas antigas divindades que eles foram obrigados a rejeitar, como eles rejeitam ainda, a crença em todos esses deuses corporais e humanos, e em todos esses outros deuses materiais e visíveis de madeira, de pedra, de ouro, de prata, etc., que a ignorância e a tolice dos homens antigos os faziam adorar.

Mas os nossos cristícolas, bem como os outros deícolas, não querendo com isso rejeitar toda crença em Deus, foram obrigados a se restringir ao menos à crença num só Deus, único em substância e em natureza, como eles dizem, mas triplo em pessoas, como nossos cristícolas pretendem. E, sendo assim, de um só golpe, muitos deuses foram aniquilados entre um grande número de divindades que os supersticiosos deícolas reconheciam e adoravam nos séculos passados, sendo preciso que seus descendentes fossem reduzidos e limitados à crença e à adoração a um único Deus, e mesmo a um Deus invisível, a um Deus incorporal e imaterial, e, por consequência, a um Deus que não tem carne, nem ossos, nem corpo, nem membro, que não tem nem dorso, nem ventre, nem braços, nem pernas, nem pés, nem mãos, nem olhos, nem cabeça, nem boca, nem língua, nem orelhas, nem dentes, nem unhas, nem garras, nem nenhuma outra parte, e que, por consequência, ainda, nem forma, nem figura, nem nenhuma cor externa, nem nenhuma configuração interna, para ser mais preciso, que não tem nenhum interior nem nenhum exterior, nem nenhum lado, nem mesmo nenhum em cima nem nenhum embaixo. De um Deus, todavia, que, segundo eles, está por toda parte, que vê tudo, que faz tudo, que sabe tudo, que conduz tudo, que governa tudo, que sustenta tudo, que está por inteiro em todos os lugares e todo inteiro em cada parte do lugar, que é todo-poderoso, infinitamente bom, infinitamente sábio, infinitamente justo, infinitamente amável, e, enfim, que é infinitamente perfeito em todos os tipos de perfeições, cuja natureza é imutável, imóvel e eterna, cuja natureza é o seu poder, sua sabedoria e sua própria vontade, e cujo poder, sabedoria e vontade são, reciprocamente, sua própria natureza e sua própria essência.

Eis certamente uma ideia de ser bastante surpreendente, mas pode-se com certeza dizer também que é a ideia de um ser inteiramente imaginário e totalmente quimérico, e não parece mesmo que se possa, quando se desejasse propositadamente, formar ou imaginar a ideia de um ser mais quimérico que este.

Nem a quimera dos antigos, nem a esfinge de Ficeu, nem todas as ficções dos poetas e dos criadores de romances, não tem nada que se aproxime dessas absurdidades que se encontram contidas na ideia que nossos novos deícolas formam do seu Deus. Eu os chamo de *novos* desde que eles foram obrigados a se restringir, como eu disse, à crença num único Deus, e obrigados a suprimir dele todo o corpo, toda forma e toda figura material e sensível. De onde podemos, a esse respeito, dizer que eles são ainda mais desvairados na vaidade do seu espírito e dos seus raciocínios, e que, crendo tornarem-se mais sábios e mais perspicazes do que os outros, eles se tornaram mais loucos e mais cegos do que eles eram antes.

"Eles estão perdidos nos seus vãos raciocínios... Eles ficaram loucos atribuindo a si mesmos o nome de sábios" (Epístola de São Paulo aos Romanos I-21, 22).

63

Eles não estão mais bem fundamentados na crença que eles têm da existência de um único Deus

Mas vejamos se eles estão ou se eles estarão mais bem fundamentados na crença nesse solitário e único Deus, que eles não sustentavam, do que na crença nesta pluralidade de deuses que eles foram obrigados a rejeitar depois de terem reconhecido nela erro e vaidade. Vejamos se eles estão e se eles estarão mais bem fundamentados na crença em um Deus todo invisível e imaterial, que eles não sustentavam antes, do que na crença em um ou em vários deuses corporais e visíveis; pois, parece-me, a princípio, que eles não estariam mais bem fundamentados nem em uma nem em outra dessas duas crenças. Examinemos então isso.

O que obriga nossos supersticiosos deícolas a reconhecerem e a crerem ao menos na existência de um único Deus todo-poderoso, infinitamente bom, infinitamente sábio e infinitamente perfeito, é a visão de tão grandes, de tão belas e de tão admiráveis coisas que eles veem na Natureza, imaginando que tão belas, tão grandes e tão admiráveis coisas não podem ter sido feitas, nem ter sido colocadas e estabelecidas na ordem e na situação em que elas estão senão pela onipotência de um ser soberano, infinitamente bom, infinitamente sábio e infinitamente perfeito, ao qual eles dão o nome e a qualidade de *Deus*. "Eu não posso abrir os olhos, *diz um dos nossos famosos arquideicristícolas*[5] (*trata-se do monsenhor Fénelon, o precedente arcebispo de Cambrai*) –, eu não posso, *diz ele*, abrir os olhos sem admirar a arte que se manifesta em toda a Natureza: a menor olhadela é suficiente para percebermos a mão que fez e faz tudo" (*Tratado da existência e dos atributos de Deus*, página 1). Eis como ele começa seu livro no qual ele pretende demonstrar a existência de um Deus.

Entretanto, como esta mão que ele acreditava ver no primeiro golpe de vista é apenas uma mão imaginária, e que ele mesmo, assim como todos aqueles do seu bando, foram obrigados a reconhecer que não havia nenhum ser visível nem nenhum ser corporal ou material ao qual pudesse verdadeiramente atribuir um

5 Ao que tudo indica, outro neologismo chistoso do padre ateu contra os seus adversários carolas.

poder e uma sabedoria infinita, nem, por consequência, ao qual se pudesse verdadeiramente atribuir a divindade, é o que os obriga a formar em sua imaginação a ideia de um ser invisível e de um ser incorporal e imaterial, ao qual eles atribuíram uma onipotência e uma sabedoria infinita, e ao qual, por consequência, eles atribuíram a divindade e lhe deram o nome de Deus, persuadindo-se de que era necessário que houvesse um tal ser, e que este ser fosse a primeira causa eficiente e a primeira causa conservadora e governatriz de todos os outros seres. E sustentam ao mesmo tempo que uma única visão das belezas e das perfeições admiráveis que nós constatamos nas obras da Natureza nos faz evidentemente ver a necessidade da existência desse pretenso ser infinitamente perfeito. Vejamos se o que eles dizem é verdadeiro.

64

Nem a beleza, nem a ordem, nem as perfeições que se encontram nas obras da Natureza provam de modo algum a existência de um Deus que as teria feito

Primeiramente, em virtude da beleza, da ordem e da perfeição que vemos nas obras de arte, é preciso convir com eles que sua beleza e perfeição demonstram necessariamente a existência, a força, o poder, a destreza, a sabedoria... etc., do operário que as fez, porque vê-se bem que elas não poderiam se fazer por elas próprias como são se algum hábil operário não tivesse nelas colocado a mão. Mas é preciso necessariamente reconhecer também que a beleza, que a ordem e que as outras perfeições que se encontram naturalmente nas obras da Natureza, ou seja, nas obras do mundo, não demonstram e não provam de maneira alguma a existência, nem, por consequência, o poder, nem a sabedoria de nenhum outro operário ou operária além da própria Natureza, a qual fez e faz tudo o que podemos ver de mais belo e de mais admirável. Pois, ainda que possam dizer nossos deícolas, é preciso absolutamente que eles reconheçam que as perfeições infinitas que eles imaginam estar no seu Deus demonstram igualmente que ele mesmo teria sido feito por um outro, ou que eles digam que elas não o demonstram.

Se eles dizem que as perfeições infinitas que eles imaginam estar no seu Deus demonstram igualmente que ele teria sido feito por um outro, é preciso, pela mesma razão, que eles digam ainda que as perfeições infinitas deste outro demonstrem também que ele ainda teria sido feito por um outro, e este ainda por um outro, o qual teria sido, ele próprio, feito ainda por um outro, e assim sempre, do mesmo modo, remontando de causa em causa e de deuses em deuses até o infinito, o que seria inteiramente ridículo e absurdo dizer. E é também o que nossos deícolas não gostariam de dizer, pois, para um Deus infinitamente perfeito que eles gostariam de supor e de estabelecer, seria preciso, necessariamente, que eles reconhecessem a esse respeito e que eles admitissem ainda uma infinidade de outros deuses que seriam sempre cada vez mais perfeitos uns em relação aos outros – o que repugna inteiramente a reta razão.

E se, ao contrário, eles dizem que as perfeições infinitas que eles imaginam estar no seu Deus não demonstram e não provam de modo algum que ele teria sido feito por um outro: por que então querem eles que as perfeições que eles veem neste mundo demonstrem que ele teria sido feito por um outro? Certamente, não há mais razão para dizer de um e não do outro, se, talvez, apenas as maiores e infinitas perfeições que se encontrariam num Deus infinitamente perfeito demonstrassem, tanto mais necessariamente, que ele tivesse sido feito por um outro, porque uma perfeição maior pediria uma causa ainda mais perfeita. E, neste caso, a existência de um Deus demonstraria antes a necessidade de uma infinidade de deuses que a existência de um mundo não demonstraria a existência de um só Deus, o que é ainda uma absurdidade manifesta que nossos deícolas não queiram admitir; e, assim, é preciso que eles digam necessariamente a razão pela qual eles pretendem que as perfeições que eles veem neste mundo demonstrem necessariamente a existência de um Deus que o fez, e pela qual, ao contrário, eles pretendem que as perfeições infinitas que eles imaginam nesse Deus não demonstram e não provam que ele tenha sido feito também ele próprio por um outro.

Toda razão que eles podem alegar a esse respeito é dizer que seu Deus é dele próprio e por si mesmo tudo o que ele é, e, por consequência, que todas as suas divinas perfeições são delas mesmas e por elas próprias tudo o que elas são, sem que elas nunca possam ter tido necessidade de nenhuma produção nem de nenhuma outra causa que elas mesmas, mas que o mundo não pode ser por ele próprio o que ele é, e que as perfeições que nós vemos nele não poderiam de forma alguma ser se um Deus todo-poderoso não as tivesse criadas e formadas como elas são, o que faz, dirão eles, uma grande diferença de um a outro.

Ora, esta razão é manifestamente vã, não somente porque ela supõe gratuitamente e sem prova o que está em contestação, mas também porque é tão fácil dizer e supor que o mundo é por si mesmo o que ele é, quanto dizer e supor que Deus seria por si mesmo o que ele é. E, por consequência, é também fácil dizer que as perfeições que nós vemos no mundo são delas mesmas e por elas mesmas o que elas são, quanto dizer que as perfeições de um Deus seriam delas mesmas e por elas mesmas o que elas são. E, sendo assim, não resta mais nada a não ser ver qual dos deuses seria o mais verdadeiro ou o mais verossímil.

Ora, é manifesto e evidente que há muito mais razão em atribuir a existência necessária ou a existência por ela mesma a um ser real e verdadeiro que se vê, que sempre vimos e que se encontra sempre manifestamente por toda parte, do que atribuí-la a um ser que é apenas imaginário e que não se vê e não se encontra em nenhuma parte. Do mesmo modo, é manifesto e evidente que há muito mais razão em atribuir a existência por ela mesma a perfeições que vemos e que sempre vimos, do que atribuí-la a perfeições imaginárias que não são vistas e não se encontram em parte alguma, e que nós mesmos nunca vimos nem encontramos em nenhuma parte; isto é claro e evidente.

Ora, o mundo que nós vemos é manifestamente um ser muito real e muito verdadeiro: ele se vê e se encontra manifestamente por toda parte. Suas perfeições, da mesma maneira, são também muito reais e verdadeiras: elas são vistas e se encontram manifestamente por toda parte; nós também sempre as vimos.

E, ao contrário, esse pretenso ser infinitamente perfeito que nossos deícolas chamam *Deus*, é somente um ser imaginário que não se vê e não se encontra em nenhuma parte. Do mesmo modo, suas pretensas infinitudes e divinas perfeições são apenas imaginárias: elas não são vistas e não se encontram em nenhuma parte; ninguém jamais as viu.

Portanto, há muito mais razão em atribuir a existência por si mesma ao próprio mundo e às perfeições que vemos nele do que em atribuí-la a um pretenso ser infinitamente perfeito que não se vê e que não se encontra em nenhuma parte, e que, por consequência, é muito incerto e duvidoso em si mesmo.

Uma vez, portanto, que é preciso que os deícolas reconheçam necessariamente que há algum ser e algumas perfeições que são necessariamente delas mesmas e por si mesmas o que elas são, independentemente de qualquer outra causa, é manifestamente um abuso, um erro e uma ilusão deles quererem atribuir tais perfeições a um ser imaginário que não se vê e não se encontra em nenhuma parte, em vez de atribuí-las a um ser real e verdadeiro que se vê e que se encontra sempre manifesto por toda parte.

De onde se segue, evidentemente, que as perfeições que se veem nas coisas do mundo não demonstram e não provam de modo algum a existência de um Deus infinitamente perfeito.

Por outro lado, é claro e constante, por pouco que se preste atenção, que a suposição desse pretenso ser divino não faz avançar em nada o conhecimento, tampouco a explicação das coisas naturais; é claro e evidente que esta suposição não suprime por isso a dificuldade que eles encontram...

E é mesmo certo que se nossos deícolas pretendem sair de uma dificuldade que os aprisiona, seguramente é apenas para se comprometer com uma outra, e mesmo com uma outra que é muito maior do que aquela que eles querem evitar; e, por consequência, é inútil a eles recorrerem à suposição de um ser todo-poderoso e infinitamente perfeito para explicarem a natureza e a formação das coisas naturais do mundo, pois, se de um lado, eles encontram dificuldade para compreender ou para conceber e para supor que o mundo e todas as coisas naturais sejam elas mesmas como elas são, sem nenhum outro princípio de seu ser e de sua formação ou de sua disposição entre elas, de outro lado eles não podem encontrar dificuldade para compreender e para conceber como esse pretenso primeiro e soberano ser que eles chamam *Deus* pudesse ser ele mesmo tão poderoso e tão perfeito, e como ele pudesse ter criado e formado do nada tão grandes, tão belas e tão admiráveis coisas. Pois a criação que eles supõem e que eles querem supor de todas as coisas é um mistério que, certamente, é ao menos tão oculta, e pelo menos tão difícil de explicar e de conceber, quanto o poderia ser a formação natural das coisas, supondo que elas fossem elas mesmas o que elas são. E, assim, a dificuldade, estando desse lado igual ou podendo parecer igual de uma parte e de outra, não haveria mais razão para dizer que o mundo e que todas as coisas do mundo teriam sido criadas por um Deus, para dizer que elas teriam sempre sido por si mesmas e que elas seriam assim formadas e organizadas por si mesmas no estado em que elas estão, a matéria tendo existido por si mesma por toda a eternidade. Enfim, não é mais difícil conceber e não é mesmo mais impossível que a matéria seja por si mesma o que ela é do que conceber que Deus seja por si mesmo o que ele é.

Esse primeiro raciocínio deveria já ser suficiente para nos fazer ao menos suspender o nosso julgamento durante algum tempo sobre tal assunto, pois numa contestação desta natureza, em que se trata apenas de descobrir a verdade de uma coisa, se não há aparência de verdade mais de um lado do que de outro, não há razão para querer julgar antes a favor de um do que a favor de outro.

Mas, para conhecer melhor o que se é e o que se poderia ser, examinemos mais particularmente a coisa e vejamos primeiramente se a dificuldade proposta é efetivamente igual de uma parte e de outra, ou se antes ela não seria mesmo muito maior no sistema da criação do que no sistema da formação natural do mundo feita pela própria matéria da qual ele é composto.

No primeiro sistema, que é o da suposta criação, vejo num primeiro momento várias dificuldades que se apresentam ao espírito e que parecem insuperáveis.

A *primeira* é explicar ou conceber qual poderia ser a essência e a natureza deste ser soberano que teria criado todos os outros seres.

A *segunda* é fazer ver, por meio de algumas razões convincentes, que se deve atribuir, de preferência a este ser, a eternidade e a independência, do que à própria matéria, a qual se pode supor ser eterna e independente de qualquer outra causa, como seria aquele que se pretende que a teria criado, pois, já que tanto em uma quanto em outra das duas suposições cada um convém reconhecer um primeiro ser e uma primeira causa incriada que é eterna e independente de qualquer outra causa, é preciso, no sistema da criação do mundo, mostrar, por razões convincentes, que esse primeiro ser é necessariamente outro que a matéria, e fazer ver que a matéria não pode ser eterna nem ser a partir dela mesma o que ela é – o que seguramente não é uma pequena dificuldade, uma vez que nossos deícolas, sem exceção, não puderam ainda, até o presente, vencê-la.

A *terceira* dificuldade é compreender ou conceber como seria possível criar e poder fazer alguma coisa do nada, o que é incontestavelmente muito mais difícil de compreender e de conceber do que conceber simplesmente uma matéria que seria e existiria a partir de si mesma. Por que não querer supor a princípio que a matéria é efetivamente por si mesma o que ela é, e por que querer recorrer, para fazê-lo existir, a um ser desconhecido e a um mistério incompreensível de criação, uma vez que é necessário supor não somente um ser incriável e eterno no sistema da própria criação, mas que é preciso ainda supor que este ser disso possa criar um outro, o que é absolutamente inconcebível e inteiramente impossível, como eu mostrarei na sequência.

É evidente que ao reconhecer a matéria exclusivamente como primeira causa, como ser eterno e independente, evitar-se-ia por esse meio muitas dificuldades insuperáveis que se encontram necessariamente no sistema da criação, e, assim sendo, poderíamos explicar muito facilmente a formação de todas as coisas.

A *quarta* dificuldade que se encontra no sistema da criação é dizer e indicar precisamente onde está este ser que se supõe ter criado todos os outros seres e ser o mais poderoso de todos. Onde ele mora? Onde ele se refugia? O que ele faz desde que criou supostamente todos os seres? Nós não o vemos, nós não o sentimos, nós não o conhecemos de nenhuma parte! Ele não é, por exemplo, o sol nem a terra! Não é o ar nem o fogo! E quando forem feitas milhares e milhares de vezes a revista e o inventário de todos os seres, nós certamente não o encontraremos em nenhum ser e em nenhum lugar! O que poderia ser então este ser que não se encontraria na lista dos seres entre os seres, e que teria, entretanto, dado o ser a todos os seres? Onde ele poderia estar? É o que é preciso, todavia, explicar no sistema da criação, já que não temos, aliás, nenhum conhecimento particular e distinto deste ser. Este não é como a matéria, pois é certo que ela é e está, ninguém pode duvidar disso: nós a vemos, nós a sentimos, nós a encontramos por toda parte, ela está em todos os seres. Que inconveniente então haveria ou qual repugnância encontraríamos em dizer que ela seria por si mesma esta primeira causa eterna e independente, e esta primeira causa incriada pela qual se disputa com tanto calor?

65

Ideia quimérica que os deícolas formam do seu Deus

De nada serviria, para responder a esta última dificuldade, dizer, como se faz comumente, que esse primeiro e soberano ser criador de todas as coisas está igualmente por toda parte e por inteiro em todos os lugares, sem divisão e sem multiplicação de seu ser. Pois é dizer o que não se entende e o que não é possível entender, é multiplicar as dificuldades ao invés de diminuí-las; e quanto mais se examina os diversos atributos que seríamos obrigados a conceder a esse pretenso soberano ser, mais se penetra em labirintos de dificuldades inexplicáveis que conduzem a absurdos explícitos que fariam necessariamente cair em contradições manifestas e inevitáveis. Invoco como prova disso esta descrição enigmática ou quimérica que fez muito engenhosamente um autor: "Deus, *diz ele falando desse pretenso ser soberano*, é ele próprio o seu começo e o seu fim; ele não tem, entretanto, nem começo nem fim; e não lhe falta um nem outro, sendo o pai e o autor de um e do outro: ele sempre foi e é sempre sem nenhuma vicissitude de tempo; a este respeito, o passado não passa, nem o futuro não vem, em todo o tempo ele está igualmente presente; ele reina por toda parte sem ter nenhum lugar; é imóvel sem consistência, é ativo sem movimento, está fora de tudo, está em todas as coisas e não está encerrado em nenhuma; está fora de tudo, mas ninguém o descobre; ele criou o exterior, e o interior ele governa; ele é bom sem qualidades e grande sem grandeza; é um todo que não tem parte e que é imutável embora ele modifique todas as coisas; seu querer é seu poder, seu poder é seu querer; sua obra é sua vontade e sua vontade sua obra; ele é simples nele mesmo sem nenhuma mistura de ato e de potência; ele é em ato tudo o que ele pode ser, ou, melhor dizendo, é um puro ato, sendo ele mesmo o primeiro, o segundo e o último ato. Enfim, ele é tudo, ele está em tudo, ele está acima de tudo, ele está dentro de tudo, fora de tudo, e além de tudo; ele é tudo diante de tudo, e tudo após tudo" (Vanini).

É visível que esta descrição está plena de contrariedades, absurdos e contradições palpáveis, o que mostra claramente que ela apenas pode ser entendida referindo-se a um ser que é, como eu disse, inteiramente imaginário e quimérico, de onde é evidente que o sistema da criação ou que a suposição do sistema da criação do mundo compromete-se necessariamente com num número quase infinito de dificuldades inexplicáveis, plenas de contradições e de absurdidades insustentáveis.

É o que fez nascer também entre os filósofos e entre os teólogos que admitem o sistema da criação uma multidão quase infinita de opiniões e de sentimentos diversos e opostos uns aos outros, e sobre os quais eles ainda não puderam e não poderão nunca concordar entre si – o que não deve certamente suscitar uma boa opinião sobre o sistema da criação.

O mesmo não ocorre com o da formação natural das coisas feitas pela própria matéria com a qual elas são compostas. Pois esse sistema não contém nenhuma contradição nem nenhuma repugnância, e, por consequência, podemos assegurar que ele não contém nada de impossível. Trata-se, por exemplo, apenas de supor que somente a matéria é eterna, que ela é por si mesma o que ela é, e que ela tem por si mesma seu movimento, suposição esta muito simples e natural: e vemos muito claramente que não há nada de impossível nesta suposição.

Pois, *primeiramente*, vemos de forma clara que a matéria existe, e que esta não é um ser imaginário e quimérico.

Em segundo lugar, vemos claramente que uma determinada porção da matéria é capaz de divisão, e que toda a matéria é capaz de movimento; e vemos do mesmo modo que a matéria se move efetivamente; nós não podemos duvidar de nenhuma dessas coisas. Por que então não se poderia supor que a matéria é efetivamente eterna e que ela se move efetivamente por si mesma, uma vez que não vemos nenhuma oposição nisto, que não vemos nada e que não podemos nada ver que possa tê-la criado ou que possa ter-lhe dado seu movimento?

Enfim, pode-se duvidar apenas de que o ser em geral não tenha a partir dele próprio a sua existência e o seu movimento, pois de quem ele poderia ter recebido um e outro? Certamente, ele não pode ter recebido de quem quer que seja. Ora, a matéria é ela própria este ser em geral, que não pode ter senão dela mesma sua existência e seu movimento.

E isso apenas suposto, nós temos um princípio claro que pode não somente fazer desaparecer de uma só vez todas as dificuldades, todas as contradições e todos os absurdos que se seguem necessariamente do sistema da criação, mas que pode ainda, ao mesmo tempo, abrir um caminho fácil para entrar no conhecimento e na explicação física e moral de todas as coisas da Natureza. Pois somente a ideia de uma matéria universal que se move em diversos sentidos e que por essas diversas configurações de suas partes se pode todos os dias se modificar em milhares e milhares de tipos e de maneiras diferentes, nos faz ver claramente que tudo o que há na Natureza se pode fazer pelas leis naturais do movimento, e pela única configuração e combinação das partes da matéria.

66

É inútil recorrer à existência de um Deus todo-poderoso para explicar a natureza e a formação das coisas naturais

Eu sei bem que não é fácil conceber o que é que exatamente faz com que a matéria se mova, nem o que é que faz com que ela se mova de uma tal ou qual maneira ou com uma tal ou qual força e velocidade. Não posso conceber a origem e o princípio eficaz desse movimento, eu o confesso. Mas eu não vejo, todavia, nenhuma repugnância, nenhum absurdo, nem nenhum inconveniente de atribuí-lo à própria matéria, e eu não vejo que se possa nela não encontrá-lo; e os próprios partidários do sistema da criação não saberiam onde encontrar algum.

Tudo o que eles podem opor a isto é dizer que os corpos grandes ou pequenos não têm neles mesmos a força para se colocarem em movimento, porque não há, dizem eles, nenhuma ligação necessária entre a ideia que eles têm dos corpos e a ideia que eles têm do seu movimento. Mas, certamente, isso não prova nada, pois, quando não se vê nenhuma ligação necessária entre a ideia de um corpo e a ideia de uma força movente, não se segue disso que não haja: a ignorância que temos da natureza de uma coisa não prova nada que essa coisa não seja. Mas os absurdos e as contradições manifestas que se seguem necessariamente da suposição de um falso princípio são provas convincentes da falsidade desse princípio.

E assim, a impotência de se conceber e de mostrar pela razão que a matéria tem por si mesma a força para se mover, não é uma prova de que ela não a tenha. Mas, ao contrário, os absurdos e as contradições manifestas que se seguem do suposto princípio da criação, são, como eu disse, provas convincentes da falsidade desse princípio. E como é certo que a matéria se move e que ninguém pode negar isso e nem mesmo dela duvidar, a menos que sejamos inteiramente pirronianos, é preciso que ela tenha em si mesma o seu ser e o seu movimento, ou que ela tenha recebido, por outro lado, um e outro. Aliás, ela não pode tê-los recebido, como o demonstrarei na sequência; segue-se, portanto, que ela tem em si mesma o seu ser e o seu movimento, e, consequentemente, que é inútil buscar fora dela própria o princípio do seu ser e do seu movimento.

Mas vejamos se não poderíamos fazer ver mediante alguns exemplos que, embora não possamos perceber a ligação necessária entre uma causa e um efeito, isso não impede, entretanto, que não haja verdadeiramente alguma. Eis, portanto, alguns exemplos.

Nós não vemos, por exemplo, nenhuma ligação necessária entre a construção natural do nosso olho e a vista ou visão de algum objeto. Nós não compreenderíamos como a visão de um objeto pode se fazer; entretanto, é certo que nós vemos a nós mesmos pelos nossos olhos. Assim, é preciso que haja alguma ligação natural entre a construção natural do nosso olho e a visão de um objeto, embora nós não possamos ver em que precisamente consiste esta ligação.

Nós não vemos ainda, por exemplo, a ligação necessária entre a nossa vontade e o movimento do nosso braço ou de nossas pernas. Nós não conhecemos nem mesmo a natureza e tampouco o uso dessas energias[6] ocultas que servem para fazer mover nossos braços e nossas pernas. Contudo, embora nós não as conheçamos, todas essas energias não deixam de intervir no momento em que queremos mover nossos braços e nossas pernas, e vemos todos os dias que aqueles que conhecem o menos possível a construção natural do seu corpo são frequentemente aqueles que movem com mais facilidade e mais habilmente os seus membros.

É preciso então que haja uma ligação natural entre a nossa vontade e o movimento das partes do nosso corpo, embora nós não conheçamos em que consiste esta ligação, nem como isso se pode fazer.

Trata-se sem dúvida da mesma ligação que há entre o movimento e as vibrações das fibras do nosso cérebro e dos nossos pensamentos. Nós não vemos que haja ligação entre um e outro, nem como pode aí haver uma ligação; entretanto, nada impede que haja alguma neste caso, já que nossos pensamentos dependem desse movimento ou destas vibrações das fibras do nosso cérebro e do movimento dos espíritos animais que estão no nosso cérebro.

Mas tomemos o exemplo da nossa própria origem e do nosso próprio nascimento. Coloco em fato que o mais hábil filósofo e o mais sutil espírito do mundo jamais poderia formar uma verdadeira ideia de sua origem e do seu nascimento se ele nunca tivesse visto, nem nunca tivesse ouvido falar de geração e de nascimento do homem, nem de nenhum outro animal. Ele adivinharia, por exemplo, pelas únicas luzes naturais de sua razão, que ele teria sido concebido e formado gradualmente no ventre de uma mulher? E que dele sairia na sequência, de uma tal ou

6 Em francês, *ressort*, palavra que ainda possui os seguintes significados além de "energia": "elasticidade", "força", "causa de atividade", "dinamismo" (N. T).

qual maneira, no final de nove meses? Não; certamente ele jamais poderia imaginar isso. E ele não pensaria nunca que teria sido amamentado por uma mulher se, como eu já disse, ele não tivesse visto nem ouvido falar de tal coisa.

E se este hábil filósofo ou este espírito sutil, não querendo raciocinar que as ideias das outras coisas que ele teria aprendido ou que ele teria visto fazer, quisesse negar a sua verdadeira origem atribuindo-a a alguma outra coisa que ele pudesse imaginar, com o pretexto de que não pudesse perceber a ligação necessária entre o ventre de uma mulher e a formação e geração de um homem, não riríamos desse filósofo? E não zombaria ele de si mesmo? Sim, seguramente.

Eis justamente, entretanto, o que fazem aqueles que negam a eternidade da matéria e que negam que ela tenha em si mesma a força para se mover, com o pretexto de que eles não veem uma ligação necessária entre a ideia da matéria e o seu movimento. Pois eles não querem reconhecer a única e verdadeira causa da origem comum de todas as coisas, com o pretexto de que eles não podem compreender que ela o seja, e, ao mesmo tempo, eles supõem a respeito uma falsa causa, que é mil vezes mais incompreensível do que aquela que eles rejeitam, com o pretexto de não podê-la compreender e de não ver uma ligação necessária entre uma coisa e a propriedade de uma tal coisa. Esse não é um meio de esclarecer muito a dificuldade nem de avançar muito no conhecimento das coisas da Natureza.

Assim, enquanto a ideia que nós temos da matéria não nos mostrar e não nos fizer ver claramente que ela tem em si mesma e por ela mesma a força para se mover, não se seguirá disso que ela não a tenha verdadeiramente, visto que, sobretudo, *ela se move* e que não há nenhuma repugnância que ela se mova por ela mesma. Se o movimento em ato era essencial à matéria, quero crer que nós poderíamos ver uma ligação necessária entre a ideia que nós temos dela e o seu movimento; mas, como é certo que o movimento em ato não lhe é essencial e que ele é somente uma propriedade da sua natureza, não é preciso se surpreender que nós não vejamos a ligação necessária entre a ideia que nós temos dela e seu movimento, pois o seu movimento, não lhe sendo essencial e necessário, ele não deve certamente ter aí uma ligação necessária entre um e outro.

E assim, enquanto a ideia que nós temos da matéria não nos fizer ver a ligação necessária entre ela e o seu movimento, essa não será uma prova de que ela não possa se mover por ela mesma.

67

O ser não pode ter sido criado, o tempo não pode ter sido criado. Do mesmo modo, a extensão, nem o lugar ou o espaço, não podem ter sido criados, e, por consequência, não há criador

Mas para melhor esclarecer a verdade dessas coisas e fazer ver mais claramente que a matéria é por si mesma o que ela é, que ela tem por si mesma o seu movimento e que ela é verdadeiramente a primeira causa de todas as coisas, comecemos por um princípio que seja tão claro e tão evidente que ninguém possa colocá-lo em dúvida.

Eis o princípio: nós vemos claramente que há um mundo, isto é, um céu, uma terra, um sol e uma infinidade de outras coisas que estão como que limitadas entre o céu e a terra. É do que ninguém não pode razoavelmente duvidar, a não ser que se queira fazer expressamente como o pirroniano e duvidar de todas as coisas, o que seria querer fechar os olhos a todas as luzes da razão humana e querer se opor inteiramente a todos os sentimentos da Natureza. Se alguém for capaz de chegar a esse ponto, será preciso que ele tenha perdido inteiramente o juízo; e se ele quiser absolutamente persistir em tais sentimentos, seria mais a propósito olhá-lo como um louco do que empregar inutilmente razões para instruí-lo. Mas creio que não há ninguém tão pirroniano nem tão louco, por mais que se possa ser, que não saiba, que não sinta e que não seja bem persuadido de que há ao menos alguma diferença entre o prazer e a dor, entre o bem e o mal, como também entre um bom pedaço de pão numa mão e um pedaço de rocha na outra. O pirronismo não vai até o ponto de duvidar de tais coisas. Assim, podemos dizer que ele é mais imaginário do que real, e que ele é antes um jogo de espírito do que uma verdadeira persuasão da alma. Isso porque, deixando de lado essa dúvida universal e afetada[7] dos pirronianos, seguimos as mais claras luzes da razão, as quais nos mostram evidentemente a existência do ser, pois é claro e evidente, ao menos para nós mesmos, que o ser é, que nós não seríamos, e que não poderíamos mesmo ter o pensamento do ser se o ser não fosse.

Ora, nós sabemos e sentimos muito certamente que somos e que pensamos; disso nós não podemos nunca duvidar: pois é certo e evidente que o ser é. Pois, se não fosse, nós não seríamos por certo; e se nós não fôssemos, nós não pensaríamos certamente. Não há nada mais claro e evidente do que isso.

---

7 *Affectée*, ou seja, "afetado", no sentido de falta de naturalidade, ausência de sinceridade, hipocrisia, dissimulação (N. T.).

Isso suposto, é preciso reconhecer como necessária a existência do ser. E não somente é preciso reconhecer a existência do ser, mas é preciso também reconhecer como necessária que o ser sempre foi, e, por consequência, que ele nunca foi criado. Pois, se ele nunca tivesse existido, seguramente jamais teria sido possível que ele fosse, nem que jamais ele pudesse começar a ser:

1º – Ele nunca poderia ter começado a ser por si mesmo porque o que não é não pode de modo algum se fazer a si mesmo nem dar a si mesmo o ser.

2º – Ele não poderia jamais ter começado a ser por nenhuma outra causa nem por nenhum outro ser que o tivesse produzido, uma vez que não existiria nenhum ser nem nenhuma causa para produzi-lo, como se suporia, e que seria preciso supô-lo dizendo que o ser não teria sempre existido. Visto que o ser é, e que é evidente que ele é, é preciso reconhecer necessariamente que ele sempre foi. E não somente é preciso reconhecer que ele é e que ele sempre foi, mas que é preciso ainda reconhecer necessariamente que é o ser que é o primeiro princípio e o primeiro fundamento de todas as coisas. Pois é evidente que todas as coisas não são realmente e verdadeiramente o que elas são, que porque elas têm o ser e que elas são por si mesmas das participações ou das porções do ser. E é claro e seguro que nada não seria se o ser não fosse: isso é como que idêntico.

De onde se segue evidentemente que o ser em geral é o que existe de primeiro e de fundamental em todas as coisas, e, por consequência, que o ser é o primeiro princípio e o primeiro fundamento de todas as coisas. E como o ser jamais começou do ser e que ele sempre foi, como viemos demonstrá-lo, e que, por outro lado, todas as coisas são apenas diversas modificações do ser, segue-se evidentemente que nada foi criado, e, por consequência, que não há criador.

Todas essas proposições se seguem e são incontestáveis.

68

A possibilidade ou a impossibilidade das coisas não depende da vontade nem do poder de nenhuma outra causa

Vejo bem que nossos deícolas não deixaram de dizer aqui que o ser que eles chamam *imaterial* e *divino* nunca começou do ser, e que ele efetivamente[8] sempre existiu, como o argumento acima demonstra; mas, que o ser material e sensível não existiu sempre, e que ele nunca teria sido nem mesmo podido ser se o ser imaterial e divino não o tivesse criado.

Mas é fácil fazer ver a fraqueza e a vaidade desta resposta.

Primeiramente, *ela é vã* porque supõe sem prova e sem fundamento a existência de um ser que é desconhecido, que é incerto e duvidoso, que não se vê e não se encontra em nenhuma parte, e do qual não se saberia nem mesmo formar alguma ideia verdadeira. Ora, o ser imaterial e divino que a resposta sobredita supõe é um ser que é inteiramente desconhecido, que é incerto e duvidoso, que não se vê e que não se encontra em parte alguma, e do qual não se saberia nem mesmo se formar alguma ideia verdadeira. Ademais, ela supõe sem prova e sem fundamento a existência desse pretenso

---

8 O termo em francês é *véritablement*, que pode ser traduzido de imediato por "verdadeiramente", mas também se permite ser traduzido como "efetivamente" (N. T.)

ser, pois seria um desafio poder dar alguma prova sólida e convincente da sua existência, como se fará mais amplamente ver na sequência: pois a resposta sobredita é vã.

2º – Ela é vã porque, sendo absolutamente necessário reconhecer a eternidade de algum ser, é evidente que é preciso antes atribuí-la a um ser real e verdadeiro do qual certamente se conhece a natureza e a existência, e do qual não se saberia mostrar a origem nem o começo, do que atribuí-la a um pretenso ser que é inteiramente desconhecido, que é incerto e duvidoso e do qual não conhecemos a natureza nem a existência, e que, por conseguinte, não pode ser senão um ser imaginário. Eu digo imaginário porque um ser que é incerto e duvidoso, que não se vê e não se encontra em nenhuma parte, e do qual não se saberia nem mesmo formar uma ideia verdadeira, deve bem certamente se passar antes por um ser imaginário do que por um ser real e verdadeiro. E, por outro lado, esse pretenso ser divino é tão incerto e tão duvidoso que há vários milhares de anos se disputa sobre a sua existência e não se pôde ainda dar dela nenhuma demonstração, nem nenhuma prova clara e constante.

3º – É preciso reconhecer necessariamente um primeiro ser do qual todas as coisas sejam feitas, que esteja em todas as coisas, e ao qual, em última análise, todas as coisas se reduzem. Ora, é manifesto que o ser material está em todas as coisas, que todas as coisas sejam feitas do ser material, e que todas as coisas enfim se reduzem ao ser material, isto é, à própria matéria. É o que não se pode dizer de um ser que não fosse material. Portanto, é o ser material que deve ser reconhecido como o primeiro ser. Se ele é o primeiro ser, não pode ter havido um outro antes dele. Se não pode ter existido outro antes dele, ele não pode ter sido feito nem ter sido criado; e, por consequência, ele sempre existiu. E, assim, a resposta que supõe sem prova e sem fundamento que o ser material foi criado por um ser imaterial e divino é uma resposta vã.

4º – Ela é vã porque o argumento acima demonstra evidentemente a existência do ser e a eternidade do ser, como se convém e que é preciso necessariamente convir. Não se pode dizer que ele demonstra evidentemente a existência e a eternidade de um ser desconhecido, de um ser incerto e duvidoso, do qual não se pode formar nenhuma verdadeira ideia, pois, no momento, ele não seria mais desconhecido, nem incerto, nem duvidoso se o argumento sobredito demonstrasse efetivamente a sua existência e a sua eternidade. Não é, portanto, a existência nem a eternidade de um ser imaterial e desconhecido que o argumento sobredito demonstra, mas é a existência e a eternidade de um ser evidentemente conhecido, certo e indubitável, que o sobredito argumento demonstra. Este argumento demonstra a existência e a eternidade do ser que o concebemos e do qual temos uma ideia clara e distinta. Ora, o ser material e extenso é o único que se concebe e do qual se tem uma ideia clara e distinta, portanto... etc. O ser cuja existência é demonstrada pelo sobredito argumento não pode ser outro que o ser em geral que o concebemos por meio de uma ideia clara e distinta, que o concebemos mesmo como extenso e como estando igual e necessariamente por toda parte. Pois não se dirá que o argumento sobredito demonstra a existência de um ser que não o concebemos e do qual não se teria nenhuma ideia clara e distinta. Do mesmo modo, não se dirá que ele demonstra a existência de um ser que não estaria em nenhuma parte ou que estaria apenas em algum lugar particular, pois não há nem mesmo pode haver nenhuma razão de dizer nem de pensar que o ser em geral estaria antes aqui do que lá, nem que ele estaria antes em alguns certos lugares do que em outros. E assim, o ser cuja existência é demonstrada pelo sobredito argumento não pode ser outro do que aquele que é extenso e que está geral e necessariamente por toda parte. Ora, o ser que é extenso e que está geral e necessariamente por toda parte é o ser material, pois é a existência do ser material que é demonstrada pelo sobredito argumento, e não a existência de nenhum outro, porque não pode haver a respeito nenhum outro. E, por consequência, a resposta dada ao sobredito argumento é inteiramente vã e frívola. Ora, o único ser material é evidentemente e geralmente conhecido por todos, ele é certo e indubitável, e, o contrário, o pretenso ser imaterial e divino, é inteiramente desconhecido, é incerto e duvidoso, e não saberíamos mesmo, como eu já disse, formar dele nenhuma ideia verdadeira. Portanto, é a existência e a eternidade do ser material que são demonstradas pelo argumento sobredito, e não a existência nem a eternidade de um pretenso ser imaterial e divino que não se conhece e do qual não se saberia nem mesmo formar alguma ideia verdadeira. E, por consequência, a resposta sobredita é manifestamente vã e frívola.

5º – Ela é vã porque supõe que se queira duvidar da eternidade do ser material ou que se queira duvidar de que ele sempre tenha existido; duvidar também de que nem ao menos ele tenha sido possível, e que não tenha sido sempre possível existir por si mesmo independentemente de toda outra causa.

Digo *primeiramente* que se possa duvidar apenas de que ele não tenha ao menos sempre sido possível, pois se ele não tivesse sido possível, é evidente que ele jamais teria podido ser nem existir como ele faz; e se ele não tivesse sempre sido possível, é evidente também que ele não teria podido ser nem existir como ele faz – pois é claro e evidente que o que não é possível em si mesmo não pode jamais existir nem se tornar possível.

Em *segundo lugar*, digo também que se possa duvidar apenas de que ele não tenha sempre sido possível bastando-se a si mesmo e independentemente de toda outra causa:

1 – porque, sendo o primeiro ser, como foi suficiente e anteriormente demonstrado, não poderia depender na sua possibilidade de nenhuma outra causa.

2 – porque as coisas que são possíveis ou aquelas que são impossíveis não inferem sua possibilidade ou sua impossibilidade do poder arbitrário de nenhuma causa estrangeira como poderia se imaginar, mas elas inferem apenas delas mesmas, e como do fundo da sua própria natureza, sua possibilidade ou sua impossibilidade. De modo que não existe nenhuma causa estrangeira que possa a seu bel-prazer ou conforme a sua vontade tornar possível o que é absolutamente impossível, nem tornar absolutamente impossível o que é possível.

(...)

69

Da mesma maneira, as primeiras e fundamentais verdades são eternas e não dependem de nenhuma outra causa

De certo modo, ocorre o mesmo com a independência e a eternidade de algumas primeiras e fundamentais verdades, que são de tal maneira necessárias e imutáveis em si mesmas e para si mesmas que não há nenhum poder que seja capaz de fazê-las mudar de natureza, isto é, que seja capaz de torná-las falsas ou de impedir que elas não sejam verdadeiras.

Tais são, por exemplo, essas verdades aqui: dois e dois são quatro, três vezes quatro são doze, quinze e cinco fazem vinte... etc. O todo é maior que sua parte. Um triângulo possui três ângulos. Uma coisa não pode ser e não ser ao mesmo tempo. Tudo o que é efetivamente é possível. Nada disso que se pode fazer não é impossível. E ninguém não pode fazer o que não é absolutamente possível – e várias outras proposições semelhantes que são do mesmo modo verdadeiras em sua natureza e que elas não podem nunca ser falsas. Pois não é possível que dois e dois não sejam quatro, que três vezes quatro não sejam doze; não é possível que o todo não seja maior do que sua parte... etc. Não se pode negar nem pôr em dúvida esses modos de ser das primeiras e fundamentais verdades, a menos que se queira renunciar inteiramente a todas as luzes da razão e que se queira rejeitar todo o raciocínio humano, pois tais verdades são conhecidas por si mesmas e não têm necessidade de nenhuma prova, sendo elas próprias mais claras e mais certas do que todas as outras provas. É certo e indubitável, claro e evidente, que essas verdades são eternas, que elas são necessárias, e que elas são mesmo tais independentemente de todo outro poder.

(...)

Mas pode-se objetar, talvez, aqui contra o que venho dizer da independência, da possibilidade e da existência atual do ser material, que uma casa, por exemplo, que uma cidade, que um homem, que um cavalo, que uma árvore, que um relógio... etc., são coisas que são possíveis independentemente de todo poder humano, e, no entanto, que elas apenas poderiam existir dependendo de algumas outras causas que as fazem existir ou que lhes dão a existência.

Uma casa, por exemplo, um castelo, uma cidade, não poderiam existir por si mesmos, a menos que operários os fizessem. Um homem, um cavalo, uma árvore, ou uma determinada planta ou um animal qualquer que pudessem ser, não poderiam ter sua existência a partir de si mesmos e eles não existiriam de maneira alguma se eles não fossem engendrados ou produzidos por algumas outras causas; e, por consequência, poder-se-ia dizer, embora o ser material e sensível seja possível por si mesmo e que ele tenha mesmo sempre sido possível independentemente de todo poder – não se segue que ele devesse da mesma forma, nem que ele pudesse ter por si próprio a sua existência, uma vez que nós vemos todos os dias que coisas que são possíveis por si próprias não poderiam, entretanto, ter sua existência por si mesmas.

Mas é fácil responder a isso, uma vez que é visível que as coisas possíveis alegadas acima, por exemplo, e todas as outras coisas semelhantes, são quanto à sua *forma* apenas obras de arte ou obras da Natureza, que têm seu começo e seu fim; e deste ponto de vista não se pode negar que elas não dependem efetivamente da arte ou da Natureza, ou seja, do ser material que as formou. Mas, quanto à sua *substância*, que permanece sempre sob alguma forma que se possa ser, elas são apenas certamente porções do ser material e sensível, e porções deste ser eterno que eu disse ter por si mesmo sua possibilidade e sua existência; deste ponto de vista podemos dizer somente que elas não são obras de arte nem obras da Natureza, nem que sejam realmente novos seres, já que são sempre as mesmas porções do ser material e sensível e do ser eterno que aparecem sob novas formas e figuras. O que ocorre ainda, não por nenhuma força ou poder estrangeiro, mas pelo único poder e força movente da própria Natureza, isto é, do ser material, que, pelo seu movimento natural, encontra em si mesmo todas as maneiras de ser, todas as formas e figuras em diversas ocasiões, e que pelas suas diversas modificações e configurações das suas partes, assim como pelos seus diversos movimentos e agitações ou trepidações, inspira ou dá aos homens a habilidade das artes e das ciências, aos animais os instintos e as inclinações que lhes convêm, e às plantas, assim como às outras coisas inanimadas, todas as virtudes e todas as propriedades que nelas se encontram. De onde é claro e evidente que a pretensa objeção é ineficaz contra o que eu disse no tocante à independência da possibilidade e da existência eterna do ser material e sensível.

Todos esses raciocínios, que são tirados dos princípios da metafísica, são inteiramente demonstrativos no seu gênero, mas é preciso um pouco de aplicação de espírito para neles ver perfeitamente a evidência. Mas retornemos ao nosso princípio.

Nós vimos claramente, como eu disse, que há um mundo; esse mundo é o ser material e sensível que demonstrei ser não somente possível por si mesmo, independentemente do poder e da vontade de qualquer outro ser, mas que eu demonstrei também ter por si mesmo sua existência independentemente do poder e da vontade de qualquer outro ser. E, sendo assim, é preciso concluir necessariamente que o mundo sempre existiu, ao menos quanto à sua substância; tanto é assim que, se ele não tivesse sempre existido quanto à sua substância, ele jamais poderia ter se dado o ser nem a existência quando ele não tivesse existido; e como vemos no momento que ele é, e que não podemos dele duvidar de forma alguma, é preciso concluir necessariamente que ele sempre existiu, ao menos como eu disse: quanto à sua substância.

(...)

70

A criação é impossível e nada não pode ter sido criado

Primeiramente, com respeito a este pretenso poder de criar, eu provo que ele não pode existir, pois criar é fazer alguma coisa do nada. Ora, não há poder que possa fazer alguma coisa do nada: portanto, não existe poder de criar. Eu sei bem que se responde ordinariamente que não existe efetivamente poder criado e limitado que possa fazer alguma coisa do nada, mas que um poder incriado e infinito, como o de um Deus todo-poderoso, pode fazer alguma coisa do nada; e, por consequência, que ele pode criar. Porém, além desta resposta não satisfazer, visto que ela supõe de forma gratuita e sem fundamento o que está em contestação, provo que não existe absolutamente nenhum poder que possa fazer alguma coisa do nada. Eis como eu provo:

Não pode haver nenhum poder de criar ou de fazer alguma coisa do nada, do mesmo modo que não existiria alguma coisa que pudesse ter sido criada ou ter sido feita do nada; isso é indubitável. Ora, não há nenhuma coisa que possa ter sido criada ou ter sido feita do nada, portanto... etc.

Eu provo a segunda proposição deste argumento, que só pode ser negada. Se houve alguma coisa que pôde ter sido criada ou ter sido feita do nada, esta seria, por exemplo: o tempo, o lugar, o espaço, a extensão da matéria; pois, se estas coisas e nenhuma destas coisas não podem efetivamente ter sido criadas e feitas do nada, será fácil ver que não há nada de criável, uma vez que não existe verdadeiramente nenhuma outra coisa na Natureza além do tempo, do lugar, do espaço, da extensão e da matéria que se possa pensar ter sido criadas ou poder ser criáveis (Pois eu não falo aqui disso que se chama ordinariamente de *espíritos* ou *substâncias espirituais*; pois, como essas pretensas substâncias não são e não seriam mesmo possíveis, como demonstrarei na sequência, elas não podem ter sido criadas nem, por consequência, ter sido feitas do nada). Ora, eu faço ver que nem o tempo, nem o lugar, nem o espaço, nem a extensão, nem mesmo a matéria não são de forma alguma criáveis e não podem ter sido feitas do nada. Portanto, não há poder que possa criar e fazer alguma coisa do nada. Começo então pelo tempo, que eu nomeei primeiro, e provo que ele não é criável, isto é, que ele não pode ter sido criado. Eis como eu me ocupo disso:

Se o tempo fosse alguma coisa de criável e se ele tivesse mesmo sido criado, como pretendem os nossos deícolas, ele não poderia certamente ter sido criado senão por um ser que o tivesse precedido; pois, se este ser não o tivesse precedido, como ele teria podido criá-lo? E se o precedeu, este pôde ser apenas pelo próprio tempo que ele teria precedido, pois dizer que ele o teria precedido pela eternidade e não pelo tempo é uma pura ilusão, já que a eternidade não é outra coisa senão uma continuidade perpétua de tempo, que é sem começo e sem fim. E, assim, dizer que ele teria sido precedido pela eternidade é concordar sem pensar sobre isso mais que do se teria desejado, pois é dizer que ele o teria precedido por um tempo infinito, ou seja, por um tempo que nunca teve começo e, por consequência, que jamais poderia ter sido criado nem ter sido precedido por nenhuma causa. Pois é claro e evidente que nada não pode preceder o que nunca teve começo – o que é justamente o que se queria provar.

Se dissermos que ele não o teria precedido senão por um tempo limitado, equivalente, por exemplo, à duração de alguns dias, de alguns meses ou de alguns anos, isso não é possível de modo algum:

1º – Porque é repugnante que um pretenso criador soberano de todas as coisas, que se supõe necessariamente ser eterno, tenha precedido suas criaturas e suas obras apenas alguma quantidade de tempo equivalente a algum número finito de dias e de anos. Pois, se ele os tivesse precedido somente de um certo tempo, ele teria tido necessariamente um começo a partir de si mesmo; se ele tivesse tido um começo a partir de si mesmo, ele não poderia ter sempre existido; e se ele não tivesse sempre existido, ele não poderia ser eterno, como se supõe. E não somente ele não poderia ser eterno, mas ele não poderia mesmo jamais ter começado a ser porque, não tendo sempre existido, ele não teria podido se dar o ser quando ele não o tivesse, nem o receber de um outro, porque não haveria nada capaz de lhe dar o ser. Assim, podemos dizer que o tempo foi criado por um ser que não o teria precedido senão por algum espaço de tempo limitado e finito.

Em segundo lugar, digo que se este pretenso ser criador do tempo tivesse precedido o tempo somente por algum espaço de tempo limitado e finito, seria preciso que este espaço de tempo limitado e finito não tivesse sido necessariamente criado, uma vez que ele precederia a criação do próprio tempo. Pois, se ele também tivesse sido criado por si mesmo, ele não precederia absolutamente a criação do tempo, mas somente a criação de um determinado tempo que teria em seguida sido criado; ou, se quisermos que este espaço de tempo tenha também sido criado por si mesmo, o argumento retorna com toda a sua força, e eu digo que ele não pode ter sido criado senão por um ser que o tivesse precedido, e que o tivesse mesmo precedido por algum espaço de tempo; e se quisermos que esse tempo ainda tenha sido criado e assim outros, será preciso, portanto, remontar necessariamente até o infinito e admitir criações infinitas de tempo umas após outras, e admitir um criador que os teria precedido a todas, o que repugna inteiramente a razão, já que nada pode preceder tempos que seriam infinitos.

Por outro lado, seria ainda preciso admitir a cada momento de tempo novas criações de tempos, pois como o tempo está essencialmente num fluxo contínuo e que não há somente duas partes de tempo, por menor que elas sejam, que possam ser ou existir simultaneamente, será necessário a cada instante imperceptível de tempo admitir novas criações de tempo – o que seria ridículo e absurdo dizer. Ou, se ao contrário, pretendermos que este ser que teria criado o tempo o teria precedido por um tempo que não teria sido criado, é inútil, portanto, querer supor um criador do tempo, uma vez que seria preciso reconhecer necessariamente um tempo que não tivesse sido criado e que não tivesse podido de forma nenhuma ter sido criado. Pois, se há um tempo do qual se possa dizer que ele nunca foi criado, é preciso dizer também que não há nenhum tempo que possa ter sido criado, porque não há tempo mais criável ou menos criável um em relação ao outro, já que eles são todos da mesma natureza.

2º – O tempo não poderia ter sido criado senão por uma causa que o teria precedido, como estou dizendo; ora, nada pode ter precedido o tempo: portanto, nada pode ter criado o tempo.

Que nada possa ter precedido o tempo, eis a prova:

Se alguma coisa pudesse ter precedido o tempo, esta coisa ou este ser que o teria precedido seria antes o tempo e não seria antes o tempo; o que, sendo contraditório, é evidente que isso não pode ter ocorrido. Ele seria antes do tempo, visto que ele o teria precedido, como supomos; e, no entanto, ele não seria antes do tempo, uma vez que ele não poderia ser antes do tempo sem o próprio tempo, que seria necessariamente tão antigo quanto ele.

Poderíamos dizer talvez que este ser criador do tempo não o teria precedido senão por uma prioridade da natureza e não por uma prioridade de tempo. E assim, embora um não seja antes do outro, no que concerne ao tempo, entretanto um pode ser a causa do outro, e, por consequência, um poderia ter criado o outro. Como, por exemplo, embora o sol e sua luz não estejam um antes do outro no tocante ao tempo, entretanto, isso não impede que o sol não seja a causa da sua luz, pois é o sol que produz ou que faz a luz do dia.

A isso eu respondo que se o pretenso ser criador do tempo apenas precede o tempo como uma prioridade de natureza e não como uma prioridade de tempo, é preciso que o tempo e que o suposto criador do tempo sejam tão antigos um quanto o outro no que diz respeito ao tempo, ou seja, que ambos sejam eternos, uma vez que o pretenso criador seria eterno. Do mesmo modo que no exemplo proposto do sol e da sua luz, é preciso que o sol e sua luz sejam tão antigos um quanto o outro e que se o sol é eterno, é preciso igualmente que sua luz seja eterna, supondo que um não preceda o outro senão como prioridade da natureza. Ora, se o tempo e o suposto criador do tempo são eternos, eles não podem ter tido começo, nem um, nem outro: o que não pode ter tido começo não pode ter sido criado. Portanto, se o tempo é eterno ou coeterno com o seu pretenso criador, como seria necessário supor, ele não pode ter sido criado; e assim, não há criador para o tempo; o que se prova ainda de maneira evidente mediante um outro raciocínio que veremos a seguir.

Se o tempo fosse criável e se ele efetivamente tivesse sido criado, seria preciso que ele fosse nele mesmo alguma coisa de real e de particular, distinto de qualquer outro ser. Pois a criação deveria necessariamente se limitar a alguma coisa de real, isto é, a algum ser particular que seja feito do nada, pois é impossível conceber que haja alguma criação quando nada se faz do nada. Se então o tempo foi verdadeiramente criado, é necessário que ele seja alguma coisa de real e de particular, que ele fosse feito do nada e que fosse distinto de qualquer outro ser.

Eu digo distinto de qualquer outro ser porque é evidente que o tempo não é, por exemplo, o que nós chamamos de céu ou de terra, nem nenhum ser particular daqueles que estão restritos entre o céu e a terra, pois nós não diremos, por exemplo, que as pedras, que as plantas, nem que os homens ou os outros animais sejam o tempo. Ademais, esses seres têm em si alguma consistência permanente, todas as suas partes podem subsistir e subsistem juntas no presente. Mas o tempo passa continuamente e nenhuma dessas partes pode subsistir com uma outra. O passado, por exemplo, não pode ser com o presente, nem o presente com o futuro, e mesmo o presente é breve e tão curto que ele não é antes, que ele não cessa de ser; é como um ponto indivisível que é sem nenhuma extensão. Por outro lado, concebe-se facilmente que todos os seres particulares poderiam não ser e cessar de ser; por exemplo, concebe-se facilmente que as pedras, que as plantas, que todos os animais e todas as outras coisas semelhantes poderiam não ser e cessar de ser. Concebe-se mesmo facilmente que o céu e a terra poderiam não ser e cessar de ser o que eles são. Mas não é possível conceber que não haja tempo, e que o tempo possa acabar e cessar de ser; e em algum ponto que se possa supor que ele teria acabado ou começado, há necessariamente um antes que precederia o começo, e um depois que seguiria o fim. Ora, este antes e este depois marcam necessariamente uma diferença de tempo, e, se há diferença de tempo, há, portanto, tempo, pois não haveria diferença de tempo lá onde não houvesse tempo. De onde se segue que se o tempo é uma coisa criável, isto é, um ser que possa ter sido criado, é preciso que este seja um ser real e particular e que seja distinto de qualquer outro ser.

É o que eu mostro como evidente com este argumento. Se o tempo fosse um ser real que não fosse distinto dos outros seres, as propriedades do tempo poderiam convir com as dos outros seres; e igualmente as propriedades dos outros seres poderiam convir com as do tempo, pois, segundo a máxima dos filósofos, *as coisas que são da mesma natureza com uma terceira, são da mesma natureza entre elas.*

Portanto, se o tempo e outros seres são da mesma natureza entre eles, é preciso também que as propriedades do tempo possam convir com as dos outros seres; e, do mesmo modo, que as propriedades dos outros seres possuam convir com as do tempo. Ora, é evidente que as propriedades do tempo não podem convir com as dos outros seres, nem as propriedades dos outros seres convir com as do tempo. Logo, se o tempo é um ser real capaz de ter sido criado, é preciso que ele seja um ser real e particular distinto de qualquer outro ser.

1º – Que as propriedades do tempo não possam convir com as dos outros seres. Aqui está a prova evidente disso: as propriedades do tempo podem ser divididas em passado, presente e futuro; podem ser divididas em séculos, anos, dias, horas e momentos; ora, não há nenhum ser como o tempo que possa ser dividido dessa forma; pois as propriedades do tempo não podem convir com as de nenhum outro ser além do tempo.

2º – As propriedades dos outros seres não podem convir com as do tempo. Eis a prova disso: todos os outros seres são corporais, ou espirituais no sentimento dos nossos deícolas, isto é, corpo ou espírito; as propriedades do corpo podem ser divididas em três dimensões, a saber, comprimento, largura e profundidade, ser impenetrável e demarcado por algumas figuras. Ora, o tempo não pode ser demarcado por nenhuma figura, pois não se pode dizer que ele seja redondo ou quadrado ou triangular; não se pode dizer também que ele seja mole ou duro, como o corpo, nem que ele possa ter as três dimensões do corpo; pois, embora se possa dizer num certo sentido que ele é curto ou que ele é longo, não se pode, entretanto, dizer que ele seja largo ou estreito, nem que ele seja fino ou grosso. Assim, as propriedades do corpo não podem convir com as do tempo, do mesmo modo que as propriedades do tempo não podem convir com as do corpo.

Do mesmo modo, as propriedades do espírito (se, todavia, o que se chama *espírito* for distinto do corpo) são substâncias imateriais capazes de pensar e de querer, de conhecer e de sentir o bem e o mal. Ora, o tempo não é uma substância imaterial, nem material; não é uma substância capaz de pensar e de querer, nem capaz de sentir o bem ou o mal. Portanto, se o tempo é um ser real, é preciso que este seja necessariamente um ser distinto do corpo e do espírito, e distinto de todos os outros seres particulares. Ora, não é possível conceber que o tempo possa ser algum outro ser real e particular; pois não é uma coisa que possa ter sido criada.

Contudo, é preciso observar que o tempo não é inteiramente um nada e um não-ser, pois o nada não tem nenhuma propriedade como nós vimos que o tempo tem várias, do mesmo modo que observamos acima. Os anos, por exemplo, as horas e os momentos, que são as partes do tempo, não são inteiramente nadas, uma vez que nós os contamos todos os dias e que eles se multiplicam todos os dias; e se eles não são nadas, é necessário então que eles sejam alguma coisa, e alguma coisa, entretanto, que não tenha sido criada e que não é criável, já que existem apenas seres reais que se possa supor que eles tenham sido criados ou que podem ser criados.

O que então poderia ser o tempo, uma vez que ele não é um nada e que ele não é nenhum ser real, positivo e substancial? Se nós pensarmos bem nele, nós encontraremos infalivelmente que o tempo não pode ser outra coisa que uma duração, de modo que é propriamente a duração que faz o tempo, e é apenas relativamente à brevidade ou ao comprimento da duração que se diz que o tempo é curto ou que ele é longo; do mesmo modo, é somente pelas diferentes divisões que são feitas as partes desta duração, que se conta em horas, dias, anos e séculos.

Mas como esse limite da *duração*, ou do *durar*, não se diz e não se pode dizer senão desse que é e desse que dura efetivamente, e que o que é o que dura efetivamente não pode ser sem sua duração, nem a duração sem o que dura, e que, por outro lado, esse não é a duração das coisas que começam e que terminam que faz o tempo, já que o tempo não deixaria de ser antes do seu começo e que ele não deixa de ser depois do seu fim – de onde se segue que existe apenas a duração de um ser estável e permanente que possa fazer o tempo.

E como há apenas o primeiro ser como estável e permanente, e que há apenas esse primeiro ser como algo sem começo e sem fim, e que, por outro lado, esse primeiro ser jamais pôde ser sem sua duração, nem sua duração sem ele – segue-se daí que sua duração contínua faz precisamente o que nós chamamos de tempo.

Assim, o tempo não é um ser que possa ser criado, e, por consequência ainda, não existe criador para o tempo, assim como para o primeiro ser, que ninguém, sem dúvida, não pode dizer que foi criado.

(...)

71

O ser ou a matéria, que são somente uma mesma coisa, não pode ter senão por si mesmo a sua existência e o seu movimento

Mas prossigamos com os nossos pensamentos, e nos esforcemos sempre para nada dizer que não seja sustentado por razões sólidas. É uma dificuldade conhecer o princípio do movimento e saber como a matéria pode se mover. Os deícolas sustentam que ela não pode de modo algum se mover por si mesma.

"É evidente, *diz um de nossos famosos deicristícolas,*[9] que todos os corpos, grandes ou pequenos, não têm força para se pôr em movimento; uma montanha, por exemplo, uma casa, uma pedra, um grão de sal, enfim, o menor ou o maior dos corpos que se possa conceber não tem força para se colocar em movimento. Nós temos apenas dois tipos de ideias, ideias de espírito e ideias de corpo, e

9 Mais um neologismo jocoso de Meslier em alusão aos seus adversários. Ao que tudo indica, *deicristícolas* significa aqui uma junção das noções de deícolas com cristícolas, ou seja, cristãos com uma concepção mais racional de divindade (N. T.).

devemos dizer somente o que nós concebemos, devemos raciocinar somente segundo essas duas ideias" (*Busca da Verdade*, Tomo II). "Assim, *diz ele*, uma vez que a ideia que nós temos de todos os corpos nos faz conhecer que eles não podem se pôr em movimento, é preciso concluir que são os espíritos que os colocam em movimento. Porém, *ele prossegue*, quando se examina a ideia que se tem de todos os espíritos finitos e limitados, não se vê ligação necessária entre sua vontade e o movimento de qualquer corpo que seja; vemos, ao contrário, que não há essa ligação e que não pode haver; devemos então concluir, se quisermos raciocinar logicamente, segundo as luzes da razão, que não há nenhum espírito criado que possa pôr em movimento qualquer corpo que seja, do mesmo modo que dissemos que nenhum corpo poderia pôr-se a si mesmo em movimento.

Não somente os corpos, *diz ele*, não podem ser as causas verdadeiras do que quer que seja, mas também os espíritos, mesmo os mais nobres, estão numa impotência semelhante; eles não podem conhecer nada se Deus não os esclarece; eles não podem sentir nada se Deus não os modifica; e eles só são capazes de querer alguma coisa porque Deus os move em direção ao bem geral, isto é, em direção a ele. Eles podem determinar a ação que Deus lhes imprime em direção a outra coisa além dele; mas eu não sei, *acrescenta*, se isso pode ser chamado de poder. Se poder pecar é um poder, isso será um poder que o todo-poderoso não tem, diz em alguma parte santo Agostinho. Se os homens, *continua esse mesmo autor*, contém neles o poder de amar o bem, poderíamos dizer que eles teriam algum poder, mas os homens só podem amar porque Deus quer que eles amem e que sua vontade é eficaz.

"É verdade, *continua ainda este autor*, que nós colocamos em movimento os nossos braços quando queremos, mas não somos as verdadeiras causas desse movimento, pois, como poderíamos pôr em movimento os nossos braços? Para pô-los em movimento, é preciso ter espíritos animais, enviá-los por determinados nervos em direção a determinados músculos para fazê-los inchar e os fazer reduzir ou estender, pois é assim que os braços que estão a eles ligados se põem em movimento, ou, segundo o sentimento de alguns outros, não se sabe ainda como isso se faz; vemos então que os homens que não sabem se eles têm somente espíritos, nervos e músculos, fazem mover seus braços e suas pernas com mais habilidade e facilidade do que aqueles que conhecem melhor a anatomia. É por isso, *conclui o autor*, que os homens querem movimentar os seus braços ou as suas pernas, e que há apenas Deus que pode e que sabe colocá-los em movimento" (***Busca da Verdade***, livro VI).

Segundo esse sentimento, não seriam somente os corpos inanimados que não teriam força para se colocarem em movimento por si mesmos, mas todos os corpos; mesmo os mais animados encontrar-se-iam numa impotência semelhante, pois não se vê que haja ou que possa haver uma ligação necessária entre a ideia que nós temos de corpo e o seu movimento; não se vê, dizem, como um corpo grande ou pequeno seja capaz de se colocar em movimento por si mesmo. Eis toda a prova que o autor que eu citei fornece e que poderia fornecer do seu sentimento no tocante ao movimento dos corpos. É antes curioso que nem ele, nem nenhum outro, não tenha grandes provas a fornecer disso que eles dizem, e que eles não veem, no entanto, que haja nenhuma extravagância nem nenhum absurdo em dizer que um corpo possa se mover a si mesmo; pois, se algum dos nossos deícolas pudesse observar alguma extravagância ou algum absurdo nisso, eles não teriam, sem dúvida, deixado de observar. E assim, não tendo observado nenhuma extravagância ou absurdo, eis uma prova bastante evidente de que não há efetivamente nenhum equívoco nisso. (...)

De onde se conclui evidentemente que a matéria tem nela mesma seu ser e seu movimento, e que ela não pode ter sido criada, assim como o tempo, o lugar, o espaço e a extensão.

(...)

72

É ridículo e absurdo dizer que um ser que seria todo-poderoso e infinitamente perfeito não teria, no entanto, nenhuma perfeição visível e sensível

Passemos a outros argumentos. Deus, no sentimento dos nossos deícolas, é um ser que é, como já disse, todo-poderoso, eterno, infinitamente bom, infinitamente sábio e infinitamente perfeito em todas as espécies de perfeição, que está presente em toda parte, que vê tudo, que sabe tudo, que faz tudo, que sustenta tudo, que regula tudo e que dispõe de tudo como lhe agrada. De modo que não há nada, segundo o que eles dizem, que possa escapar do seu domínio nem ir de alguma maneira contra a ordem imutável que ele estabeleceu por toda parte pela sua onipotência e pela sua providência soberana.

O primeiro pensamento que se apresenta ao meu espírito a respeito de tal ser que se diz tão bom, tão belo, tão sábio, tão grande, tão excelente, tão admirável, tão perfeito e tão amável... etc., é que se existisse verdadeiramente um ser assim, ele apareceria tão claramente e tão visivelmente aos nossos olhos e ao nosso sentimento que ninguém poderia jamais duvidar da verdade da sua existência.

Mas, como esse pretenso ser tão soberanamente perfeito não se faz ver nem sentir, nem conhecer nenhuma parte sua de alguma maneira que seja, não há certamente nenhuma razão para dizer nem para crer que exista efetivamente tal ser; há, ao contrário, todos os motivos para crer e para dizer que ele não existe. Pois como um ser tão soberanamente perfeito e tão soberanamente bom e amável estaria por toda parte *sem que se possa vê-lo nem perceber em nenhuma parte alguma das suas soberanas perfeições*? Certamente, um ser que não é visível nem sensível em nenhuma parte não pode ser soberanamente belo, nem soberanamente bom, nem soberanamente amável, e não pode ser soberanamente perfeito, pois, quanto maiores forem as perfeições naturais de um ser, mais elas serão visíveis e sensíveis, semelhantes nisso a uma luz que, quanto maior ela for, mais ela será visível e sensível, ou semelhante a um calor que, quanto maior ele for, mais ela se fará sentir. Portanto, já que não se vê e que não se percebe em nenhuma parte este ser a respeito do qual se diz ser soberanamente perfeito, e que não se vê nem se percebe em nenhuma parte nenhuma das suas pretensas soberanas perfeições que lhe são atribuídas, não há nenhuma razão para crer nem para dizer que exista verdadeiramente um tal ser. Este argumento, que é inteiramente simples e natural, só nos permite concluir muito evidentemente pela negativa desse pretenso ser divino do qual se diz ser soberanamente perfeito. (...)

Ora, é evidente que nossos supersticiosos deícolas caiam numa espécie semelhante de fanatismo quando eles sustentam a existência do seu Deus. Pois eles querem que esse Deus seja um ser infinitamente perfeito em todos os tipos de perfeições e que ele esteja presente em toda parte, e, entretanto, é evidente que nós não o vemos, que nós não o sentimos e que nós não o percebemos em nenhuma parte, e que não seríamos capazes mesmo de vê-lo, nem de senti-lo, nem de percebê-lo, nem de encontrá-lo em alguma parte. Portanto, trata-se de um grande erro e consiste mesmo numa espécie de loucura quererem sustentar, como eles fazem, que existe verdadeiramente um tal ser em toda parte. É como se eles quisessem sustentar que um sol que fosse infinitamente claro e luminoso não fosse, entretanto, visível em nenhuma parte; ou como se eles quisessem sustentar que existiria verdadeiramente um sol infinitamente claro e luminoso no lugar em que não se veria nenhuma claridade nem nenhuma luz: parece-me que não existiria nenhuma pessoa de bom senso que fosse capaz de querer sustentar essas ou outras coisas semelhantes. Contudo, é o que fazem todos os dias nossos deícolas quando eles sustentam a existência presente do seu Deus infinitamente perfeito e onipresente, embora não possamos vê-lo nem percebê-lo, nem senti-lo, nem encontrá-lo ou achá-lo em nenhuma parte. Pois é como se eles dissessem que haveria por toda parte um sol infinitamente claro e luminoso embora ele não fosse visível em nenhuma parte; é, digo, como se eles o dissessem. Pois, do mesmo modo que seria contra o bom senso dizer que um sol infinitamente claro e luminoso não seria visível em nenhuma parte, do mesmo modo é contra o bom senso dizer que um ser infinitamente perfeito e onipresente não seria, entretanto, visível nem sensível em nenhuma parte, e do mesmo modo haveria absurdo em dizer que haveria um sol perfeitamente claro e luminoso lá onde não veríamos nenhuma claridade nem nenhuma luz, como haveria também absurdo em dizer que existiria um ser infinitamente perfeito lá onde não veríamos e lá onde não poderíamos ver nem perceber nenhuma dessas pretensas perfeições.

(...)

73

Os males, as misérias, os vícios e as maldades dos homens mostram claramente que não existe ser todo-poderoso, infinitamente bom e infinitamente sábio que possa impedi-los ou remediá-los

Mas retornemos ao nosso pretenso ser soberanamente perfeito. Se ele fosse verdadeiramente tal como nossos deícolas o dizem, ele seria indubitavelmente, infinitamente bom e infinitamente sábio; não podemos negar esta consequência. Ora, é evidente que não existe um ser que seja infinitamente bom e infinitamente sábio. Portanto, não existe um ser que seja soberanamente e infinitamente perfeito, e, por consequência, que não existe o que eles chamam de Deus.

Que não há um ser que seja infinitamente bom e infinitamente sábio, eis manifestamente a prova. É que, se existisse um tal ser, ele amaria perfeitamente o bem, a paz, a justiça, a virtude e a boa ordem em toda parte; e ele protegeria em todos os lugares os bons, os justos e os inocentes; e, ao contrário, ele odiaria infinitamente o mal, todos os vícios, todas as injustiças e todas as maldades, e puniria por toda parte os maus, pois, sendo todo-poderoso, como se supõe também, ele não se ausentaria de procurar por toda parte o verdadeiro bem e estabelecer e de manter por toda parte a boa ordem e a justiça. Do mesmo modo, se ele odiasse verdadeiramente todo o mal, todos os vícios, todas as injustiças e todas as maldades, sendo todo-poderoso, como venho dizendo, ele não deixaria de impedir por toda parte onde houvesse algum mal, algum vício, alguma injustiça, alguma desordem, ou ao menos ele não deixaria de punir todos aqueles que fizeram o mal ou que seriam maliciosamente causa de algum mal, porque é próprio da bondade e da sabedoria fazer todo o bem possível e impedir todo o mal que possa ser feito, como seria próprio de uma luz infinita espalhar a claridade por toda parte e dissipar por toda parte a obscuridade das trevas, e que seria próprio de um calor infinito se estender por toda parte e de expulsar por toda parte o frio. Pois, do mesmo modo que a luz é incompatível com as trevas e que o calor é incompatível com o frio, do mesmo modo também uma bondade e uma sabedoria infinitas são incompatíveis com todos os tipos de males, com todos os tipos de vícios, com todos os tipos de maldades, desordens e desregramentos. Não poderia existir então nenhum mal, nenhum vício, nenhuma maldade, nem nenhum desregramento ou desordem no mundo sob a direção, sob o poder e sob o governo de um ser todo-poderoso, se ele fosse, como dizem, infinitamente bom e infinitamente sábio, porque ele impediria por sua bondade e por sua sabedoria toda-poderosa, que qualquer mal se efetivasse, e que não se fizesse nenhuma injustiça, nem nenhuma maldade, nem nenhuma desordem. (...)

Portanto, como ocorre muito frequencia que os justos morram sem ter recebido nenhuma recompensa por suas virtudes nem por suas boas obras, e que os maus também morram muito frequentemente sem receber os castigos que eles mereciam pelos seus crimes e pelas suas maldades, segue-se que não existe soberana justiça nem para uns nem para outros, e, por consequência, que não existe um ser infinitamente perfeito, pois, se existisse verdadeiramente tal ser que fosse infinitamente perfeito, ele seria perfeitamente justo, e sendo perfeitamente justo, ele recompensaria os bons e puniria os maus. E como se vê manifestamente que os bons não são sempre recompensados e que os maus não são sempre punidos, isto é uma prova manifesta que não existe Deus tampouco um ser infinitamente perfeito para recompensar uns nem para punir outros como eles merecem.

*****

Kant

Tradução: Denílson Luis Werle

Biografia

Filósofo alemão, Immanuel Kant viveu entre 1724 e 1804 em sua pacata Konigsberg. Embora não tenha sido – nem mesmo de longe – um pensador ateu, Kant, um pietista de formação, demonstrou por meio de sua obra principal, *Crítica da razão pura*, de 1781, que a metafísica não consiste numa ciência, e que, portanto, seus objetos centrais de reflexão, como Deus, imortalidade da alma e livre arbítrio, não poderiam ser objeto de conhecimento. Segundo Kant, podemos pensá-los, mas não conhecê-los. O fato de se poder conceber racionalmente uma divindade não implicaria necessariamente a sua existência. Para construir uma filosofia moral, bastaria essa possibilidade de pensar Deus, nossa alma e nossa liberdade. Do ponto de vista cognitivo, não estamos seguros de que alguma coisa efetivamente corresponda às nossas ideias e toda tentativa de transcender os limites de nosso conhecimento resultaria numa espécie de ilusão.

Assim, se restringirmos suas reflexões à questão do conhecimento, Kant teria dado uma forte contribuição para mostrar que, no final das contas, o ser humano não pode conhecer a existência de Deus. Noutras palavras, embora se possa certamente pensá-la e, eventualmente, elaborar uma moral a partir dessa possibilidade, jamais se conseguirá provar a sua existência.

Crítica da Razão Pura

Da Impossibilidade de uma prova ontológica da existência de Deus

Do que até agora dissemos, vê-se facilmente que o conceito de um ser absolutamente necessário é um conceito puro da razão, isto é, uma simples ideia, cuja realidade objetiva está longe de ser provada pelo fato de a razão precisar dela; ele apenas dá uma indicação para uma certa perfeição, ainda que inacessível, e que na verdade serve mais para limitar o entendimento, do que expandi-lo a novos objetos. Encontra-se aqui algo estranho e paradoxal, de que a inferência de uma existência absolutamente necessária a partir de uma existência dada em geral parece ser imperiosa e correta, e que, não obstante, para formar um conceito de uma tal necessidade, temos todas condições do entendimento inteiramente contra nós.

Em todas as épocas falou-se sobre o ser absolutamente necessário, mas foram feitos muitos mais esforços para provar sua existência do que para entender se e como se pode pensar uma coisa desse tipo. Agora, uma definição nominal desse conceito é certamente muito fácil, a saber, que seja algo cujo não-ser é impossível. Mas com isso não ficamos mais sábios acerca das condições que tornam impossível considerar o não-ser de uma coisa como absolutamente impensável e que, na verdade, são aquilo que se quer saber, isto é, se afinal pensamos ou não algo por meio desse conceito. Pois descartar por meio da palavra *incondicionado* todas as condições que o entendimento sempre precisa para considerar algo como necessário, ainda não me permite, nem de longe, entender se por meio do conceito de algo incondicionalmente necessário ainda penso algo ou talvez não pense nada.

Ainda mais: acreditava-se poder explicar este conceito, lançado ousadamente à toa e que, por fim, se tornou tão familiar por meio de uma quantidade de exemplos, de modo que todas as perguntas ulteriores sobre sua inteligibilidade pareceram totalmente inúteis. Toda proposição da geometria, como, por exemplo, que um triângulo têm três ângulos, é absolutamente necessária, e assim fala-se de um objeto que está totalmente fora da esfera de nosso entendimento como se se entendesse perfeitamente o que se quer dizer com esse conceito.

Todos os exemplos propostos são, sem exceção, tirados apenas dos *juízos*, mas não das *coisas* e da sua existência. Contudo, a necessidade incondicionada dos juízos não é uma necessidade absoluta das coisas. Pois, a necessidade absoluta do juízo é apenas uma necessidade condicionada da coisa, ou do predicado no juízo. A proposição acima não dizia que três ângulos são absolutamente necessários, mas que, sob a condição de que um triângulo existe (está dado), também existem (nele) necessariamente três triângulos. Não obstante, a ilusão dessa necessidade lógica provou ser tão poderosa que, quando se tenha formado um conceito *a priori* de uma coisa que foi configurada de tal maneira que segundo seu sentido se apreende a existência junto com sua extensão, acreditava-se poder concluir seguramente que, pelo fato de que a existência corresponde necessariamente ao objeto desse conceito, isto é, sob a condição de que quando ponho essa coisa como dada (existente), sua existência também pode ser afirmada necessariamente (segundo a regra da identidade), e que, portanto, esse próprio ser é absolutamente necessário, porque sua existência é pensada junto com um conceito assumido arbitrariamente e sob a condição de que eu ponha seu objeto.

Se suprimir o predicado em um juízo de identidade e mantenho o sujeito, então surge uma contradição, e com isso digo: esse predicado pertence de modo necessário ao sujeito. Mas se suprimo o sujeito junto com o predicado, então não surge nenhuma contradição; pois não *existe mais nada* que possa ser contradito. Pôr um triângulo e suprimir os seus três ângulos é contraditório; mas suprimir o triângulo junto com seus três ângulos não é contraditório. O mesmo se passa com o conceito de um ser absolutamente necessário. Se suprimirmos sua existência, então suprimimos a própria coisa com todos os seus predicados; de onde poderia vir a contradição? Exteriormente não há nada que poderia contradizê-lo, pois a coisa não deve ser exteriormente necessária; internamente também não, porque suprimindo a própria coisa, suprimimos ao mesmo tempo tudo que é interior. Deus é onipotente; esse é um juízo necessário. A onipotência não pode ser suprimida se puserdes uma divindade, isto é, um ser infinito, que é idêntico ao seu conceito. Mas quando disserdes: *Deus não é*, então nem sua onipotência nem qualquer um de seus predicados são dados; pois foram suprimidos junto com o sujeito, e neste pensamento não se mostra a menor contradição.

Portanto, vistes que se suprimo o predicado de um juízo junto com o sujeito, uma contradição interna jamais pode surgir, qualquer que possa ser o predicado. Assim, não lhe resta saída a não ser dizer: há sujeitos que não podem ser suprimidos e, portanto, tem de permanecer. Mas seria o mesmo que dizer que há sujeitos absolutamente necessários; um pressuposto de cuja correção duvidei, e cuja possibilidade quisestes me mostrar. Pois não posso formar ao menos o conceito de uma coisa que, se fosse suprimida com todos os seus predicados, deixasse uma contradição, e sem a contradição tenho, por meio de meros conceitos puros *a priori*, nenhum indício de impossibilidade.

Contra todas essas inferências gerais (que nenhum ser humano pode recusar) podereis fazer-me a objeção por meio de um caso, que estabeleceis como uma prova por meio do fato, de que há, sim, um e na verdade só esse único conceito onde o não-ser ou a superação de seus objetos é em si mesma contraditória, e esse é o conceito de ser realíssimo. [aller-realesten Wesens]. Possui, direis, toda a realidade, e estais justificados em admitir tal ser como sendo possível (o que até agora consinto, embora um conceito que não se contradiz esteja longe de provar a possibilidade do objeto).[1] Agora em toda realidade está também compreendida a existência:

---

1 O conceito é sempre possível quando não contradiz a si mesmo. Esse é o critério lógico da possibilidade, e com isso seu objeto se distingue do *nihil negaivum*. Isolado ele não pode ser nada muito menos um conceito vazio quando a realidade objetiva da síntese por meio da qual o conceito é criado, não é estabelecida em particular. Mas como mostramos acima, sempre se apoia nos princípios da experiência possível e não nos princípios da análise (sobre o princípio da contradição). Esse é uma advertência para não deduzir imediatamente a possibilidade da coisa (real) a partir da possibilidade do conceito (possibilidade lógica).

portanto, a existência está contida no conceito de algo possível. Se essa coisa é suprimida, então a possibilidade interna da coisa é suprimida, o que é contraditório.

Respondo: já cometeis uma contradição quando no conceito de uma coisa, que quisestes apenas pensar segundo sua possibilidade, introduzis já o conceito de sua existência, oculto seja sob que nome for. Se voz concedermos isso, então aparentemente ganhais o jogo, mas de fato nada dissestes, pois cometestes uma simples tautologia. Pergunto-vos: a proposição *esta ou aquela coisa existe* (que vos concedo como possível, seja o que for a coisa) é uma proposição analítica ou sintética? Se for a primeira, por meio da existência da coisa não acrescentais nada ao vosso pensamento dessa coisa, mas então ou o pensamento, que está em vós, é a coisa mesma, ou assumistes como pressuposto uma existência como pertencente à possibilidade, e então inferistes de antemão a existência a partir da possibilidade interna, o que nada mais é que uma pobre tautologia. A palavra *realidade*, que no conceito da coisa soa diferente do que existência no conceito do predicado, não resolve a questão. Pois se denominardes realidade a tudo que for posto (deixando indeterminado o que pusestes) então já definistes no conceito de sujeito a coisa com todos os seus predicados, e a assumis como real, e somente reafirmais isso no predicado. Se, pelo contrário, reconhecerdes, como tem de reconhecer justamente todo ser razoável, que toda proposição existencial tem de ser sintética, como podereis afirmar que o predicado da existência não se deixa suprimir sem contradição? – uma vez que esse privilégio pertence particularmente às proposições analíticas, como algo vinculado ao próprio caráter destas.

Certamente, poderia esperar eliminar, sem mais rodeios, essa argumentação fantasiosa por meio de uma determinação mais precisa do conceito de existência, se não tivesse descoberto que a ilusão de confundir um predicado lógico com um predicado real (isto é, a de terminação de uma coisa) quase impede toda instrução. Qualquer coisa que se quiser pode servir de *predicado lógico*, inclusive o sujeito pode ser predicado a partir de si mesmo, pois a lógica abstrai de todo conteúdo. Mas a *determinação* é um predicado que vai além do conceito de sujeito e o amplia. Portanto, não precisa já estar incluída nele.

Ser não é, evidentemente, nenhum predicado real, isto é, um conceito de algo que possa se acrescentar ao conceito de uma coisa. É meramente a posição de uma coisa, ou de certas determinações em si mesmas. No uso lógico, é meramente a cópula de um juízo. A proposição *Deus é onipotente* contém dois conceitos que têm seus objetos: Deus e onipotência. A palavrinha *é*, não é mais um predicado nela, mas somente o que põe o predicado *em relação* ao sujeito. Agora, se tomar conjuntamente o sujeito (Deus) com todos os seus predicados (aos quais a onipotência também pertence), e digo: *Deus é* ou existe um Deus, então não acrescento um novo predicado ao conceito de Deus, mas apenas o sujeito em si mesmo com todos os seus predicados, e, na verdade, o *objeto* em relação ao meu conceito. Ambos têm de conter exatamente o mesmo, e por eu pensar esse objeto como dado absolutamente (pela expressão "ele é"), nada pode ser acrescentado ao conceito, que apenas expressa a possibilidade. E, assim, o que é real não contém nada mais do que o simplesmente possível. Cem táleres reais não contêm mais do que cem táleres possíveis. Pois, uma vez que os últimos significam o conceito e aqueles o objeto e sua posição em si mesmo, então, no caso do objeto conter mais do que o conceito, meu conceito não expressaria todo o objeto e, portanto, não seria o seu conceito adequado. Mas na minha condição financeira há mais com cem táleres reais do que no seu simples conceito (isto é, sua possibilidade). Pois com a realidade o objeto não está simplesmente contido no meu conceito analiticamente, mas é acrescentado sinteticamente ao meu conceito (que é uma determinação do meu estado), sem que por sua existência fora do meu conceito os próprios cem táleres pensados sejam minimamente aumentados.

Portanto, quando penso uma coisa por meio de quaisquer que sejam e quantos forem os predicados (mesmo na determinação completa), nada se acrescenta à coisa quando acrescento que a coisa *é*. Pois, de outro modo não existiria mais o mesmo, mas existiria mais do que pensei no meu conceito, e eu não poderia dizer propriamente que é o objeto do meu conceito que existe. Mesmo se pensar em uma coisa toda realidade, exceto uma, assim, não lhe acrescento a realidade que lhe falta ao dizer que uma tal coisa defeituosa existe, mas existe exatamente com as mesmas falhas tal como a pensei. De outro modo, existiria algo diferente do que havia pensado. Agora, se penso um ser como a mais elevada realidade (sem defeitos), ainda permanece a questão de saber se existe ou não. Pois, embora nada falte ao meu conceito do conteúdo real possível de uma coisa em geral, falta ainda algo na relação com todo meu estado de pensamento, a saber, que o conhecimento desse objeto também é possível *a posteriori*. Aqui se mostra também a causa da dificuldade reinante nessa questão. Se a questão fosse sobre um objeto dos sentidos, a existência da coisa não poderia ser confundida com o simples conceito da coisa. Pois, por meio do conceito o objeto é pensado como coincidindo com as condições universais de todo conhecimento empírico possível em geral; mas por meio da existência o objeto é pensado como contido no contexto de toda experiência. Pois, embora ao conceito do objeto não seja acrescentado nada com sua ligação com conteúdo de toda experiência, por meio dele ao nosso pensamento recebe a mais uma percepção possível. Se, pelo contrário, quisermos pensar unicamente a existência por meio da categoria pura, então não é nenhuma surpresa que não possamos apresentar nenhum indício para distinguir a existência da simples possibilidade.

Portanto, nosso conceito de um objeto pode conter o que e quanto queira, mas sempre teremos de sair dele para conferir-lhe existência. Com os objetos dos sentidos isso acontece por meio da ligação com alguma percepção minha segundo leis empíricas; mas para objetos do pensar puro não há nenhum meio para conhecer sua existência, pois teria de ser conhecida inteiramente *a priori*, mas nossa consciência de toda existência (seja imediatamente por meio da percepção ou por meio de inferências ligam algo com a percepção) pertence completa e inteiramente à unidade da experiência, e embora uma existência fora desse campo não possa ser considerada absolutamente impossível, é um pressuposto par ao qual não temos nada que possa justificá-lo.

O conceito de um ser supremo é uma ideia muito útil sob vários aspectos; mas, precisamente por ser apenas uma ideia, é completamente incapaz de, por si só, estender nosso conhecimento relativamente ao que existe. Não é nem mesmo capaz de instruir-nos sobre a possibilidade de algo mais. O caráter analítico da possibilidade, que consiste no fato de que meras posições (realidades) não produzem uma contradição, não pode, certamente, ser negado ao conceito de ser supremo. Porém, uma vez que a ligação de todas as propriedades reais em uma coisa é uma síntese, sobre cuja possibilidade não podemos ajuizar *a priori* porque as realidades não nos são dadas especificamente – e mesmo que isso acontecesse, não poderia haver um juízo em parte alguma porque o caráter da possibilidade de conhecimentos sintéticos tem de ser buscado sempre apenas na experiência, à qual, porém, o objeto de uma ideia não pode pertencer. Assim, o famoso Leibniz ficou longe de ter realizado aquilo pelo qual se orgulhava, a saber, ter conseguido conhecer *a priori* a possibilidade de um ser ideal tão sublime.

Portanto, perdeu-se todo esforço e trabalho na famosa prova ontológica (cartesiana) da existência de um ser supremo por meio de conceitos, e um ser humano não pode enriquecer os seus conhecimentos a partir de simples ideias assim como um mercador não pode enriquecer seus recursos quando, para melhorar sua situação, acrescenta alguns zeros ao seu livro de caixa.

Da impossibilidade de uma prova cosmológica da existência de Deus

Era algo completamente contrário à natureza e uma mera inovação dos escolásticos espirituosos, de uma ideia lançada completamente de modo arbitrário querer extrair a existência de seu objeto correspondente. De fato, nunca se teria tentado esse caminho se não tivesse existido previamente a necessidade de nossa razão admitir algo necessário para a existência em geral (na qual se pudesse parar na ascensão), e se a razão não fosse obrigada, uma vez que essa necessidade tem de ser incondicionada e certa *a priori*, a buscar um conceito que, se possível, fosse suficiente para satisfazer essa exigência e desse a conhecer uma existência inteiramente *a priori*. Acreditava-se encontrar esse conceito somente na ideia do ser realíssimo, e, portanto, era usado somente para provar um conhecimento mais determinado daquilo de que já se estava, por outras razões, convencido ou persuadido de que teria de existir, a saber, o ser necessário. Contudo, esse curso natural da razão foi encoberto, e em vez de terminar nesse conceito, busca-se começar dele para derivar a necessidade da existência, mas que, porém, esse conceito apenas estava determinado a completar. Disso surgiu a infeliz prova ontológica, que não leva a nada de satisfatório nem para o entendimento natural e saudável nem para a correta demonstração escolar.

A *prova cosmológica*, que queremos agora examinar, mantém a ligação da necessidade absoluta com a realidade suprema, mas, ao invés de partir, como a anterior, da realidade suprema para inferir a necessidade na existência, ela antes infere da necessidade incondicionada de um ser qualquer (dada previamente) a sua realidade ilimitada, e com isso conduz tudo ao trilhos de um tipo de inferência, não sei se racional ou sofístico, que é ao menos natural, que traz consigo maior persuasão não apenas par ao entendimento comum mas também para o entendimento especulativo; como também traça visivelmente as primeiras linhas fundamentais para toda as provas da teologia natural, linhas que são sempre seguidas e sempre serão seguidas, ainda que se possa querer sempre adorná-las e escondê-las sob floreios e arabescos. Essa prova, que Leibniz também chamou de a prova *a contingentia mundi*, queremos agora expor e examinar.

O argumento diz o seguinte: se algo existe, deve também existir um ser absolutamente necessário. Ora, pelo menos eu existo; logo, existe um ser absolutamente necessário. A premissa menor contém uma experiência e a maior infere da experiência em geral a existência do necessário.[2] Portanto, a prova começa com uma experiência. Consequentemente, não é conduzida inteiramente *a priori* ou ontologicamente, e porque o objeto de toda experiência possível se chama mundo, é, portanto, denominada prova *cosmológica*. Uma vez que abstrai também de toda propriedade particular dos objetos da experiência, por meio dos quais esse mundo poderia ser distinguido de qualquer outro mundo possível, a prova cosmológica pode ser diferenciada, na sua designação, da prova físico-teológica, que usa, como razões de prova, observações sobre a constituição particular de nosso mundo sensível.

Agora, além disso, a prova infere: o ser necessário pode ser determinado somente de uma única maneira, isto é, em vista de todos os predicados opostos possíveis, somente por meio de um deles. Consequentemente, tem de ser determinando *inteiramente* por meio de seu conceito. Agora, somente um único conceito de uma coisa é possível que a determina inteiramente *a priori*, a saber, o de *entis realissimi*; portanto, o conceito de do ser realíssimo é o único por meio do qual pode ser pensado um ser necessário, isto é, que necessariamente existe um ser supremo.

Nesse argumento cosmológico reúnem-se tantos princípios sofísticos, que a razão especulativa parece ter desdobrado aqui toda sua arte dialética de modo a produzir a máxima ilusão [Schein] transcendental possível. Por algum momento, vamos deixar de

2 Essa inferência é demasiado conhecida para ser necessário apresentá-la aqui em seus detalhes. Sustenta-se na suposta lei natural transcendental da causalidade de que todo contingente possui uma causa, que, se por sua vez é contingente, tem de ter do mesmo modo uma causa, até a série de causas subordinadas umas às outras tenha de terminar com uma causa absolutamente necessária, sem a qual não teria nenhuma completude.

lado seu exame para tornar visível apenas a astúcia pela qual propõe, sob uma forma disfarçada, um argumento velho como sendo um novo e recorre ao acordo de dois testemunhos, a saber, um da razão pura e outro de credenciais mais empíricas, mas é somente o primeiro que muda seu terno e voz para ser tomado pelo segundo. Para assegurar-se de seu fundamento, essa prova afirma-se na experiência e, por meio disso, dá a impressão de ser diferente da prova ontológica, que deposita toda sua confiança apenas em conceitos puros *a priori*. Contudo, a prova cosmológica serve-se dessa experiência apenas para dar um único passo, a saber, à existência de um ser necessário em geral. O fundamento empírico da prova não pode ensinar quais as propriedades desse ser; mas sim aqui a razão se afasta completamente dele e investiga por detrás de simples conceitos o que propriamente um ser absolutamente necessário em geral tem de ter por propriedades, isto é, qual dentre todas as coisas possíveis contém as condições exigidas por uma necessidade absoluta. Agora, a razão acredita encontrar esses requisitos única e exclusivamente no conceito de ser realíssimo, e logo infere: este é o ser absolutamente necessário. Mas, é claro que aqui se pressupõe o conceito de um ser de realidade suprema satisfaz completamente o conceito da necessidade absoluta na existência, isto é, que este é inferido daquele; uma proposição que o argumento ontológico afirma, que, portanto, também se admite e se coloca como fundamento da prova cosmológica, embora se quisesse, porém, evitá-lo. Então a necessidade absoluta é uma existência a partir de meros conceitos. Agora, se digo: o conceito de *entis realissimi* é um conceito tal, e certamente o único, que é conforme e adequado à existência necessária, também teria de admitir que esta poderia ser derivada daquele. Portanto, na denominada prova cosmológica, é, na verdade, apenas a prova ontológica a partir de meros conceitos que contém toda força comprovadora [Beweiskraft], e a experiência alegada é completamente inútil, talvez nos conduz apenas ao conceito de um ser necessário, mas não a ponto de mostrá-la em qualquer coisa determinada. Pois tão logo tenhamos essa intenção, temos de abandonar imediatamente toda experiência e buscar entre os conceitos puros qual deles contém as condições de possibilidade de um ser absolutamente necessário. Mas, tão logo se compreenda desse modo apenas a possibilidade de um tal ser, logo também está dada sua existência. Pois então isso significa o mesmo que: entre todos os possíveis, existe um que traz consigo a necessidade absoluta, isto é, esse ser existe absolutamente.

Toda ilusão no raciocínio descobre-se mais facilmente quando o colocamos diante de nossos olhos na forma escolástica. Aqui está uma semelhante apresentação.

Se a proposição é correta: todo ser absolutamente necessário é, ao mesmo tempo, o ser realíssimo (que é o *nervus probandi* da prova cosmológica); então como qualquer juízo afirmativo, deve ao menos poder ser convertido *per accidens*. Portanto, alguns seres realíssimos são, ao mesmo tempo, seres absolutamente necessários. Mas, nenhum *ens realissimum* em nada se distingue de outro *ens realissimum*, e, portanto, o que vale para algum ser contido nesse conceito, vale também para *todos*. Consequentemente, também poderei (nesse caso) converter *absolutamente* a proposição, isto é, todo ser realíssimo é um ser necessário. Porque agora essa proposição é determinada meramente por seus conceitos *a priori*, assim, o simples conceito de ser realíssimo deve também trazer consigo a necessidade absoluta da sua existência, o que era afirmado pela prova ontológica e que a prova cosmológica não queria reconhecer, a despeito de estar na base de suas inferências, ainda que de modo encoberto.

Portanto, o segundo caminho que a razão especulativa toma para prova a existência de um ser supremo não só é enganoso tal como o primeiro, mas além disso possui ainda esse caráter censurável de incorrer numa *ignoratio elenchi*, no qual promete levar-nos a uma nova trilha, mas, depois de um pequeno rodeio, nos traz de volta ao velho caminho, que por sua causa havíamos deixado.

Há pouco disse que nesse argumento cosmológico se oculta todo um ninho de presunções dialéticas, que a crítica transcendental pode facilmente descobrir e destruir. Quero aqui apenas citá-las e deixar ao leitor já exercitado investigar e suprimir esses princípios ilusórios.

Aí se encontra por exemplo: 1) O princípio transcendental de inferir do contingente uma causa, princípio que somente tem significado no mundo sensível, mas que fora dele não tem nenhum sentido. Pois o simples conceito intelectual do contingente não pode produzir qualquer proposição sintética, tal como a da causalidade, e o uso do princípio da causalidade não tem nenhum significado e critério fora do mundo sensível; no entanto, aqui supõe-se que deveria precisamente servir para sair do mundo sensível. 2) A inferência da impossibilidade de uma série infinita de causas dadas uma após a outra no mundo sensível até finalizar na causa primeira, que os próprios princípios do uso da razão não justificam nem na experiência, muito menos poder estender esse princípio para além dela (par aonde essa corrente de causas não pode ser alongada). 3) A falsa autossatisfação da razão em relação à completude dessa série em virtude de que finalmente afastar toda condição – sem a qual, contudo, não pode haver nenhum conceito de qualquer necessidade – e então já que não se pode apreender mais nada, assume-se isso como sendo a completude de seu conceito. 4)A confusão da possibilidade lógica de um conceito de toda realidade unida (sem contradição interna) com a possibilidade transcendental, que exige um princípio de exequibilidade de uma tal sínteses, mas que, novamente, somente pode ser aplicado no campo das experiências possíveis etc.

O artifício da prova cosmológica tem como fim apenas de evitar a prova da existência de um ser necessário *a priori* por meio de simples conceitos, prova que deveria ser conduzida ontologicamente, mas para a qual nos sentimos inteiramente incapazes. Em vista disso, com base em uma existência real (uma experiência em geral) inferimos, da melhor maneira possível, alguma condição absolutamente necessária daquela existência. Então, não temos a necessidade de explicar a possibilidade dessa condição. Pois, se está provado que existe, logo a questão sobre sua possibilidade é inútil. Agora, se queremos determinar mais precisamente esse ser necessário segundo suas qualidades, então não procuramos aquilo que é suficiente para compreender, a partir de seu conceito, a necessidade da existência. Pois se pudéssemos fazê-lo, então não precisaríamos de nenhum pressuposto empírico. Não, apenas procuramos a condição negativa (*conditio sine qua non*), sem qual um ser não seria absolutamente necessário. Agora, isso poderia ocorrer muito bem em qualquer outra espécie de inferências a partir de uma série dada até seu fundamento. Mas aqui, infelizmente, acontece que a condição que se exige para uma necessidade absoluta somente pode ser encontrada em um único ser, que, consequentemente, deve conter em seu conceito tudo que é exigido para a necessidade absoluta e, portanto, torna possível uma inferência *a priori* dessa necessidade.

Isto é, deveria poder também inferir inversamente: a coisa, à qual esse conceito (de realidade suprema) pertence, é absolutamente necessária, e se não posso inferir assim (como devo admitir, se desejo evitar a prova ontológica), então me acidentei em meu novo caminho e encontro-me novamente no lugar de onde parti. O conceito de ser supremo satisfaz *a priori* todas as questões que podem ser colocadas sobre as determinações internas de uma coisa, e por isso é também um ideal sem igual, porque ao mesmo tempo o conceito universal o distingue como um indivíduo entre todas as coisas possíveis. Mas não satisfaz a questão sobre sua própria existência, que, afinal, era do que propriamente se tratava, e em resposta àquele que tenha admitido a existência do ser necessário e apenas quisera saber qual dentre todas as coisas deveria ser considerada como tal, não poder-se-ia responder: esta aqui é o ser necessário.

Poderia muito bem ser permitido admitir a existência de um ser de suficiência suprema como causa de todos os efeitos possíveis, de modo a facilitar à razão a busca da unidade de seus fundamentos explicativos. Mas, permitir-se tanto a ponto de dizer "um tal ser existe necessariamente", não é mais a expressão modesta de uma hipótese permitida, mas sim a presunção atrevida de uma certeza apodítica. Pois o que se afirma conhecer como absolutamente necessário deve também trazer consigo o conhecimento da necessidade absoluta.

Todo problema do ideal transcendental consiste nisso: ou encontrar o conceito para a necessidade absoluta ou encontrar a necessidade absoluta de um conceito para alguma coisa. Pode-se resolver um, também tem de se poder resolver o outro. Pois a razão só reconhece como absolutamente necessário aquilo que é necessário a partir de seu conceito. Mas ambos excedem completamente nossos esforços extremos para *satisfazer* nosso entendimento sobre este ponto, mas também todas as tentativas para o tranquilizar diante dessa sua incapacidade.

A necessidade incondicionada, que precisamos de modo tão indispensável como sustentáculo último de todas as coisas, é o verdadeiro abismo para a razão humana. Mesmo a eternidade – por mais terrivelmente sublime que um Haller a possa retratar – está longe de causar uma impressão vertiginosa na alma [*Gemüt*]; pois apenas *mede* a duração das coisas, mas não a *sustenta*. Não se pode recusar, mas também não se pode sustentar a ideia de que um ser, que nós nos representamos como o mais elevado dentre todos os seres possíveis, como que diga para si mesmo: "Eu sou da eternidade para a eternidade, fora de mim nada há exceto aquilo que apenas é por meio da minha vontade. Mas de onde sou então?" Aqui tudo afunda-se sob nós, e tanto a maior quanto a menor perfeição pairam sem apoio perante a razão especulativa, a quem não custa nada deixar desaparecer uma e outra sem qualquer obstáculo.

Muitas forças da natureza que expressam sua existência por meio de certos efeitos permanecem para nós imperscrutáveis, pois não podemos segui-las longe o suficiente por meio da observação. O objeto transcendental que está no fundamento dos fenômenos e com ele o fundamento do por quê nossa sensibilidade tem mais estas do que outras como condições superiores, são e permanecem para nós imperscrutáveis, ainda que a coisa mesma seja dada, mas apenas não é compreendida. Um ideal da razão pura não pode ser chamado *imperscrutável* porque não tem como apresentar mais nenhum certificado de sua realidade além da necessidade da razão em completar, por meio dele, toda unidade sintética. Uma vez que não é dado como um objeto pensado, logo também não é imperscrutável como um tal objeto. Antes, como simples ideia, deverá encontrar seu lugar e sua solução na natureza da razão, e, portanto, pode ser investigado; pois a razão consiste mesmo nisso, que podemos prestar contas de todos os nossos conceitos, opiniões e afirmações, quer seja por fundamentos objetivos ou por fundamentos subjetivos, quando são mera aparência.

Descoberta e explicação da aparência dialética em todos as provas transcendentais da existência de um ser necessário

Ambas as provas previamente citas foram transcendentais, isto é, tentadas independentemente dos princípios empíricos. Pois, ainda que a prova cosmológica seja fundamentada na experiência em geral, ela não é conduzida a partir de alguma constituição particular da experiência, mas dos princípios da razão pura em relação com uma existência dada por meio da consciência empírica em geral; e até mesmo abandona essa instrução para se apoiar em meros conceitos puros. Qual é, nessa prova transcendental, a causa da aparência dialética, mas natural, que conecta os conceitos de necessidade e de realidade suprema, e que realiza e hipostasia o que somente pode ser ideia? Qual é a causa da obrigatoriedade de assumir, entre as coisas existentes, algo em si mesmo necessário, e ao mesmo tempo recuar perante a existência de semelhante ser como diante de um abismo? E como se pode levar a razão a entender-se sobre essa questão e, saindo do estado vacilante de uma aprovação tímida e sempre retomada, chegar a uma compreensão calma?

É algo realmente digno de nota que, quando se pressupõe que alguma coisa existe, não se pode evitar a conclusão de que alguma coisa também existe necessariamente. O argumento cosmológico assenta sobre essa inferência inteiramente natural (nem por isso mais segura). Por outro lado, se assumo o conceito de alguma coisa que eu quero, então descubro que sua existência não pode nunca ser representada por mim como absolutamente necessária, e que nada me impede, qualquer que ela seja, de pensar a sua não existência; consequentemente, embora eu tenha de assumir algo necessário para a existência em geral, não posso pensar nenhuma coisa singular como necessária em si. Isso significa: nunca posso *completar* a regressão às condições da existência, sem admitir um ser necessário, mas nunca posso *começar* a partir dele.

Se tenho de pensar alguma coisa necessária para as coisas existentes em geral, mas não estou autorizado a pensar qualquer coisa em si mesma como necessária, então disso se segue inevitavelmente que a necessidade e a contingência não tem de pertencer nem atingir as próprias coisas, pois de outro modo ocorreria uma contradição. Consequentemente, nenhum dos dois princípios é objetivo, mas só podem ser, em qualquer caso, princípios subjetivos da razão, a saber, por um lado, para toda coisa que é dada como existente nos levam a procurar qualquer coisa que seja necessária, isto é, nunca parar a não ser numa explicação completa *a priori*, mas, por outro lado, também nunca esperar por essa completude, isto é, não assumir algo empírico como incondicionado e, com isso, sobrecarregar-se de deduções ulteriores. Nesse sentido, ambos os princípios podem muito bem coexistir um com o outro simplesmente como princípios heurísticos e *regulativos*, cuidando apenas do interesse formal da razão. Pois um afirma que deves filosofar sobre a natureza *como se* houvesse necessariamente um fundamento primeiro para tudo o que pertence à existência meramente para trazer uma unidade sistemática ao vosso conhecimento ao perseguir uma tal ideia, a saber, um fundamento supremo imaginário; mas o outro vos adverte a não assumir como fundamento supremo, isto é, como necessário absolutamente, qualquer determinação única que se refira à existência das coisas, mas sempre manter o caminho aberto para derivações ulteriores e, por conseguinte, tratá-la sempre como condicionada. Mas se tudo que por nós é percebido nas coisas deve ser considerado como condicionado necessariamente, então nenhuma coisa (que possa ser dada empiricamente) pode ser considerada como necessária absolutamente.

No entanto, daqui resulta que deveis assumir o ser absolutamente necessário como *fora do mundo*, por que deve servir apenas como um princípio da maior unidade possível dos fenômenos, como seu fundamento supremo, e nunca podeis alcançá-la *no mundo,* porque a segunda regra nos pede para considerar sempre como derivadas todas as causas empíricas da unidade.

Os filósofos da antiguidade veem toda forma da natureza como contingente, mas, segundo o juízo da razão comum, consideravam a matéria como original e necessária. Mas, se não tivessem considerado a matéria como substrato relativo dos fenômenos, mas *em si mesma* em sua existência, a ideia de necessidade absoluta logo teria desaparecido. Pois não existe nada que amarre absolutamente a razão a esta existência; pelo contrário, a razão pode, a qualquer momento e sem conflito, suprimi-la em pensamento; mas a necessidade absoluta só existe nos pensamentos. Por conseguinte, deve haver um certo princípio regulativo como fundamento desta persuasão. De fato, a extensão e a impenetrabilidade (que juntos constituem o conceito de matéria) são também o princípio empírico supremo da unidade dos fenômenos, e, na medida em que é incondicionado empiricamente, tem em si uma qualidade de princípio regulativo. Contudo, como toda determinação da matéria que constitui o que há de real nela, por conseguinte, constitui também a impenetrabilidade, é um efeito (ação) que deve ter sua causa, e, por isso, é sempre derivada, a matéria não se conforma à ideia de um ser necessário como um princípio de toda unidade derivada. Porque cada uma de suas qualidades reais, enquanto derivada, só é condicionalmente necessária, e, portanto, pode ser suprimida em si; mas, então, a existência inteira da matéria poderia ser suprimida. Mas, se isso não acontecesse, teríamos alcançado empiricamente o fundamento supremo da unidade, o que é proibido pelo segundo princípio regulador. Assim, segue-se que a matéria, e em geral tudo que pertence ao mundo, não se conforma à ideia de um ser originário necessário como simples princípio da maior unidade empírica, mas esse ser originário tem de ser posto fora do mundo, para podermos sempre, com confiança, derivar todos os fenômenos do mundo e sua existência a partir de outros, como se não existisse ser necessário, e, além disso, podemos buscar incessantemente a completude da derivação, como se um tal ser fosse pressuposto como fundamento supremo.

Segundo essas considerações, o ideal do ser supremo não é outra coisa senão um *princípio regulativo* da razão, para considerar toda vinculação no mundo *como se* fosse resultante de uma causa necessária toda suficiente, de modo a fundamentar na explicação do mesmo a regra de uma unidade que é sistemática e necessária segundo leis universais, e não é uma afirmação de uma existência necessária em sai. Mas, ao mesmo tempo, é inevitável imaginar, por meio de um subterfúgio transcendental, que esse princípio formal é constitutivo, e pensar essas unidade de modo hipostasiado. Então, como com o espaço – que possibilita originariamente todas as figuras, que são meramente diferentes limitações dele – ainda que seja apenas um princípio da sensibilidade, é considerado necessariamente como sendo algo subsistente por si mesmo com necessidade absoluta e um objeto *a priori* dado em si mesmo, assim também parece completamente natural que, uma vez que a unidade sistemática da natureza não pode ser configurada de modo algum como um princípio do uso empírico de nossa razão, a não ser que coloquemos como fundamento a ideia de um ser realíssimo como causa suprema, essa ideia, por meio disso, é representada como um objeto real, e esse objeto novamente, por ser a condição suprema, é representado como necessário, de modo que um princípio *regulativo* é transformado num princípio *constitutivo*. Essa substituição torna-se evidente pelo fato de que quando considero esse ser supremo, que era necessário absolutamente (incondicionalmente) em relação ao mundo, como uma coisa em si mesma, nenhum conceito é adequado para essa necessidade, e, portanto, o ser supremo deve ser encontrado na minha razão somente como condição formal de pensamento, e não como uma condição de existência material e hipostasiada.

A impossibilidade de uma prova físico-teológica

Se, portanto, nem o conceito de coisas em geral nem a experiência de alguma existência em geral pode fornecer o que é exigido, ainda resta um meio, procurar se uma *experiência determinada*, portanto, a das coisas do mundo presente, sua condição e ordem, fornece um fundamento de prova que nos ajude a ter uma convicção segura da existência de um ser supremo. Uma tal prova chamaríamos de *físico-teológica*. Se essa também for impossível, então em lugar algum é possível uma prova satisfatória, a partir da simples razão especulativa, para a existência de um ser que corresponda às nossas ideias transcendentais.

Segundo todas as observações acima, pode-se já perceber que para essa pergunta pode-se esperar uma resposta bem fácil e conclusiva. Pois, como pode ser dada qualquer experiência que seja adequada a uma ideia? Pois é próprio de uma ideia justamente que nenhuma experiência possa lhe ser congruente. A ideia transcendental de um ser originário todo suficiente necessário é tão efusivamente grande, tão sublime, acima de tudo o que é empírico, que é sempre condicionado, de modo que, em parte, não se pode descobrir material suficiente na experiência para preencher tal conceito e, em parte, sempre se anda tateando e se procura em vão quando se busca entre o que é condicionado o incondicionado, do qual nenhuma lei de alguma síntese empírica nos dá um exemplo ou ao menos uma direção.

Se o ser supremo se encontrasse nessa corrente de condições, ele próprio seria um elo da série das mesmas, e, mesmo assim, como os elos mais baixos, que ele pressupõe, exigiria ainda uma investigação ulterior devido ao seu fundamento ainda mais elevado. Se, pelo contrário, o quisermos separar dessa corrente e, como um simples ser inteligível, não incluí-lo na série de causas naturais, então que ponte a razão pode construir alcançá-lo? Todas as leis da passagem dos efeitos para as causas, na verdade, toda síntese e extensão de nosso conhecimento em geral são direcionados exclusivamente à experiência possível, portanto, aos objetos do mundo sensível, e somente podem ter significado em vista destes objetos.

O mundo presente abre-nos um teatro tão imensurável de variedade, ordem, finalidade e beleza, seja seguindo-o na infinitude do espaço seja na divisão ilimitada do mesmo, que, mesmo segundo o conhecimento que nosso fraco entendimento possa adquirir dele, toda linguagem sobre tantos e tão insondáveis maravilhas perde sua expressão, todos os números perdem sua força para medir e mesmo nossos pensamentos perdem todos os limites, de modo tal que nosso juízo sobre o todo tem de se diluir numa admiração silenciosa, mas por isso mesmo mais eloquente. Em toda parte vemos uma cadeia de efeitos e causas, de fins e meios, uma regularidade na geração e corrupção, e uma vez que nada chega por si mesmo ao estado em que se encontra, esse estado sempre aponta continuamente para uma outra coisa como sua causa, que torna justamente necessária esse mesmo questionamento adicional, de modo que o todo inteiro se afundaria no abismo do nada se não se admite que algo subsista por si mesmo de modo original e independente, fora dessa contingência infinita, sustenta este todo e como causa de sua origem assegura ao mesmo tempo sua continuação. Essa causa suprema (em relação com todas as coisas do mundo), quão grande devemos pensá-la? Não conhecemos o mundo segundo seu inteiro conteúdo e muito menos sabemos avaliar sua grandeza por meio da comparação com tudo o que é possível. Mas, se em vista da causalidade precisamos de um ser supremo e último, o que nos impede de o estabelecermos, ao mesmo tempo, a partir de seu grau de sua perfeição, *acima de todas as outras coisas possíveis*? Isso podemos efetuar facilmente, embora somente por meio de um esboço tênue de um conceito abstrato, se nele representamos reunida toda perfeição possível como uma substância única; cujo conceito é favorável à exigência de nossa razão na parcimônia dos princípios, não sujeito em si mesmo a qualquer contradição e mesmo salutar na expansão do uso da razão no seio da experiência através da orientação que tal ideia dá para a ordenação e finalidade, mas que não esteja nunca, de modo decisivo, em oposição à uma experiência.

Essa prova merece a toda hora ser mencionada com respeito. É a mais antiga, a mais clara e a mais adequada à razão humana comum. Vivifica o estudo da natureza, como também adquire sua existência neste estudo e, por meio disso, recebe forças sempre renovadas. Traz finalidades e objetivos onde nossa observação não os teria descoberto por si mesma, e amplia nossos conhecimentos da natureza por meio do fio condutor de um unidade particular cujo princípio está fora da natureza. Mas esses conhecimentos reagem sobre sua causa, a saber, a ideia que os origina, e aumentam a crença em um autor supremo do mundo até chegar a uma convicção irresistível.

Portanto, seria não somente desconsolador mas também completamente gratuito querer retirar algo da reputação dessa prova. A razão, incessantemente elevada por fundamentos de prova tão poderosos e, em suas mãos, sempre crescentes, embora apenas empíricos, não pode de tal modo ser oprimida pela dúvida de uma especulação sutil e abstrata de modo que não deva ser arrancada de toda indecisão miserável, como de um sonho, por meio de um olhar que ela lança sobre a maravilha da natureza e a majestade da arquitetura do mundo, para se elevar de grandeza em grandeza ao mais elevado de todos, do condicionado à condição, até o autor supremo e incondicionado.

Mas embora não tenhamos nada a objetar contra a racionalidade e utilidade de seu procedimento, mas antes recomendá-lo e encorajá-lo, não podemos, todavia, com base nessa explicação aprovar as pretensões que este tipo de prova pode ter quanto à certeza apodítica e de não precisar de aprovação baseada em qualquer favor especial ou precisar de apoio alheio; de modo algum pode prejudicar a boa causa moderar a linguagem dogmática de um sofista zombador ao tom da moderação e modéstia de uma crença que é suficiente para nos confortar, ainda que não exija submissão incondicional. Consequentemente, afirmo que a prova físico-teológica não pode nunca estabelecer sozinha a existência de um ser supremo, mas deve sempre deixar ao encargo da prova ontológica (a quem ela somente serve de introdução) completar essa lacuna. Portanto, a prova ontológica ainda contém o único *fundamento de prova possível* (na medida em que por toda parte pode haver somente uma prova especulativa), da qual nenhuma razão humana pode se desviar.

Os momentos principais da referida prova físico-teológica são os seguintes: 1) Por toda parte no mundo se encontram sinais claros de uma ordem segundo propósito determinado, conduzido com grande sabedoria, e em um todo de uma diversidade de conteúdo indescritível bem como de grandeza ilimitada em extensão. 2) Essa ordem com respeito a fins é inteiramente alheia às coisas do mundo, e só lhes pertence de modo contingente, isto é, a natureza de diferentes coisas não poderia harmonizar-se por si mesma, através de toda sorte de meios que se reúnem, em um vista de determinado fins se não fossem adequadamente escolhidas e dispostas a isso por meio de um princípio racional ordenador, fundamentado em ideias; 3) Portanto, existe uma causa (ou várias) sublime e sábia que deve ser a causa do mundo não apenas como natureza onipotente agindo cegamente por meio da *fecundidade*, mas como um inteligência, agindo por meio da *liberdade*. 4) A unidade desta causa pode ser inferida da unidade das relações recíprocas das partes do mundo como peças de uma estrutura artística, inferida com certeza até onde nossa observação alcança, mas para além disso, inferida com probabilidade segundo todos os princípios da analogia.

Sem tergiversar aqui com a razão natural sobre a inferência pela qual, a partir da analogia entre alguns produtos naturais e aqueles que são produzidos pela arte humana quando faz uma violência à natureza e a constrange a não proceder segundo seus próprios fins, mas a adaptar-se aos nossos (a semelhanças dos mesmos com casas, navios, relógios), conclui que deve estar na sua base precisamente um tal princípio de causalidade, a saber, inteligência e vontade, quando deriva a possibilidade interna da natureza livremente operante (que torna possível toda arte, e talvez inclusive até mesmo a razão) de uma outra arte, ainda que sobre-humana, cujo tipo de inferência talvez não deva aguentar a crítica transcendental mais aguda: deve-se admitir que se uma vez devemos nomear uma causa não podemos proceder de modo mais seguro do que por meio da analogia com semelhantes produções conforme a um fim, que são as únicas pelas quais as causas e seus modos de agir nos são conhecidos. A razão não seria capaz de justificar a si mesma a tentativa de passar da causalidade que conhece para fundamentos de explicação obscuros e indemonstráveis, que não conhece.

Segundo essa inferência, a finalidade e a harmonia de tantos arranjos da natureza deveriam simplesmente provar a contingência da forma, mas não a da matéria, isto é, da substância do mundo. Pois, para esta última, seria ainda necessário que fosse possível provar que as coisas do mundo seriam em si mesmas inadequadas para uma tal ordem e harmonia segundo leis universais se não fossem elas mesmas, segundo sua substância, o produto de uma sabedoria suprema. Para isso, seria necessário um fundamento de prova completamente diferente daquele oferecido pela analogia com a arte humana. Portanto, a prova poderia, no máximo, demonstrar um *arquiteto do mundo*, que sempre seria muito limitado pela adequabilidade da matéria sobre a qual trabalha, mas não um *criador do mundo*, a cuja ideia tudo estaria subordinado, que está longe de ser suficiente para o grande propósito que se tem em vista, a saber, provar um ser originário plenamente suficiente. Se quiséssemos provar a própria contingência da matéria, então teríamos de recorrer a um argumento transcendental, que, entretanto, é exatamente o que devemos aqui evitar.

Portanto, a inferência parte da ordem e finalidade observável em toda parte do mundo, como uma disposição inteiramente contingente, para a existência de um causa *proporcionada a ela*. Mas, o conceito dessa causa deve nos dar a conhecer de si algo bem *determinado*, e não pode ser outra coisa senão um ser que possua todo poder, sabedoria, etc., em uma palavra, que possua toda perfeição como um ser plenamente suficiente. Pois os predicados "muito grande", "prodigioso", "poder incomensurável" e "excelência" não oferecem um conceito determinado, e, na verdade, não dizem como a coisa é em si mesma, mas são apenas representações relativas da magnitude do objeto que o observador (do mundo) compara com ele mesmo (o objeto) e sua força de apreendê-lo, e que resultam em termos superlativos, quer se engrandeça o objeto ou se diminua o observado em relação ao objeto. Onde se trata da magnitude (perfeição) de uma coisa em geral, não existe conceito determinado senão aquele que apreende toda perfeição possível e somente o todo (omnitudo) da realidade é totalmente determinado no conceito.

Agora, não espero que alguém deva presumir compreender a relação da magnitude do mundo por ele observada (quanto à extensão e quanto ao conteúdo) com a onipotência, a ordem do mundo com a sabedoria suprema, a unidade do mundo com a unidade absoluta do seu autor, etc. Portanto, a teologia física não pode dar nenhum conceito determinado da causa suprema do mundo, e, assim, não pode ser suficiente como um princípio de teologia que, por sua vez, deva constituir o fundamenta da religião.

O passo para a totalidade absoluta é completamente impossível por meio da via empírica. Contudo, esse passo é dado na prova físico-teológica. Então, qual o meio que se usa para transpor um abismo tão amplo?

Depois de ter chegado a admiração da magnitude da sabedoria, do poder, etc. do autor do mundo, e não se pode ir mais longe, então abandona-se de uma vez este argumento conduzido por meio de fundamentos de prova empíricos, e vai-se para a contingência que foi inferida, desde o início, da ordem e finalidade do mundo. Então, desta contingência passa-se, apenas por meio de conceitos transcendentais, para a existência de algo absolutamente necessário, e do conceito de necessidade absoluta da causa primeira para o conceito universal determinado ou determinante da mesma existência, a saber, o de uma realidade que tudo abrange. Assim, a prova físico-teológica, atolada em seu empreendimento, e neste embaraço, se lança subitamente para a prova cosmológica, e uma vez que essa é apenas uma prova ontológica disfarçada, a prova físico-teológica alcança seu propósito apenas por meio da razão pura, ainda que de início tivesse negado todo parentesco dom ela e tenha prometido fundamentar tudo em provas evidentes tiradas da experiência.

Os físico-teológos não têm, portanto, nenhum motivo para serem tão melindrosos em relação ao modo transcendental de prova e olhar com desprezo para ela com a presunção dos conhecedores clarividentes da natureza, como os sonhadores sombrios para as teias de aranha. Pois, se somente quisessem examinar a si mesmos, descobririam que, depois de terem progredido um bom pedaço no território da natureza e da experiência e não obstante se virem ainda tão distantes do objeto que a sua razão lhes apresenta, abandonariam repentinamente este território, e passariam para o reino das simples possibilidades, onde, nas asas das ideias, esperam aproximar-se daquilo que tem escapado de todas as suas investigações empíricas. Por fim, depois de terem pretendido firmar o pé após um salto tão poderoso, então estendem o conceito agora determinado (cuja posse alcançaram sem saber como) sobre todo o campo da criação, e explicam pela experiência o ideal que era meramente um produto da razão pura – embora expliquem de um modo bastante miserável e muito abaixo da dignidade do objeto – sem, contudo, querer confessar que chegaram a esse conhecimento ou pressuposto por um outro atalho que não o da experiência.

Assim, a prova físico-teológica da existência de um ser originário único como ser supremo tem como fundamento a prova cosmológica, e essa, por sua vez, a prova ontológica; e, dado que fora desses três caminhos mais nenhum outro está aberto à razão especulativa, então a prova ontológica, a partir de meros conceitos puros da razão, é a única possível – se for mesmo possível uma prova de uma proposição tão acima de todo uso empírico do entendimento.

A religião sob a mira da filosofia contemporânea

FEUERBACH

Tradução: Denílson Luis Werle

Biografia

Ludwig Andreas Feuerbach nasceu em Landshut, em 28 de julho de 1804, e morreu no ano de 1872, em Nuremberg. Consagrou-se com *A essência do cristianismo*, livro publicado em 1841, e que marcou profundamente a crítica religiosa empreendida, por exemplo, por Karl Marx, em sua célebre *Introdução à Crítica à filosofia do Direito de Hegel*, de 1843, na qual a religião é definida como "o ópio do povo". Feuerbach, para quem a religião seria a forma mais significativa de alienação, sustenta no geral que foi o homem que criou Deus e não o contrário, invertendo assim a relação entre criatura e criador.

A essência do cristianismo (1841)

Capítulo 21
A contradição na existência de Deus

A religião é o relacionamento do homem com sua própria essência – nisto reside sua verdade e sua redenção moral – mas com sua essência que não é a sua própria e sim *como a essência de um outro, que é diferente e até oposta da sua*, ai está sua inverdade, seu limite, sua contradição em relação à razão e à moral, dar a fonte catastrófica do fanatismo religioso. Nisto reside o maior princípio metafísico dos sangrentos sacrifícios humanos, ou seja, a causa primária de todas as crueldades, de todas as cenas arrepiantes na tragédia da história da religião.

A concepção da essência humana como a essência de um outro, com uma existência própria, é, todavia, espontânea, infantil e ingênua no conceito original de religião, quer dizer, da mesma forma que distingue imediatamente Deus dos homens acaba identificando-o novamente com os homens. Mas se, com o passar dos anos aumenta o nível de razão na religião, se a reflexão sobre a religião desperta no interior da religião, se a consciência da unidade da essência divina e a humana começa a ser compreendida, em suma, se a religião se torna *teologia*, então a original separação espontânea e ingênua de Deus em relação ao homem torna-se uma distinção intencional e estudada, cuja finalidade é dissipar da consciência a recém surgida unidade.

Por isso, quanto mais próxima a religião ainda estiver da sua origem, quanto mais verdadeira, quanto mais sincera ela é, tanto menos ela oculta esta sua essência. Isto quer dizer que na origem da religião não há em absoluto uma diferença *qualitativa* ou *essencial* entre Deus e o homem. E nesta identidade o homem religioso não se sente incomodado, pois sua razão ainda está em harmonia com sua religião. Deste modo, Jeová era no antigo judaísmo um ser que se distinguia do indivíduo humano somente no que diz respeito a sua existência, mas qualitativamente, no que se refere a seu interior, ele era exatamente igual ao homem, possuía as mesmas paixões e as mesmas características, inclusive corporais. Apenas no judaísmo tardio Jeová separou-se da forma mais aguda do homem e recorreu-se a *alegoria*, para conferir às antropopatias um sentido *diferente* do original. Nos escritos mais antigos do Judaísmo a divindade de Cristo ainda não é tão decisivamente fixada quanto posteriormente. Isto ocorre principalmente em Paulo, segundo o qual Cristo ainda é um ser indefinido pairando entre o céu e a terra, entre deus e o homem ou os seres em geral subordinados ao supremo, o primeiro dos anjos, o primeiro a ser criado, mas ainda assim uma criatura. Por mim também gerado, mas neste caso também os anjos e os homens não foram criados e sim gerados, pois Deus também é pai. Apenas a Igreja identificou explicitamente Cristo como sendo Deus, fez dele o filho único de Deus, determinou sua diferença em relação aos homens e anjos e conferiu-lhe assim o *monopólio* de um ser eterno, não criado.

Em nível conceitual, a primeira forma pela qual a reflexão sobre religião, a teologia, transforma a essência divina numa outra essência, localizada fora do homem, é a *existência* de Deus transformada em objeto de uma prova formal.

As provas da existência de Deus foram declaradas como contraditórias à essência da religião. Elas o são somente de acordo com a forma de demonstração. A religião apresenta diretamente a essência interna do homem como uma essência diferente, objetiva. A prova pretende evidenciar nada além de que a religião está com a razão. O ser mais perfeito é *o* ser sobre o qual nada de mais perfeito pode ser pensado – Deus é o mais perfeito que o homem pensa e o que ele pode pensar. Esta premissa da prova ontológica – da prova mais interessante porque parte do interior – expressa a essência mais íntima e secreta da religião. Aquilo que é o mais perfeito para o homem, do que ele não mais pode abstrair o que é o limite essencial de sua razão, de sua afetividade, de sua opinião, isto para ele é Deus – *id quo nihil majus cogitari potest.* Mas este ser supremo não seria supremo se não existisse, pois então poderíamos conceber um ser superior que teria uma existência anterior a ele, mas o conceito de ser mais supremo de antemão não nos deixa espaço para esta ficção. Não-ser é ausência, ser é plenitude, felicidade, júbilo. O homem não pode negar o bem e a felicidade da existência a um ser, para o qual ele oferece e sacrifica tudo que lhe é elevado e caro. O que contradiz o sentido religioso reside unicamente no fato de a existência ser pensada com *distanciamento*, que por meio disso estabelece a *aparência* de que Deus seria um ser somente pensado, na imaginação de seres existentes, uma aparência que logo é suprimida, pois a prova evidencia exatamente que Deus é um ser diferente do pensado, um ser fora do homem e do pensamento, um ser real e por si.

A prova se distingue da religião somente por sintetizar e desenvolver o pensamento secreto da religião numa conclusão *formal* e por isso diferencia aquilo que une imediatamente a religião, pois Deus, o máximo na religião, é para a religião não um pensamento e sim uma verdade, uma realidade direta. Mas o fato de toda religião também fazer ela própria uma conclusão secreta e não desenvolvida é confessado em sua polêmica com outras religiões. Vós pagãos não pudestes imaginar nada mais superior que vossos deuses porque estivestes submersos em tendências pecaminosas. Vossos Deuses repousam sobre uma conclusão, cujas premissas são vossos impulsos sensoriais e suas paixões. Vós pensastes: a vida mais correta é viver ilimitadamente vossos impulsos e por vos ser esta a mais correta e verdadeira vida, fizestes dela vosso Deus. Vosso Deus era vosso impulso sensorial e vosso céu era o campo aberto das paixões restritas a vida burguesa e real. Mas em relação a si ela naturalmente não tem consciência de alguma conclusão, pois o pensamento supremo, do qual é capaz, é seu limite, tem a força da necessidade, não lhe é nem pensamento nem representação e sim realidade direta.

As provas da existência de Deus tem por finalidade exteriorizar o interior, separá-la do homem.[1] Com a existência, Deus passa a ser uma *coisa em si*: Deus não é somente um ser para nós, um ser em nossa fé, em nossa afetividade, em nossa essência, ele é também um ser *para si,* um ser fora *de nós,* em resumo, não somente religião, sentimento, pensamento, mas também um *ser real diferente do crer, do sentir e do pensar.* Mas um tal ser não é outro senão *um ser sensorial.*

O conceito de sensorialidade, de resto, já reside na expressão característica de *ser-fora-de-nós.* Naturalmente a teologia sofística não toma a palavra *fora de nós* em seu sentido *próprio* e estabelece a expressão indefinida de ser independente e diferente de nós.

---

1 Ao mesmo tempo tem também a finalidade de confirmar a essência do homem. As diferentes provas nada mais são do que formas diversas, altamente interessantes, de autoafirmação da essência humana. A prova físico teológica é, por exemplo, a autoafirmação da razão objetiva.

Unicamente se este ser-fora-de-nós for impróprio, assim também a existência de Deus é imprópria. E mesmo assim trata-se somente de uma existência no sentido mais próprio e a expressão determinada e não fugidia para ser diferente de nós é somente ser-fora-de-nós.

Ser real e sensorial é aquele que não depende do meu determinar-me-a-mim-mesmo, de minha atividade, mas sim do qual eu sou involuntariamente determinado, o qual é, mesmo que eu mesmo não seja, pense e sinta. A essência de Deus teve de ser uma Essência determinada *sensorialmente*. Mas Deus não é visto, nem ouvido e nem sentido sensorialmente. Ele *não é para mim* se eu *não for para ele*, se eu não crer e pensar em Deus, então nenhum Deus é para mim. Desta forma, ele somente é se for pensado, crido – o acréscimo *para mim* é desnecessário. Então objeta-se que sua essência é real e ao mesmo tempo não é real, um ser espiritual. Mas um ser espiritual é precisamente somente um ser pensado, crido. Deste modo sua essência é algo intermediário entre sensorial e pensado, isto é, um intermediário cheio de contradição. Ou: é um ser sensorial ao qual faltam todas as *determinações* de sensorialidade, portanto, um *ser sensorial não sensorial*, um ser que contradiz os conceitos de sensorialidade, ou que é somente uma vaga *existência em geral*, que *em princípio* é sensorial, mas para este princípio não transparecer, todas as características de uma existência real e sensorial lhe são tirados. Mas uma tal existência em geral *se contradiz*. À existência é necessária realidade total e determinada.

Uma consequência necessária desta contradição é o *ateísmo*. A existência de Deus possui a *essência* de uma existência empírica ou sensorial, contudo sem possuir os *indícios* da mesma. *Em si* ela é uma questão de experiência e mesmo assim na realidade não é um objeto de experiência. Ela mesma desafia o homem a procurá-la na realidade, ela o fecunda com representações e pretensões sensoriais, mas se estas não forem satisfeitas, é mais comum o homem encontrar contradições na experiência do que em suas representações. Por isso, ele tem todo o direito de negar esta existência.

É conhecido que Kant, em sua crítica das provas da existência de Deus, afirmou que a essência de Deus não pode ser comprovada pela razão. Por isso Kant não mereceu a repreensão da parte de Hegel. Kant está totalmente certo: a partir de um conceito não posso deduzir a existência. Ele merece a repreensão somente na medida em que ele com isso quis expressar algo de especial ao mesmo tempo fazer uma acusação a razão. Isto é obvio. A razão não pode transformar um objeto que é seu em objeto dos sentidos. Eu não posso apresentar aquilo que penso como algo ao mesmo tempo fora de mim e como algo sensorial. A prova da existência de Deus passa além da fronteira da razão, correto, mas no mesmo sentido que ver, ouvir e cheirar passa além da fronteira da razão. É tolice acusar a razão por ela não atender uma exigência que somente pode ser feita aos sentidos. Existência empírica e real só me pode ser fornecida através dos sentidos. E a essência na questão da existência de Deus não tem significado de *realidade interna*, de verdade, mas sim o significado de uma existência formal, externa, uma existência percebida por todo ser sensorial, fora do homem e independente de seu caráter, por todo ser espiritual.

Por isso, na medida em que a religião passa a se fundar na existência de Deus como sendo empírica e verdade exterior, a religião passa a ser um assunto indiferente do caráter interno. Tão necessário que no culto religioso a cerimônia, o costume, o sacramento *por si mesmo*, sem o espírito, o caráter torna-se propriamente a *coisa*: assim também finalmente a fé na existência de Deus, independente da qualidade interna, do conteúdo interno, passa a ser o principal da religião. Se somente creres em Deus, crês em geral que Deus é, então já estais protegido. Se pensares neste Deus como um Ser bondoso ou um monstro, um Nero ou um Calígula, se ele for a imagem de tua paixão, de tua sede de vingança ou de fama, isto é indiferente. O principal é *não seres ateu*. A história da religião demonstrou isso suficientemente. Se a existência de Deus *por si mesma* não tivesse se consolidado nos espíritos como uma verdade religiosa, então nunca se teria chegado àquelas concepções de Deus vergonhosas, absurdas e cruéis que caracterizam a história da religião e da teologia. A existência de Deus era algo comum, exterior e mesmo assim ao simultaneamente uma questão sagrada. Portanto, não é de se admirar que neste solo também só germinassem as ideias e intenções mais vulgares, mais rudes e mais profanas.

O ateísmo era e ainda é atualmente considerado uma negação de todos os princípios morais, de todos os fundamentos e laços éticos: *se Deus não é, então acabam-se todas as distinções entre bem e mal, virtude e vício*. A diferença, deste modo, reside unicamente na existência de Deus, a verdade da virtude *não está nela mesma* e sim fora dela. Contudo, a existência da virtude é relacionada à existência de Deus, mas não por caráter virtuoso, não por convicção a respeito do valor e conteúdo da virtude. Pelo contrário, a crença em Deus como condição necessária da virtude é a crença na *nulidade* da virtude *em si mesma*.

De resto, é curioso que o conceito da existência empírica de Deus apenas se desenvolveu completamente em tempos recentes, quando o empirismo e materialismo vieram à tona. Sem dúvida,

Deus já é, no sentido original e mais simples da religião, uma *existência empírica situada* num lugar supraterrâneo. Mas aqui ela não possui um significado tão nu e prosaico. A *imaginação identifica* novamente o Deus externo com os ânimos do homem. A imaginação é o verdadeiro lugar de uma existência ausente, *não presente aos sentidos*, mas com uma *essência mesmo assim sensorial.*[2] Somente a fantasia resolve a contradição entre uma existência ao mesmo tempo sensorial e não-sensorial, somente a fantasia protege contra o ateísmo. Na imaginação a existência possui *efeitos sensoriais* – a existência se confirma como um poder, a força imaginativa alia a *aparição* da existência sensorial à sua *essência.* Onde a existência de Deus é uma verdade viva, uma questão da imaginação, crê-se em *aparições divinas.*[3] Pelo contrário, onde o fogo da imaginação religiosa se apagou, onde os efeitos e aparições necessariamente ligados a existência sensorial não existem, a existência torna-se

---

2 "Cristo foi ao Céu... isto significa que ele não está só lá em cima, mas também aqui embaixo. Ele foi para o céu exatamente para que estivesse aqui, para cumprir todas as coisas e estar em toda parte. Isto ele não poderia ter feito na terra, pois aqui nem todos os olhos corpóreos poderiam vê-lo. Ele se assentou lá para que todos possam vê-lo e para que possa cuidar de cada homem." (Lutero, parte XIII, p. 643). Isto quer dizer que Cristo ou Deus é um objeto, uma existência da imaginação. Na imaginação ele não encontra limites, está presente e concreto para todos. Deus existe no céu e é onipresente, mas é onipresente porque o céu é a fantasia, é a imaginação.

3 "Tu não tens de se queixar de ter menos experiência do que Abraão ou Isaac. Tens também fenômenos... tens o sagrado batismo, a ceia do senhor, na qual o pão e vinho são personagens, figuras e formas nas e sob as quais Deus neste momento fala e atua em teus ouvidos, olhos e coração... Ele te aparece no batismo e é ele mesmo quem te batiza e fala... tudo está repleto de aparições e falas divinas, que a ti são dirigidas" (Lutero, parte II, p. 466. Veja a este respeito também parte XIX, p. 407)

existência *morta* que a si mesmo contradiz, que inevitavelmente cai no ateísmo.

A fé na existência de Deus é a fé numa existência especial, diferenciada da existência dos homens e da natureza. Uma existência especial somente pode se documentar de *modo especial*. Por isso, esta fé somente é verdadeira e viva, se forem efeitos *especiais*, aparições divinas diretas, *milagres* forem cridos. Somente onde a *fé em Deus* se identifica com a *fé no mundo*, onde a fé em Deus não mais é uma fé *especial*, onde a essência geral do mundo engloba toda humanidade, também desaparece naturalmente a fé em efeitos especiais e aparições divinas. A fé em Deus quebrou-se, naufragou diante da fé no mundo, na fé nos efeitos da natureza como sendo os únicos reais. Assim como a fé nos milagres só mais é a fé em milagres históricos, passados, assim também a existência de Deus só mais é uma representação histórica, em si mesma *ateia*.

Capítulo 22
A contradição na revelação de Deus

O conceito de revelação está relacionado com o conceito de existência. A autodefinição da existência, o testemunho documental que Deus existe é a revelação. As provas somente *subjetivas* da existência de Deus são as provas da razão, já a prova *objetiva*, que é a única prova verdadeira da existência, é a revelação. Deus fala aos homens – a revelação é a *palavra* de Deus – ele se faz ouvir, uma voz que afeta os ânimos e lhe dá a feliz certeza de que Deus é real. A palavra é o evangelho da vida – o sinal distintivo entre ser e não ser. A fé na revelação é o ponto culminante do objetivismo religioso. A certeza subjetiva da existência de Deus torna-se aqui fato indubitável, externo e histórico. A existência de Deus já é em si mesma, uma existência, um ser externo, empírico, mas mesmo assim somente pensado, imaginado e por isso, um ser questionável. Dai resulta a afirmação que toda prova não fornece a certeza satisfatória. Este ser pensado, imaginado como ser real, como *fato é a revelação.* Deus se revelou, *se demonstrou a si mesmo*. Quem ainda pode duvidar? Para mim, a certeza da existência reside na certeza da revelação. Um Deus que somente é sem se revelar, que somente *por mim mesmo* é para mim, um Deus assim é somente um Deus abstrato, imaginado, subjetivo: somente um Deus que *me* coloca em seu conhecimento *através de si* mesmo é um Deus realmente existente, objetivo, *que se confirma sendo.* A fé na revelação é a certeza direta da afetividade religiosa, que aquilo *que se crê, que se deseja, que se imagina é.* A afetividade religiosa *não diferencia* entre subjetivo e objetivo, ela não duvida, ela *não possui os sentidos para ver coisas diferentes*, mas somente para ver *suas concepções como essências fora de si.* Para a afetividade religiosa uma coisa teórica é algo prático, da consciência – um fato. Fato é o que se transforma a partir de um *objeto de razão* em um objeto de *consciência*, fato é o que não se pode criticar, tocar, sem se tornar objeto de injúria,[4] fato é tudo o que se precisa

4 A negação de um fato não tem significado inocente, em si indiferente, mas sim um significado moral nocivo. O cristianismo transformou seus artigos de fé em fatos sensoriais, isto é, inegáveis, intocáveis e através de fatos sensoriais superou a razão e prendeu o espírito. Isto é o verdadeira, última e primitiva explicação acerca do motivo pelo qual o Cristianismo, e não somente o catolicismo mas também o protestantismo, em todas as suas celebrações formais puderam expressar e fazer valer o princípio de que a heresia, isto é, a negação de um dogma ou fato é passível de penalidade a ser devidamente tratado por autoridades profanas, ou seja, é um crime. O que em teoria era um fato sensorial, na prática passa a ser uma violência sensorial. Neste aspecto o

crer *nolens volens*, fato é violência sensorial, não é fundamento, fato e razão não combinam.[5] Cabe na razão como o punho no olho. Oh vós imediatistas filósofos alemães da religião, que nos lançais na cabeça os fatos da consciência religiosa para embotar nossa razão e nos fazer servos da vossa superstição infantil, não vedes que os fatos são igualmente tão relativos, tão diversos, tão subjetivos quanto às representações das religiões? Os Deuses do Olimpo antigamente também não eram fatos, existências que se testemunhavam a si mesmas?[6] Não eram tidas também como fatos as ridículas lendas do pagãos? Os anjos e demônios também não eram personagens históricos? Eles não apareceram de verdade? Antigamente o jumento de Balaão não falou realmente? E não aconteceu que mesmo eruditos esclarecidos ainda do século passado consideravam o jumento falante como milagre real, tão real quanto o milagre da reencarnação ou outro milagre? Oh grandes e profundos filósofos, estudai principalmente a língua do jumento de Balaão! Ela soa estranha ao ignorante, mas eu vos asseguro que, num estudo mais detalhado nesta língua, até podereis encontrar e identificar vossa *língua mãe*, que *este jumento* já ha milênios *tagarelava os mais profundos segredos de vossa sabedoria*

---

cristianismo está muito abaixo do Islamismo, pelo menos ao Alcorão, que não conhece o crime da heresia.

5 Aqui Feuerbach lança mão de um ditado: *passt wie die Faust aufs Auge*, literalmente, serve como o punho no olho. (nota do Tradutor)

6 "Frequentemente os Deuses demonstram sua presença." (Cícero. De nat. D Lib. II) Os escritos de Cícero De nat. D e De divinatione são interessantes especialmente pelo fato de que aqui argumentos utilizados para validar os objetos de crenças pagãs são no fundo ainda hoje apresentados pelos teólogos e positivistas para demonstrar a verdade dos objetos da fé cristã.

especulativa. Fato, meus senhores! para novamente repetir, é uma ideia, em cuja verdade não se duvida porque seu objeto não é coisa de teoria, mas sim de afetividade, que deseja que o desejado, que o crido, *seja* um fato. Fato é aquilo que é proibido negar, mesmo que não exterior, mas interiormente. Fato é toda possibilidade considerada realidade, toda ideia que a seu tempo ali, onde ela é um fato, expressa uma necessidade e, exatamente por isso, é uma barreira intransponível do espírito. Fato é todo desejo representado como realizado, em resumo, fato é tudo aquilo que não é duvidado, pelo simples motivo de não ser duvidado e não deve ser duvidado.

A afetividade religiosa está, de acordo com sua natureza até aqui desenvolvida, na certeza imediata de que todos os seus movimentos e determinações involuntários são impressões externas, aparições de um outro ser. A afetividade religiosa faz de si mesma o ser *passivo* e de Deus o *ativo*. Deus é a atividade, é o que o *define a atividade*, é o que faz de sua atividade (inicialmente atividade total) uma atividade *real*, o próprio motivo, o fundamento, não é ele – ele não necessita de nada para si, ele não possui necessidades – e sim *o homem*, o sujeito ou afetividade religiosos. Mas ao mesmo tempo o homem é novamente determinado por Deus, ele se faz de passivo, ele recebe de Deus determinadas revelações, determinadas provas de sua existência. Deste modo, na revelação o homem *determina-se a si mesmo como motivo de determinação de Deus, e Deus como determinador, quer dizer, a revelação é deste modo somente uma autodeterminação do homem*, mas que entre ele, o determinado, e ele, o determinador, insere-se um objeto: Deus, um outro ser. *O homem concilia através de Deus sua própria essência consigo mesmo – Deus é a união personificada entre a essência o gênero e o individuo, entre a natureza humana e a consciência humana.*

A fé na revelação desvenda de maneira mais clara a característica ilusão da consciência religiosa. A premissa desta fé é: por si mesmo o homem não consegue saber nada a respeito de Deus, tudo que sabe somente é vaidoso, terreno, humano. Deus, por sua vez, é uma essência sobre-humana: Deus reconhece somente a si próprio. Deste modo, não sabemos coisa alguma sobre Deus, além daquilo que ele mesmo nos revelou. Somente o conteúdo transmitido por Deus é de conteúdo *divino, sobre-humano, sobrenatural.* Por meio da revelação conhecemos Deus por meio de si mesmo, pois a revelação é a palavra de Deus, do Deus definido por si mesmo. Por isso, na fé na revelação o homem *nega se*, vai *para fora* e *por cima de si, ele opõe a revelação* ao saber e à opinião humana, nela está contida um saber oculto, o conjunto de todos os mistérios sobrenaturais, aqui a razão precisa silenciar. Mas do mesmo modo a revelação divina é uma revelação *determinada pela natureza humana.* Deus não fala para animais ou anjos, mas sim para os homens, quer dizer, uma *linguagem humana com representações humanas.* O homem é o objeto de Deus, antes mesmo dele se comunicar exteriormente com os homens, *ele pensa* nos homens, *ele se determina de acordo com sua natureza, de acordo com suas necessidades.* Deus pode ser livre na vontade, ele pode revelar ou não, mas não é livre na razão, mas se ele quiser se revelar de alguma forma, não pode revelar o que ele quer, mas sim, o que convém aos homens, o que é adequado à natureza humana como ela é. Ele revela o que precisa revelar, se sua revelação deve ser uma revelação para os homens e não para qualquer outro ser. Assim, o que Deus pensa para os homens, isto ele pensa *determinado pela ideia de homem*, isto *surgiu da reflexão sobre a natureza humana*. Deus *se posiciona* no lugar do homem e pensa isto *de si*, como este outro ser *pode e deve pensar* sobre ele, ele pensa em si não com sua, mas com a *faculdade pensante humana*. No plano da revelação, Deus não depende *de si*, mas sim da *capacidade de compreensão do homem*. O que vem de *Deus nos homens*, isto somente vem dos *homens em Deus* para os homens, quer dizer, somente a partir da essência dos homens para os homens conscientes, do gênero para os indivíduos. Assim, entre a revelação divina e a denominada razão ou natureza humana *nada mais há do que uma diferença ilusória e também a revelação humana é de origem humana, pois não parte de Deus enquanto Deus, mas sim do Deus determinado pela razão humana, pela necessidade humana*, quer dizer, exatamente a partir da razão humana e da necessidade humana o mesmo se originou. Assim também na revelação o homem *parte somente de si, para depois de um desvio voltar novamente para si*! Assim confirma-se também da maneira mais claramente, a partir deste objeto, que o mistério da teologia nada mais é do que a antropologia.[7]

De resto, a consciência religiosa, mesmo em relação a tempos passados, confessa a humanidade do conteúdo revelado. Em tempos posteriores, um Jeová, que da cabeça aos pés é humano e sem

7 O que é então o conteúdo essencial da revelação? Que Cristo é Deus, quer dizer, que Deus é um ser humano. Os pagãos se dirigiam a Deus com suas necessidades, mas duvidavam do fato de Deus ouvir as preces do homem, de Deus ser misericordioso, de Deus ser humano. Mas os cristãos estão convictos do amor de Deus pelos homens: Deus se revelou como homem. (veja-se a este respeito por exemplo de vera Dei invocat. Melanchth. Decl. parte III e Lutero por exemplo Parte IX, p. 538, 539) Isto quer dizer que antes da revelação divina existe a convicção dos Homens de que Deus é homem, que o homem é Deus. Convicção é um fato.

medo exibe sua humanidade, já não é mais suficiente à consciência religiosa. Isto eram somente concepções, nas quais Deus se acomodava à faculdade compreensiva dos homens de então, quer dizer, somente compreensões humanas. Mas em relação a seu conteúdo atual, por estar submersa nele, ele não mais o reconhece. Do mesmo modo, toda revelação divina é uma *revelação da natureza* humana. Na revelação, abre-se ao homem sua natureza oculta, tornando-se ela objeto. Ele é determinado por sua essência, como se fosse radicalmente alterado por outra essência. Ele recebe das mãos de Deus o que para ele é sua própria essência desconhecida como necessidade de determinadas condições temporais.

A fé na revelação é uma fé *infantil* e somente é respeitável enquanto for *infantil*. Mas a criança é determinada de fora. E afinal a revelação tem o objetivo de realizar por meio da ajuda de Deus aquilo que o homem sozinho não consegue alcançar. Por isso denominou-se a revelação como a educação do gênero humana. Isto está correto, basta não situar a revelação fora da natureza humana. Com a mesma intensidade com que o homem é impulsionado internamente para expor doutrinas morais e filosóficas na forma de fábulas e narrações, tão necessário é para ele apresentar como revelação o que lhe foi dado a partir de dentro. O fabulista tem o objetivo de tornar os homens bons e corretos e por isso ele escolhe intencionalmente a forma da fábula como o método a partir do qual ele alcança maior visibilidade e através do qual melhor alcança seus objetivos. Mas ao mesmo tempo ele próprio se sente impelido a esta forma didática devido a seu amor a fábulas e devido a sua natureza interna. Da mesma forma ocorre com a revelação, em cujo ápice está um individuo. Este possui um objetivo, mas ele vive nas representações através das quais realiza este objetivo. O homem *ilustra involuntariamente através de sua imaginação sua essência interna*, ele a apresenta *fora de si*. Esta *ilustração*, esta *personificação*, esta essência da natureza humana que como *lei* de seu pensar e agir atua sobre ele, por meio do *poder invencível* da imaginação, isto é Deus.

Aqui residem os benéficos efeitos morais da fé na revelação que atuam sobre o homem, pois a essência própria somente age no homem inculto, subjetivo, se for apresentada como uma outra essência, de caráter pessoal, que possui o poder de *punir* e que tenha uma visão à qual nada escapa.

Mas como a natureza produz "*in*conscientemente obras que parecem ter sido produzidas *con*scientemente", assim a revelação gera atos *morais sem* estar fundados na moralidade – atos morais e não caracteres morais. Os mandamentos morais até que são mantidos, mas por meio já estranhos ao caráter moral interno, ao coração, de modo que são apresentados como mandamentos de um legislador exterior e se enquadram na categoria de mandamento arbitrário, policial. O que se faz, o que acontece, não é por ser bom e correto, mas porque Deus assim *ordeno*u. O conteúdo *por si só* é indiferente, mas o que Deus ordena é correto.[8] Se estes mandamentos estão em harmonia com a razão, com a ética, isto é bom, mas para o conceito de revelação isto é casual. As leis cerimoniais dos judeus também foram leis *reveladas*, divinas e mesmo assim

---

8 "Tudo aquilo que é cruel se feito sem a ordem de Deus, os hebreus tiveram de fazer na ocasião em que guerrearam por ordem de Deus, o maior Senhor da vida e da morte." (J. Clericus (Comm. in Mos. Num. c. 31, 7) "Sansão fez muita coisa que dificilmente poderia ser perdoada se não fosse concebido como instrumento de Deus, do qual os homens dependem." (*Idem*, Comment. in Judicum c. 14, 19, veja-se também a este respeito por exemplo Lutero, parte I, p. 339. Parte XVI, p. 495)

em si mesmas casuais e arbitrarias. Os judeus receberam de Jeová até o mandamento de *roubar*, mas num caso especial.

Mas a fé na revelação não corrompe somente a estética da virtude, o sentido e senso moral, ela envenena e até mata também o sentido mais divino no homem, *o sentido da verdade, o sentimento de verdade.* A revelação divina é uma revelação determinada e situada no tempo: Deus se revelou de uma vez por todas num determinado momento, e não para os homens de toda parte e todos os tempos, para a razão, para o gênero humano, mas sim para indivíduos determinados e *restritos.* Como foi determinada local e temporalmente, a revelação precisa ser conservada por escrito, a fim de que outros não corrompidos possam também gozar da mesma. A fé na revelação é, por isso, ao mesmo tempo, ao menos aos posteriores, uma fé numa revelação escrita. As consequências e efeitos *necessários* de uma fé, na qual um livro *histórico* é necessário, editado sob todas as *condições de temporalidade e finitude*, que possui o significado de uma palavra eterna, absoluta e válida universalmente – é *superstição* e *sofistica.*

Na verdade, a fé numa revelação escrita somente é uma fé *real, verdadeira, sincera* e neste sentido também *respeitável*, onde se crê que *tudo* que está escrito nas sagradas escrituras é significativo, verdadeiro, santo e divino. Em contrapartida, onde se distingue entre humano e divino, entre o que é valido absolutamente e relativamente, histórico e eterno, onde *nem tudo*, sem exceção, que está na sagrada escritura é incondicionalmente verdadeiro, ali a *sentença da descrença* de que a bíblia *não é um livro sagrado* já é registrado na própria bíblia, ali se renega a ela, ao menos indiretamente, o caráter de uma revelação divina. Unidade, incondicionalidade, não excepcionalidade, confiança *direta* são as únicas características da divindade. Um livro que me impõe *a necessidade da distinção, a necessidade da crítica* para separar o divino do humano, o eterno do temporal, deixa de ser um livro divino, confiável, verdadeiro, ele é expulso para a classe dos livros profanos, pois todo livro profano tem a mesma característica: contém o divino ao lado de ou no humano, quer dizer, o universal ou eterno ao lado do ou no individual. Um livro verdadeiramente bom ou divino não é aquele em que uma parte é boa e outra má, outra é temporal, mas sim, aquele em que, como saindo de uma fundição, tudo é eterno, verdadeiro e bom. Mas que espécie de revelação é esta, na qual eu primeiro preciso ouvir o apostolo Paulo, depois Pedro, Jacó, João, Mateus, Marcos, Lucas, até finalmente encontrar uma passagem, na qual minha alma sedenta de Deus pode exclamar: *eureca*, aqui é o próprio Espírito Santo quem fala, aqui há algo para mim, para todos os tempos e à Humanidade. Por outro lado, com quanta honestidade pensava o a antiga fé ao estender inspiração até a própria palavra e mesmo até a própria letra! A palavra não é indiferente para o pensamento, determinado pensamento só pode ser expresso por determinada palavra. Uma outra palavra, uma outra letra, é um outro sentido. De fato, tal crença é superstição, mas esta *superstição* simplesmente é *a fé verdadeira, sincera, aberta e que não se envergonha de suas consequências.* Se Deus conta os cabelos na cabeça das pessoas, se sem sua vontade nem mesmo um pardal cai do telhado, como poderia ele confiar sua palavra, sua palavra da qual depende a eterna felicidade do homem, a ignorância e arbítrio de escritores? Por que não iria ele ditar seus pensamentos na pena para preservá-los de qualquer deturpação?

"Mas se o homem fosse um simples instrumento do Espírito Santo, seria anulada a liberdade humana".[9] Oh, que argumento miserável! É pois a liberdade humana mais valiosa do que a verdade divina? Ou a liberdade humana consiste apenas na deturpação da verdade divina?

Mas do mesmo modo que a superstição está necessariamente relacionada à fé numa determinada revelação história como verdade absoluta, assim também está ligada à *sofística*. A bíblia contradiz a moral, contradiz a razão, contradiz-se a si mesma inúmeras vezes, mas ela é a palavra de Deus, a verdade eterna e "a verdade não pode nem deve se contradizer".[10] Como o crente na revelação consegue sair desta contradição entre a ideia da revelação como verdade divina e harmônica e a verdadeira revelação ocultada? Somente por meio de autotapeações, somente por meio dos mais tolos argumentos fictícios, somente por meio dos piores e mais mentirosos sofismas. A *sofística cristã* é um *produto da fé cristã*, especialmente da fé na bíblia como revelação divina.

A verdade, a verdade absoluta foi dada objetiva na bíblia e subjetiva na fé, pois diante do que Deus mesmo fala, eu só posso ter um comportamento crente, dedicado e submisso. Somente uma

---

9 Os Jansenistas já observaram muito corretamente contra os Jesuítas: Vouloir reconnoitre dans 1'Ecriture quelque Chose de la foiblesse et de 1'esprit naturel de 1'homme, c'est donner la liberte ä chacun d'en faire Ie discernement et de rejetter ce qui lui plaira de 1'Ecriture, comme venant plutot de la foiblesse de 1'homme que de 1'esprit de Dieu. Bayle (Dict. Art. Adam [Jean] Rem. E.)

10 "Na sagrada escritura não se pode aceitar contradição" (Petrus Lomb. lib. IL dist. IL c. I.). Pensamento semelhante ainda pode ser percebido nos Pais da Igreja, nos reformadores. Assim, por exemplo, Lutero. É de observar ainda que, assim como o Jesuitismo católico tem principalmente a moral como arena de sua sofistica assim também o jesuitismo protestante, que certamente, pelo que eu sei, não representa corporação organizada, tem principalmente a bíblia, a exegese como arena.

questão formal e subordinada resta aqui ao juízo e à razão, pois tem uma posição *falsa* e *contraditória* em relação a sua essência. A razão *para si mesma* aqui é indiferente em contraposição à verdade, em contraposição à distinção entre verdadeiro e falso, ele não possui critério *em si mesmo*. O que consta na revelação é *verdade*, mesmo que isto *contradiga diretamente a razão*, ela foi sacrificada ao acaso do pior empirismo: em tudo que encontrar na revelação divina eu devo *crer* e minha razão, se for necessário, deve *defender*. A razão é o *Canis Domini* e precisa aceitar como verdade tudo *o que é possível sem distinção*, pois a distinção seria *dúvida, sacrilégio*. Na sequência não lhe resta nada além de um pensar *casual*, indiferente, quer dizer, *inverídico, sofista, intrigante*, um pensar que só se ocupa com mais infundadas distinções e subterfúgios, com os mais mesquinhos truques. Mas quanto mais o homem se estranha com a revelação devido ao distanciamento do tempo, quanto mais a razão amadurece à autonomia, tanto mais gritante aparece a necessária contradição entre a razão e a fé na revelação. Então, ao crente resta somente, em contradição *consciente consigo mesmo, com a verdade, com a razão*, confirmar a verdade da divindade e da revelação por meio de *ousada arbitrariedade, mentiras desavergonhadas* – por meio de *pecado* contra o Espírito Santo.

Capitulo 23
A contradição na essência de Deus em geral

O princípio supremo, *o ponto central na sofistica cristã* é *o conceito de Deus*. Deus é a essência humana e mesmo assim *seria um ser diferente, sobre-humana*. Deus é a essência geral e pura, a própria ideia de essência, mesmo assim seria um ser pessoal e individual, ou seja, Deus é pessoa, mesmo assim seria Deus, universal, isto é, um *ser não pessoal*. Deus é, sua existência é óbvia, mais óbvia do que a nossa. Ele possui uma existência separada, diferente da nossa e das coisas, isto é, individual. Mesmo assim, sua existência seria espiritual, isto é, uma existência não *especialmente perceptível*. No seria sempre é negado aquilo que se afirma no é. O conceito fundamental é uma contradição somente ocultada por sofismas. Um Deus que não se ocupa de nós, que não ouve nossas orações, não nos vê nem ama, não é Deus. Assim o maior predicado de Deus passa a ser o *humano*, mas ao mesmo tempo fala-se: um Deus que não existe para si, fora dos homens, acima dos homens, como um *outro* ser, é um fantasma e deste modo, o principal predicado de Deus passa a ser o *não* ou *extra humano*. Um Deus que não é *como nós*, que não possui consciência, inteligência, isto é, que não possui *inteligência e consciência pessoal*, assim como a substância de Spinoza, não é um Deus. A condição principal da divindade é *essencial unidade* com nós. O conceito de divindade passa a *depender* do conceito de personalidade, de consciência, como o mais alto que pode ser imaginado. Mas um Deus, assim fala-se ao mesmo tempo, *que não se diferencia essencialmente de nós* não é um Deus.

O caráter da religião é a contemplação imediata, involuntária, inconsciente da essência humana como uma outra essência. Mas se esta essência contemplada objetivamente passa a ser objeto de reflexão, da *teologia*, então torna-se uma *mina inesgotável de mentiras, ilusões, cegueiras, contradições e sofismas*.

Um artifício e vantagem especial, característica da sofistica cristã, é a *inacessibilidade* e *incompreensibilidade* da essência divina. Mas o mistério desta incompreensibilidade, como se verá, nada mais é do que, simplesmente, uma conhecida característica passar a ser desconhecida, uma qualidade natural passar a ser sobrenatural, quer dizer, não natural, e exatamente por isso gera-se a *aparencia, a ilusão*, de que a essência divina seria diferente da humana e, exatamente por isso, incompreensível.

A incompreensibilidade de Deus, no sentido original da religião, tem somente o significado de uma expressão afetiva. Assim também exclamamos durante um momento de emoção a respeito de um fenômeno surpreendente: é inacreditável, ultrapassa todos os conceitos, e mais tarde, ao voltar a razão, concebemos que o objeto de nossa admiração é nada menos que incompreensível. A incompreensibilidade religiosa não é o ponto ignorante da religião, frequentemente colocado pela reflexão ao lhe faltar a razão, mas sim um patético ponto de exclamação da impressão que a fantasia exerce sobre a afetividade. A fantasia é o instrumento e essência originais da religião. No sentido original da religião, entre Deus e o homem há, por um lado, uma distinção quanto à *existência*, na medida em que o Deus está diante do homem como um ser autônomo. Por outro lado, há uma distinção somente *quantitativa*, quer dizer, uma distinção segundo *a fantasia*, pois as diferenças de fantasia são somente quantitativas. A infinitude de Deus na religião é uma infinitude *quantitativa*, Deus é e possui tudo o que o homem tem, mas em proporção infinitamente maior. A *essência de Deus* é a *essência* objetivada da *fantasia*.[11] Deus é um *ser sensorial*, mas fora dos *limites da sensorialidade* –o ser *sensorial ilimitado.*

---

11 Isto se mostra, entre outros, especialmente no superlativo e na preposição: sobre, hiper, que são antepostos aos predicados divinos e desde sempre desempenharam papel central na teologia, como por exemplo, nos neo platônicos, nos cristãos entre os filósofos pagãos.

Mas o que vem a ser fantasia? A *sensorialidade* sem limites, *ilimitada*. Deus é a existência eterna, quer dizer, a existência sempre e de *todos os tempos*. Deus é a existência *onipresente*, quer dizer, a existência em *todos os lugares*. Deus é o ser onisciente, quer dizer, o ser que tem como objeto *todos os detalhes, tudo que é sensorial* sem distinções, sem limitação temporal ou espacial.

Eternidade e onipresença são características sensoriais, pois nelas não se nega a existência no tempo e no espaço, somente a restrição exclusiva num *determinado tempo* e num *determinado local*. Da mesma forma é a onisciência uma característica sensorial, um saber sensorial. A religião não hesita em atribuir ao próprio Deus os sentidos mais nobres. Deus *vê* e *ouve* tudo. Mas a onisciência divina é um *saber sensorial* do qual a característica, a determinação essencial do saber sensorial e real é *deixada de lado*. Meus sentidos me apresentam os objetos sensoriais somente *um fora do outro e um depois do outro*. Mas Deus apresenta de uma só vez tudo o que é sensorial, tudo o que é espacial de forma não espacial, tudo o que é temporal de forma não temporal, tudo o que é sensorial de forma não sensorial.[12] Isto quer dizer: eu amplio meu horizonte sensorial por meio da fantasia, eu concebo todas as coisas, inclusive as espacialmente ausentes, na ideia confusa da totalidade e estabeleço então esta concepção, que me eleva acima do ponto de referência sensorial limitado e que me toca beneficamente, como uma essência divina. Eu sinto meu saber ligado a um ponto de referência local e a experiência

12 "Deus o número de pulgas, mosquitos, moscas e peixes, ele sabe quantos nascem e morrem, mas ele não sabe isso isoladamente, um depois do outro, mas sim tudo ao mesmo tempo de uma só vez." *Petrus Lomb. (Lib. I, dist. 39, c. 3.)*

sensorial como uma limitação. Isto que sinto como limitação, eu anulo na fantasia, que proporciona um campo aberto aos meus sentimentos. Esta negação através da fantasia é a posição da onisciência como poder e essência de Deus. Mas do mesmo modo existe entre a onisciência e meu saber somente uma diferença quantitativa. A *qualidade* do saber é a mesma. De fato, eu também não poderia atribuir a onisciência a um objeto ou a um ser fora de mim se eles se diferenciassem *essencialmente* de meu saber, se eles não fossem uma *espécie de representação* de mim mesmo, se não existissem em *minha imaginação*. O sensorial é tanto objeto e conteúdo da onisciência divina quanto do meu saber. A fantasia supera somente a limitação da quantidade, não da qualidade. Nosso saber é limitado, ou seja, nós somente sabemos algo, pouco, não tudo.

O efeito benéfico da religião repousa nesta *ampliação* da consciência sensorial. Na religião o homem está ao *ar livre*, *sub divo*, na consciência sensorial ele está em sua moradia apertada e limitada. A religião se refere essencialmente, originalmente – e somente em sua origem ela é algo sagrado, verdadeiro, puro e bom – somente a uma consciência *diretamente sensorial*, *inculta*, ela é a superação das limitações. Pessoas e povos fechados e limitados conservam a religião em seu sentido original, pois eles mesmos permaneceram estagnados na origem, na fonte da religião. Quanto mais limitado o horizonte do homem, quanto menos ele souber acerca da história, natureza, filosofia, tanto mais intensamente ele depende de sua religião.

Exatamente por isso o religioso não tem em si necessidade de educação. Por que os hebreus não tiveram arte nem ciência como os gregos? Porque eles não tinham necessidade disso. E por que eles não tinham esta necessidade? Jeová atendia a esta necessidade. Na onisciência divina o homem se eleva acima das limitações de seu saber,[13] na onipresença divina ele se eleva acima das limitações de seu ponto de vista local, na eternidade divina ele se eleva acima das limitações do tempo. O homem religioso é feliz em sua fantasia. Ele possui tudo ao mesmo tempo, *in nuce*, está sempre com a mala arrumada. Jeová me acompanha por toda parte, eu não preciso sair de mim, em meu Deus eu tenho o suprassumo de todos os *tesouros e preciosidades, de todo saber e memória*. Mas a educação depende do exterior, tem inúmeras necessidades, pois ela *ultrapassa as limitações da consciência e vida sensoriais através de atividade real e sensorial*, não por meio do poder mágico da fantasia religiosa. Por isso a *religião cristã*, conforme já frequentemente citado, *em sua essência não possui principio de cultura, de educação em si,* pois ela supera as limitações e misérias da vida terrena somente *através da fantasia*, somente *em Deus, no céu*. Deus *é tudo* o que o coração anseia e requer, *todas as coisas, todos os bens*. "Tu queres amor, ou fidelidade, ou verdade, ou consolo ou presença constante, isto existe nele em toda parte, sem forma e medida. Se tu desejas beleza, ele é o mais belo, se tu desejas riqueza, ele é o mais rico. Se tu desejas poder, ele é o mais poderoso. Tudo o que teu coração possa desejar, encontras multiplicado por mil nele, que é o simples e o melhor dos bens, Deus."[14] Mas se alguém possui tudo em Deus, já na fantasia goza de felicidade celeste, como poderia ele sentir qualquer necessidade, qualquer pobreza, que é o impulso para a cultura? A cultura não tem outro objetivo senão realizar um *céu terreno*, mas o céu

13 Aqueles que conhecem o onisciente, estes não podem conhecer o nada. *Liber Meditat., c. 26* (Pseudoaugustin).

14 J. Tauler, *l. c., S. 312*.

religioso somente pode ser alcançado ou *realizado* por meio da *atividade religiosa*.

A diferença, que apenas em sua origem é quantitativa, entre a essência divina e a humana se desenvolve, por meio da reflexão, para uma diferença *qualitativa* e por meio disso, o que inicialmente era apenas uma afeição, uma expressão direta de admiração, do entusiasmo, uma impressão da fantasia sobre o espírito, passa a se fixar como uma *qualidade objetiva*, como incompreensibilidade real. A forma preferida da reflexão se expressar neste sentido é que nós somente entendemos de Deus o *que* e nunca o *como*. Por exemplo, que a Deus cabe essencialmente o predicado do criador, que ele criou o mundo não a partir de uma matéria pré-existente e sim a partir do nada através de sua onipotência, isto é claro, sabido, sabido até indubitavelmente, mas *como* isto foi possível, isto naturalmente ultrapassa nosso saber limitado. Isto quer dizer, o *conceito genérico* está claro, conhecido, mas o *conceito específico* é obscuro, desconhecido.

O conceito de atividade, do fazer, criar é, em si e por si, um *conceito divino* e por isso aplicado despreocupadamente a Deus. No fazer o homem se sente livre, ilimitado, feliz. No passivo ele se sente limitado, oprimido, infeliz. *Atividade* é *um sentimento próprio positivo*. Positivo, em geral, é o que no homem vem acompanhado de *alegria* - por isso Deus é o *conceito de alegria pura, ilimitada*, como já dissemos acima. Só temos sucesso naquilo que gostamos de fazer, o júbilo tudo supera. Mas uma atividade alegre é aquela que combina com nossa essência, uma que não vimos como limitação e, consequentemente, como obrigação. A atividade mais feliz, a mais bem aventurada é, todavia, a producente. Ler, por exemplo, é agradável, ler é atividade passiva, mas produzir algo digno de ser lido é ainda mais agradável. Isto também significa que dar é melhor do que receber. O conceito genérico da atividade criadora é então aplicado a Deus, isto é, em verdade contemplado e objetivado como atividade e essência divina. Mas toda *determinação especial*, todo *tipo* de atividade, é separada – somente permanece a determinação fundamental, a determinação fundamental essencialmente humana: a criação *fora de si*. Deus não criou algo especial, isto ou aquilo, como o homem, mas sim, ele criou *tudo*, sua atividade *simplesmente é universal, ilimitada*. Por isso *é óbvio*, é uma consequência necessária, que a *maneira pela qual* Deus tudo criou é incompreensível, porque esta atividade não é um tipo de atividade, *porque a questão do como aqui não faz sentido*, é uma questão desviada pelo conceito fundamental da atividade ilimitada em e para si. Toda *atividade especial* produz *de modo especial* seus efeitos, porque a própria atividade aqui é um determinado modo de atividade. Surge assim a pergunta *necessária*: *Como* ele fez isso? Mas a resposta à pergunta: *como* Deus criou o mundo? *Permanece sem resposta*, porque a atividade criadora do mundo nega, ela própria, *toda atividade determinada*, que unicamente faria jus a questão, recusa um modo de atividade relacionado a um *determinado conteúdo*, a uma determinada *matéria*. Nesta questão entre o sujeito, a atividade criadora e o objeto, o criado, insere-se indevidamente um intermediário excluído, que não cabe aqui: *o conceito de singularidade*. A atividade só se refere ao *coletivo*: *tudo*, mundo. Assim, Deus criou *tudo*, mas não *algo* – o tudo indefinido, o universo, assim como a fantasia o resume, mas não o determinado, o especial. A singularidade é objeto dos sentidos, a totalidade, como universo, é objeto da razão. Tudo surge por vias naturais – é algo determinado e enquanto tal tem razões específicas, tem causas específicas, isto é uma tautologia. Não foi Deus que criou o diamante, mas sim o carbono, o sal se originou não graças a Deus, mas sim graças a uma ligação destes ácidos específicos com bases determinadas. Deus somente criou *tudo junto sem distinção*.

Na concepção religiosa, Deus certamente criou todas as *particularidades*, porque isto já está incluído na ideia do *todo*, mas de forma indireta, pois ele criou o particular não de modo particular, o determinado não de modo determinado, caso contrário ele seria um ser determinado. Certamente é incompreensível a maneira pela qual o determinado surgiu a partir desta atividade geral, indeterminada, mas somente porque eu aqui obscureço o objeto sensorial, a concepção natural, o singular, porque submeto a Deus um objeto diferente daquele que lhe é devido. A religião não possui concepção física do mundo, ela não se interessa pela explicação natural que possa ser dada ao surgimento. Mas o surgimento é um conceito teorético, da filosofia natural. Os filósofos pagãos se ocupavam com o surgimento das coisas. Mas a consciência religiosa cristã condenou este conceito como sendo pagão, irreligioso e o substituiu pelo *conceito humano de criação, prático ou subjetivo*, que nada mais é do que uma proibição de pensar as coisas por vias naturais, um interdito da física e filosofia natural. A consciência religiosa relaciona o mundo diretamente a Deus, deriva tudo de Deus, porque para ela não há objeto em sua singularidade e realidade, nada que for objeto da razão. *Tudo vem de Deus* – isto é suficiente, isto satisfaz completamente a consciência religiosa. A pergunta: *como* Deus cria? é colocar *indiretamente em dúvida* a afirmação de que Deus criou o mundo. Com esta pergunta o homem chegou ao ateísmo, materialismo, naturalismo. Quem assim pergunta, já tem o mundo como objeto de sua teoria, da física, quer dizer, objeto em sua realidade, na singularidade de seu conteúdo. Mas este conteúdo contradiz a concepção do indeterminado, do imaterial, da atividade sem matéria. E esta contradição conduz à negação da concepção fundamental.

A criação da onipotência somente encontra espaço, somente é uma verdade, onde todos os acontecimentos e fenômenos do mundo são derivados de Deus. Já onde a física intercede e toma como objeto de pesquisa os fundamentos determinados, o como do surgimento do homem, ali a onipotência se torna um mito de tempos passados, conforme já citado. Por isso, também à consciência religiosa a criação não é algo incompreensível, quer dizer, insatisfatório, no máximo pode sê-lo somente no momento da irreligiosidade, da dúvida, quando se desvia de Deus e se volta para as coisas, à reflexão, à teologia, que com um olho espreita o céu e o outro o mundo. Tanto na causa, quanto no efeito. Uma flauta só produz som de flauta, mas não de fagote ou trompete. Se tu ouves um fagote e nunca ouvistes nem vistes além da flauta qualquer outro instrumento de sopro, então certamente te serás incompreensível como pode surgir da flauta tal som. Assim também acontece aqui, só que a comparação é indevida na medida em que a flauta é ela própria um instrumento determinado. Mas imagina, se possível, um simples instrumento universal, que une em si todos os outros instrumentos, sem ela mesmo ser um instrumento *determinado*, então tu te darás conta que é uma tola contradição pedir um determinado som, que pertence a um instrumento determinado, a um instrumento do qual tu deixas de lado o característico de todos os instrumentos determinados.

Mas ao mesmo tempo, sob esta incompreensão, está o objetivo de distanciar a atividade divina da humana, afastar a semelhança, a uniformidade ou antes a unidade essencial com a humana, para fazer dela uma atividade *essencialmente outra*. Esta diferença entre a atividade divina e a humana é o *nada*. Deus faz – ele faz além dele algo *como* o homem. Fazer é um conceito genuíno, fundamentalmente humano. A natureza gera, produz, o homem *faz*. Fazer é uma ação que eu posso omitir, uma ação intencional, proposital, exterior, uma ação na qual minha essência interior não participa diretamente, na qual eu não sou ao mesmo tempo passivo, atacado. Em contrapartida, uma produção espiritual é uma atividade não indiferente, idêntica a minha essência, que me é necessária, que me é uma necessidade interior e exatamente por isso me toca o mais profundamente, me afeta patologicamente. Obras espirituais não são feitas – o fazer aí se refere somente à atividade exterior – elas são *criadas* em nós.[15] Mas fazer é uma atividade indiferente, livre, isto é, arbitrária. Até este ponto Deus está totalmente de acordo com os homens, pelo fazer ele não se diferencia do homem, muito pelo contrário, é dada até certa ênfase de que o fazer dele é livre, arbitrário e até em conformidade de suas *preferências*. Deus tinha preferências, sentiu prazer em criar o mundo. Assim o homem endeusa o agrado a partir de seu próprio agrado, de sua própria preferência e de sua arbitrariedade

15 Por isso em tempos mais recentes também se transformou a atividade do gênio em atividade criadora universal, de modo a abrir com isso um novo campo para a imaginação religiosa-filosófica. – Um interessante objeto para a crítica seria o modo pelo qual a especulação religiosa desde sempre procurou conciliar a liberdade, ou melhor a arbitrariedade, quer dizer, a desnecessidade da criação, que contradiz a razão, com a necessidade da razão, quer dizer, com a própria razão. Mas está critica não esta em nossos objetivos. Criticamos a especulação somente por meio da crítica religiosa, restringimo-nos somente ao original, ao fundamental. A crítica da especulação resulta da mera conclusão.

infundada. A determinação fundamentalmente humana da atividade divina torna-se, através da concepção de preferência, ela mesma *simplesmente* humana – de espelho da essência humana Deus passa a ser espelho da vaidade e da arrogância humana.

Mas de repente a harmonia cede lugar para a desarmonia, o homem *até agora único se parte em dois*: Deus faz *a partir do nada*, ele *cria*, fazer a partir do nada é criar, esta é a diferença. A determinação *essencial* é humana, mas assim que a *determinação* desta característica fundamental é eliminada, ela transforma a reflexão em *não* humana. Mas com esta eliminação se apagam o conceito e a razão, sobrando somente uma concepção nula e vazia de conteúdo, porque o pensável, o inimaginável, já está esgotado, quer dizer, a diferença entre a determinação humana e a divina em verdade é o nada, um *nihil negativum* da razão. A ingênua confissão do nada da razão é o *nada como objeto*.

Deus é amor, mas não amor humano, Deus é razão, mas não a humana, não, uma razão *essencialmente outra*. Mas em que consiste a diferença? Não posso pensar ou imaginar outra razão que não seja nas características pelas quais ela se apresenta em nós. Não posso dividir em duas ou em quatro partes, de modo que venhamos a ter mais razões, só posso conceber *uma e a mesma* razão. Contudo posso pensar a razão em si, quer dizer, livre de eventuais limitações, mas mesmo assim sem deixar de lado a *característica essencial*. Em contrapartida, a reflexão religiosa elimina exatamente *a* característica que faz de algo aquilo *que ela é*. Somente aquilo, segundo a qual a razão divina é idêntica à humana, somente isto é *algo*, é *razão*, um verdadeiro conceito. Mas aquilo que a faz outra, que a deveria fazer essencialmente outra, *objetivamente* é nada, *subjetivamente é pura imaginação*.

Outro exemplo característico é o *inacessível mistério da geração do filho de Deus*. A geração de Divina é naturalmente diferente da simples natural, certamente, uma geração *sobrenatural*, quer dizer, na verdade uma geração somente *ilusória, aparente*. – uma geração para a qual se desvia *a* característica, segundo a qual a geração é *geração*, pois falta-lhe a diferença de sexo. Trata-se pois de uma geração que *contradiz a natureza e a razão*, mas exatamente por isso, por ser uma *contradição*, por não expressar nada *definido*, por não fornecer *matéria ao pensar*, fornece à fantasia um campo tanto mais vasto, por isso causa no espírito a impressão da *profundidade*. Deus é *pai* e *filho* – Deus, pense só! *Deus*. A afetividade *toma conta* do pensamento. O sentimento da unidade com Deus põe o homem fora de si por êxtase. Confunde-se o *distante* com o *próximo*, o *diferente* com o *igual*, o *mais elevado* com o *mais profundo*, o sobrenatural com o *natural*, o divino *como sendo o humano*, nega-se que o divino *seja algo diverso* do humano. Mas *esta unidade* do divino com o humano novamente é imediatamente *negada*: o que Deus tem em comum com os homens, isto deve *significar* em Deus algo bem diferente do que nos homens – deste modo o próprio novamente se torna estranho, o conhecido torna-se desconhecido, o próximo passa a ser distante. Deus não *gera* como a natureza, *não é* pai e *não é* filho assim como nós – mas *como então?* Bem, isto é exatamente o incompreensível, a indescritível profundeza da geração divina. Deste modo a religião, ou antes a teologia, coloca o natural, o humano, a qual ela elimina, sempre por último novamente em Deus, mas agora em *contradição* com a essência humana, com a essência da natureza, porque em Deus seria algo diferente, mas mesmo assim em verdade, *nada* de diferente.

Em todas as outras qualidades da essência divina, este nada da diferença é oculto, na criação, em contrapartida, é um nada *conhecido, expresso, objetivo* – por isso *o nada notório, oficial da teologia em sua diferença com a antropologia.*

Mas a característica fundamental, pela qual o homem transforma sua própria essência alienada em essência desconhecida incompreensível, é o conceito, a concepção de *autonomia, de individualidade* ou – o que vem a ser uma expressão abstrata – de *personalidade.* O conceito de existência se realiza apenas no conceito de revelação, mas o conceito de revelação como autotestemunho apenas se realiza no conceito de personalidade. Deus é um *ser com personalidade* – esta é a palavra de ordem que de uma só vez transforma o concebido em real, o subjetivo em objetivo. Todos os predicados, todas as características da essência divina são fundamentalmente humanas, mas como características de um ser pessoal, *outro,* diferente e dependente do homem, elas *parecem* diretamente também ser *realmente outras* características, mas de tal modo que mesmo assim ainda continua tendo como fundamento a *unidade essencial.* Com isso se estabelece para a religião o assim chamado conceito de Antropomorfismo. As *antropomorfias* são semelhanças entre Deus e os homens. As características da essência humana e divina *não são as mesmas, mas bastante semelhantes.*

Por isso a personalidade é também o *antídoto* contra o *panteísmo*, quer dizer, por meio da *concepção da personalidade* a reflexão religiosa *esquece* a não diferença da essência humana e divina. A expressão crua e mesmo assim ainda expressiva do panteísmo é: o homem é uma emanação ou *parte* da essência divina. Em contrapartida, para o religioso o homem é a *imagem* de Deus, ou também um ser com *parentesco* divino, pois de acordo com a religião, o homem não provém da natureza, mas sim da espécie divina, de descendência divina. Mas parentesco é uma expressão indefinida e ambígua. Existem diversos graus de parentesco, próximos e distantes. De que grau de parentesco se trata afinal? Para o relacionamento do homem para com Deus, no sentido da religião, somente uma única relação de parentesco serve – o mais próximo, o mais interno, o mais sagrado que se possa imaginar – a relação do filho para com o pai. De acordo com isso, Deus e homem se distinguem: Deus é o pai do homem, o homem é o filho, o filho de Deus. Aqui é expressa ao mesmo tempo a autonomia de Deus e a dependência do homem, de forma direta como um objeto do sentimento, enquanto que no panteísmo a parte aparece com a mesma autonomia do todo, visto que o todo é apresentado como resultado da junção de suas partes. Mas ao mesmo tempo esta diferença é somente *aparente*. O pai não é pai sem seu filho, somente juntos é que formam um ser comum. No amor o homem abre mão de sua autonomia, rebaixando-se a *parte* – um autorrebaixamento, uma auto-humilhação que só equilibra porque a outra parte do mesmo modo se rebaixa, porque ambos se submetem a um poder superior – o poder do espírito familiar, do amor. Por isso acontece aqui a mesma relação entre Deus e homem que há no panteísmo, com a diferença de que aqui é uma relação pessoal, patriarcal, enquanto que no panteísmo a relação é impessoal, geral. No Panteísmo é expresso *lógica*, *determinada* e *diretamente* o que na religião é contornado pela *fantasia*. A identificação, ou melhor, a não diversidade entre Deus e o homem, é aqui por meio disso dissimulada, de modo que ambos são concebidos como personalidades ou individualidades e, ao mesmo tempo, Deus, *exceto no que se refere a sua paternidade*, como um ser autônomo. Mas uma autonomia que também somente é aparente, pois quem é pai do fundo do coração, assim como o Deus religioso, tem em seus filhos toda sua vida e essência.

A íntima relação de dependência mútua de Deus como pai e do homem como filho não pode ser afrouxada pela distinção de que somente Cristo seria o filho natural e os homens seriam filhos adotivos, que Deus estaria em relação de dependência essencial somente com Cristo como filho legítimo e de forma alguma com os homens. Esta diferenciação é também somente teológica, quer dizer, ilusória. Deus adotou somente *homens*, não animais. O motivo da adoção reside na natureza humana. O homem, adotado por graça divina é somente o homem consciente de sua natureza e virtude divina. Acima dele o próprio filho legítimo não passa de um conceito de humanidade, de um homem *preocupado* consigo mesmo, o homem que diante de si mesmo e do mundo se oculta em Deus – o homem *celeste*. O logos é o homem secreto, silencioso; o homem é o logos aberto, expresso. O logos é somente o *prenúncio* do homem. O que se refere ao Logos, é válido para a essência do homem.[16] Mas entre Deus e o filho legítimo não há diferença quanto à essência – quem conhece o filho, conhece o pai – da mesma forma também entre Deus e o homem.

A mesma circunstância ocorre também com *a semelhança com a imagem* de Deus. A imagem aqui não é uma essência inanimada, mas sim viva. O homem é a imagem de Deus, isto nada mais quer

16 "Seria possível para mim ganhar a maior união que Cristo teve com o Pai, se eu pudesse abandonar o que é deste ou daquele e me chamar humanidade. Tudo o que Deus deu a seu filho legitimo, deu a mim com tanta perfeição quanto a ele. (*Pregações de alguns mestres anteriores aos tempos de Tauler, Hamburg, 1621, p. 14*) "Não há diferença entre o filho legítimo e a alma não" (*Idem*, p. 68)

dizer que o homem é um ser *semelhante* a Deus. A semelhança entre seres vivos repousa em parentesco natural. A semelhança da imagem se reduz assim para parentesco: o homem é semelhante a Deus por ser seu filho. A semelhança somente ocorre no sentido do parentesco, a partir daquela concluímos em toda parte esta.

Mas a semelhança é igualmente uma concepção enganadora, ilusória e fugidia quanto à concepção de parentesco. Somente a concepção de personalidade é que afasta a unidade natural. A semelhança é *a* unidade *que não assume sua unidade*, que se esconde por trás de um nebuloso *medium*, por trás da névoa da fantasia. Se eu afastar esta névoa, esta bruma, então chego a *unidade nua*. Quanto mais semelhante são os seres, tanto menos eles se diferenciam, se eu conheço um, também conheço o outro. Contudo, a semelhança tem seus graus. Mas também a semelhança entre Deus e os homens tem seus graus. O bom e devoto é mais semelhante a Deus do que o homem que tem como fundamento de sua semelhança somente a natureza do homem em geral. É de se supor também aqui um grau máximo de semelhança, mesmo que não seja atingido neste mundo, mas sim no outro mundo. Mas o que o homem irá se tornar algum dia, isto já agora lhe pertence, ao menos segundo a possibilidade. Mas o mais alto grau de semelhança ocorre quando dois indivíduos ou seres dizem e expressam *a mesma coisa*, de modo que não há maior diferença, alem do fato de ser *dois* indivíduos. As qualidades essenciais, de acordo com as quais podemos distinguir as coisas, são em ambos as mesmas. Por isso não posso distingui-los através de meu pensamento, através de minha razão – os pontos de referência para razão desapareceram – eu somente posso distingui-las por meio da concepção e contemplação sensorial.

Se meus olhos não me dissessem: são de fato dois seres diferentes de acordo com sua existência – minha razão tomaria ambos por um e o mesmo ser. Por isso eles confundem até meus olhos. Confundível é aquilo que é diferente para o sentido, não para a razão, ou muito mais aquilo que é diverso quanto à existência e à essência. Por isso, pessoas totalmente idênticas quase que por si mesmas tem um encanto extraordinário para a fantasia. A semelhança oferece motivos para todo tipo de mistificações e ilusões, pois meus olhos zombam de minha razão, para a qual o conceito de uma existência autônoma sempre está relacionado ao conceito de uma determinada diferença.

A religião é a luz do espírito, a qual se quebra em dois no Médium da Fantasia e da afetividade, contemplando o *mesmo* ser como *duplo*. A semelhança é *a unidade da razão*, a qual no campo da realidade é dividida, *interrompida* pela concepção sensorial direta, no campo da religião pela concepção da imaginação. Em resumo, é *a identidade da razão cindida pela concepção da individualidade ou personalidade.* Não posso descobrir uma real diferença entre pai e filho, original e cópia, Deus e homem, se não inserir a concepção de personalidade. A semelhança é a unidade, que é *confirmada* pela razão, pelo senso de verdade, e *negada* pela imaginação, a qual permite uma aparente diferença, uma concepção aparente, que não diz exatamente sim e que não diz exatamente não. [conferir anexo, secção VI nota 347].

NIETZSCHE

Tradução: Denilson Luís Werle

Biografia

Friedrich W. Nietzsche nasceu em 15 de outubro de 1844, em Roecken, na Saxônia, e faleceu em Weimar, no ano de 1900. Autor de obras como *Genealogia da moral*, *Para além de bem e mal*, *Assim falou Zaratustra*, *O Crepúsculo dos ídolos* e *O Anticristo*, Nietzsche foi sem dúvida um dos mais radicais e influentes pensadores contemporâneos, ao lado de Sigmund Freud e Karl Marx. Ele denunciou a ideia de divindade e a cosmovisão metafísica e religiosa como negações brutais, covardes e patológicas de tudo o que é real e vital na existência. Como superação do niilismo expresso sobretudo pelo cristianismo, por este conceber a vida terrestre como um vale de lágrimas passageiro e depreciá-la em nome de um além superior, Nietzsche preconizou o dionisíaco *amor fati*, uma afirmação enfática e integral de tudo o que há de doloroso, absurdo, prazeroso e sem finalidade nesta única vida.

O Anticristo (1888)

§2

O que é bom? – Tudo que eleva, no homem, o sentimento de poder, a vontade de poder, o próprio poder. O que é mau? – Tudo que se origina da fraqueza. O que é felicidade? – O sentimento de que o poder aumenta – de que uma resistência foi superada. Não o contentamento, mas mais poder; não a paz em geral, mas a guerra; não a virtude, mas a capacidade (virtude no sentido da Renascença, virtu, virtude livre de moralismos). Os fracos e os fracassados devem perecer: primeiro princípio de nosso amor aos seres humanos. E ainda se deve ajudá-los nisso. O que é mais nocivo que qualquer vício? – A compaixão ativa com todos os fracos e fracassados – o cristianismo...

§3

O problema que aqui apresento não consiste em saber o que deve distinguir a humanidade da cadeia dos seres (– o ser humano é um fim –): mas sim que tipo de ser humano se deve cultivar, que deve ser desejado como sendo o mais valioso, o mais digno de viver, a garantia mais segura do futuro. Este tipo mais valioso já esteve muitas vezes presente no passado: mas sempre como um feliz acaso, como uma exceção, nunca como algo desejado. Justamente por isso foi o mais temido; até agora, esteve próximo do que é temível; – e devido a esse temor, o tipo contrário foi desejado, cultivado e realizado: o animal doméstico, o animal de rebanho, a animal humano doente: o cristão...

§5

Não se deve adornar ou enfeitar o cristianismo: ele travou uma guerra mortal contra este tipo superior de ser humano; excomungou todos os instintos mais profundos desse tipo superior; a partir desses instintos, destilou o mal, aquele que é mau – o ser humano forte como o ser humano réprobo, como o que deve ser tipicamente condenável. O cristianismo tomou o partido de tudo o que é fraco, baixo e fracassado; fez da oposição a todos os instintos de preservação da vida forte um ideal; corrompeu a própria razão daquelas naturezas espiritualmente mais fortes ao ensinar que os valores mais elevados da espiritualidade devem ser sentidos como pecados, descaminhos, tentações. O exemplo mais lamentável – a corrupção de Pascal, o qual acreditava na corrupção de sua razão por meio do pecado original, quando na verdade ela tinha sido corrompida apenas por seu cristianismo!

§8

É necessário dizer quem consideramos como adversário – os teólogos e tudo que tem sangue teológico no corpo... toda nossa filosofia. É preciso ter visto a fatalidade de perto, melhor ainda, é preciso tê-la vivido em si mesmo, é preciso ter quase sucumbido por ela, para não mais compreendê-la como uma piada (– o arrazoado livre de nossos naturalistas e fisiologistas me parece uma piada – falta-lhes a paixão nessas coisas; o sofrer com elas –). Este envenenamento vai muito mais longe do que se imagina: reencontrei a altivez do instinto teológico por toda parte onde alguém atualmente se sente um "idealista" – onde, devido a uma origem superior, assume-se o direito de olhar sobre a realidade efetiva de cima e como estranho... O idealista, completamente igual ao padre, tem todos os grandes conceitos à mão (– e não apenas à mão!); joga com eles com um desdém benevolente em relação ao "entendimento", aos "sentidos", à "honra", ao "bem viver", à "ciência"; vê coisas semelhantes a essas como abaixo de si, como forças nocivas e sedutoras, sobre as quais "o espírito" se movimenta na sua autossuficiência pura – como se a humildade, a castidade, a pobreza, em uma palavra, a santidade, não tivessem causado muito mais danos indizíveis à vida que quaisquer outros horrores e vícios... O puro espírito é a pura mentira... Enquanto o padre – esse negador, caluniador e envenenador da vida por vocação – ainda for tido como um tipo superior de ser humano, não haverá resposta à pergunta: Que é a verdade? Já se colocou a verdade de ponta cabeça quando o advogado do nada e da negação é tido como o representante da verdade.

§9

Combato esse instinto teológico: encontrei seu vestígio em toda parte. Quem tem sangue teológico no corpo, de saída se coloca diante das coisas de forma enviesada e desonesta. o pathos que se desenvolve disso chama-se fé: fechar os olhos de uma vez por todas para si mesmo a fim de não sofrer ao ver o aspecto de uma falsidade incurável. Faz-se uma moral, uma virtude, uma santidade a partir dessa ótica falsa sobre todas as coisas; amarra-se a boa consciência a um olhar falso; exige-se que nenhum outro tipo de ótica possa ter mais valor, depois de se ter tornado sacrossanta a visão própria com os nomes "Deus", "salvação" e "eternidade". Ainda desenterrarei este instinto teológico em toda parte: é a forma de falsidade mais disseminada, a forma propriamente subterrânea, que existe na face da Terra. O que um teólogo considera como verdadeiro tem de ser falso: tem-se aqui quase um critério da verdade. É seu instinto mais baixo de autopreservação que lhe proíbe que, em algum ponto, a realidade efetiva possa ser reconhecida ou apenas possa ser dita. Até onde a influência dos teólogos alcança, o juízo de valor é colocado de ponta-cabeça, os conceitos de "verdadeiro" e "falso" são necessariamente invertidos: denomina-se "verdadeiro" o que é mais prejudicial à vida; e "falso" o que a exalta, a intensifica, a afirma, a justifica e a faz triunfante... Quando acontecer de os teólogos, por meio da "consciência" dos príncipes (ou dos povos –), estenderem sua mão ao poder, não duvidamos do que, no fundo, toda vez acontece: a vontade pelo fim, a vontade niilista, quer o poder...

§13

Não subestimemos isto: que nós mesmos, espíritos livres, já somos a "transvaloração de todos os valores", uma declaração pessoal de guerra e de vitória contra todos os velhos conceitos de"verdadeiro" e "não verdadeiro". Os juízos mais valiosos são encontrados mais tardiamente; mas os juízos mais valiosos são os métodos. Todos os métodos, todos os pressupostos de nossa cientificidade atual tiveram contra si, desde milênios, o mais profundo desprezo; por causa deles, alguém era excluído do convívio com as pessoas "honestas" – passava por "inimigo de Deus", por desdenhador da verdade, por "possesso". Como caráter científico pertencia-se à Chandala... Tínhamos todo o pathos da humanidade contra nós – seus conceitos sobre o que deveria ser a verdade, de qual deveria ser a função da verdade – todo "tu deves" era te então dirigido contra nós... Nossos objetivos, nossos métodos, nosso tipo silencioso, cauteloso, desconfiado – tudo lhes parecia algo completamente indigno e desprezível. – Por fim, poder-se-ia perguntar, como alguma justiça, se não foi, na verdade, um gosto estético que manteve a humanidade por tanto tempo em uma tal cegueira: a humanidade exigia da verdade um efeito pitoresco, e do mesmo modo exigia daquele que conhece que ele atuasse fortemente sobre os sentidos. Nossa modéstia foi por muito tempo ofensiva ao gosto deles... Oh! Como o adivinharam, esses Quão bem o adivinharam, esses perus do divino!

§14

Nós desaprendemos. Nos tornamos inteiramente mais modestos. Não derivamos mais o ser humano do "espírito", do "divindade"; situamo-lo novamente entre os animais. Consideramo-lo como o mais animal mais forte porque é o mais astuto; uma consequência disso é sua espiritualidade. Por outro lado, nos esforçamos para não cair numa vaidade que aqui também poderia se anunciar: como se o ser humano tivesse sido o grande propósito oculto da evolução animal. Em função disso ele não é nenhum coroamento da criação: cada ser ao lado dele está no mesmo estágio da perfectibilidade... E mesmo quando afirmamos isso, afirmamos muito: o ser humano, tomado relativamente, é o animal mais fracassado, o mais doentio, o mais perigosamente desviado de seus instintos – e com tudo isso, é certamente o mais interessante! – No que diz respeito aos animais, Descartes foi o primeiro que, com uma ousadia digna de respeito, arriscou ter a ideia de entender os animais como máquinas: toda a nossa fisiologia é um esforço para provar a veracidade dessa teoria. Nós também logicamente não deixamos o ser humano de fora, como ainda o fez Descartes: tudo o que atualmente sabemos sobre o ser humano não vai além daquilo que dele compreendemos como máquina. No passado, atribuía-se ao ser humano, como seu dote de alguma ordem superior, a "vontade livre"; hoje, lhe retiramos até essa vontade, no sentido de que não se pode mais compreender nenhuma capacidade sob esse termo. A velha palavra "vontade" só serve para definir uma resultante, um tipo de reação individual, que se segue necessariamente de uma multidão de estímulos parcialmente discordantes e parcialmente harmoniosos – a vontade não mais "age" ou "movimenta"... Outrora via-se na consciência do ser humano, seu "espírito", a prova de sua origem superior, de sua divindade. Para aperfeiçoar o ser humano, aconselhavam-no a, assim como a tartaruga, recolher seus sentidos em si mesmo, a suspender seu comércio com as coisas terrenas, a não se importar com seu invólucro mortal: então, preservaria a parte principal, o espírito puro. Sobre isso também refletimos melhor: para nós a consciência, ou "o espírito", aparece como um sintoma de uma relativa imperfeição do organismo, como um experimento, um tatear, um equívoco, como uma labuta na qual é consumida desnecessariamente muita força nervosa – negamos que alguma coisa possa se tornar perfeita pelo fato de ter sido conscientemente. O "espírito puro" é uma bobagem pura: descontemos o sistema nervoso e os sentidos, o "invólucro mortal", logo, erramos no cálculo – nada mais!...

§15

No cristianismo, nem a moral nem a religião têm qualquer ponto de contado com a realidade efetiva. Apenas causas puramente imaginárias ("Deus", "alma", "eu", "espírito", "vontade livre" – ou mesmo a "não–livre"); somente efeitos imaginários ("pecado", "salvação", "graça", "punição", "remissão dos pecados"). Uma transação entre seres imaginários ("Deus", "espíritos", "almas");

uma ciência imaginária da natureza (antropocêntrica; uma ausência completa do conceito de causas naturais); uma psicologia imaginária (apenas mal-entendidos sobre si, interpretações de sentimentos gerais agradáveis ou desagradáveis, por exemplo, os estados do "nervus sympathicus" com a ajuda da linguagem simbólica da idiossincrasia moral–religiosa – "arrependimento", "peso na consciência", "tentação do demônio", "a presença de Deus"); uma teleologia imaginária (o "reino de Deus", "o juízo final", a "vida eterna"). – Esse mundo puramente fictício se distingue, com muita desvantagem para si, do mundo dos sonhos, por este último refletir a realidade efetiva, enquanto aquele falsifica, desvaloriza e nega a realidade efetiva. Depois do conceito de "natureza" ter sido inventado como conceito oposto ao de "Deus", a palavra "naturalmente" teria de ser a palavra para "reprovável" – aquele mundo de ficções tem sua raiz no ódio contra o natural (– a realidade efetiva! –), é a expressão de um profundo mal-estar ao que é realmente efetivo... Mas com isso tudo está explicado. Quem unicamente tem razões para se abstrair mentirosamente da realidade efetiva? Quem sofre com ela. Mas sofrer com a realidade efetiva significa uma realidade efetiva malograda... A preponderância dos sentimentos de desprazer sobre os sentimentos de prazer é a causa dessa moral e religião fictícias: mas tal preponderância também fornece a fórmula para a décadence...

§16

À mesma conclusão nos obriga uma crítica do conceito cristão de Deus. – Um povo que ainda acredita em si mesmo também ainda tem seu próprio Deus. Nele venera as condições pelas quais está acima, suas virtudes – projeta o prazer que tem consigo mesmo, seu sentimento de poder, em um ser a que pode agradecer por isso. Quem é rico, quer doar; um povo orgulhoso precisa de um Deus para fazer sacrifícios... Dentro de tais pressupostos, a religião é uma a de gratidão. É-se grato por si mesmo: para isso se precisa de um Deus. Um tal Deus tem de poder ser útil e pernicioso, tem de poder ser amigo e inimigo admirado no bom como no ruim. A castração antinatural de um Deus em um meramente do bem seria aqui totalmente indesejável. Tem-se tanta necessidade do Deus mau quanto do bom; aliás, não é precisamente à tolerância, à amizade aos humanos, que se deve a própria existência... De que serviria (um Deus que não conhecesse ira, vingança, inveja, escárnio, astúcia, violência? que talvez nem tivesse conhecimento dos deliciosos ardores da vitória e do aniquilamento? Não se entenderia um tal Deus: para que se haveria de tê-lo? – Sem dúvida: quando um povo sucumbe; quando sente desaparecer definitivamente sua crença no futuro, sua esperança de liberdade; quando a submissão como primeira utilidade, as virtudes do submisso como condições de conservação lhe entram na consciência, então é preciso alterar também seu Deus. Ele se torna agora furtivo, teme, modesto, convida à "paz da alma", ao não-mais-odiar, à indulgência, ao "amor" mesmo, para com amigo e inimigo. Moraliza continuamente, toda virtude privada é enterrada na caverna, torna-se Deus para todos, torna-se homem privado, torna-se cosmopolita... Outrora representava um povo, a força de um povo, a agressividade e sede de poder da alma de um povo: agora é meramente o bom Deus... De fato, não há outra alternativa para Deuses: ou são a vontade de poder – e então serão Deuses de povos – ou senão a impotência de poder então se tornam necessariamente bons...

§18

O conceito cristão de Deus – Deus o como Deus dos doentes, o Deus como aranha, deus como espírito – é um dos conceitos mais corruptos a que se chegou na terra; representa talvez a medida mais profunda do desenvolvimento de degradação do tipo divino. Deus degradado à contradição da vida, em vez de ser sua apoteose e eterno sim! Nele declara-se a inimizade à vida, à natureza, à vontade de viver! Deus, a fórmula para toda difamação desse lado e para toda mentira sobre o para além! O nada é endeusado em Deus e a vontade do nada é santificada...

§23

O Budismo, repito, é cem vezes mais frio, verdadeiro, objetivo. Não tem mais a necessidade de tornar respeitável seu sofrimento, sua capacidade para a dor, por meio da interpretação do pecado – diz o que simplesmente pensa: "eu sofro". Para os bárbaros,

Ao contrário, o sofrimento em si não é respeitável: precisa primeiro uma exposição para admitir que sofre (seu instinto o induz a negar completamente seu sofrimento, ou a suportá–lo em silêncio). Aqui a palavra "Diabo" era um benefício: tinha-se um inimigo poderoso e temível – não havia motivos para se envergonhar em sofrer por causa de um inimigo assim. – Em sua base, o cristianismo possui algumas sutilezas que pertencem ao Oriente. Antes de mais nada, sabe que é de pouca relevância se uma coisa é verdadeira, mas é da mais alta importância desde que se acredite que é verdadeira. A verdade e crença de que algo é verdadeiro: aqui temos dois mundos de interesses inteiramente distintos, praticamente dois mundos opostos – chega-se a um ou outro por caminhos fundamentalmente diferentes. Estar ciente disso – é isso que quase faz um sábio no Oriente. Assim o entendem os brâmanes; assim o entende Platão, todo estudante da sabedoria esotérica. Quando, por exemplo, a felicidade consiste em acreditar estar livre dos pecados, então não é necessário, como pressuposto, que o homem seja pecador, mas apenas que ele se sinta pecador. Mas quando a fé é imprescindível em tudo, então é necessário que a razão, o conhecimento e a investigação meticulosa caiam em descrédito: o caminho para a verdade torna-se um caminho proibido. – A forte esperança é um estimulante muito mais vigoroso à vida que qualquer espécie de felicidade verdadeira. Os que sofrem devem ser amparados por uma esperança que não pode ser contradita por nenhuma realidade efetiva, que não pode ser consumida por nenhuma realização: uma esperança para além deste mundo (precisamente por causa dessa capacidade de socorrer os infelizes essa esperança era considerada pelos gregos como o mal dos males, como o mais maligno de todos males; permaneceu no fundo do tonel do mal). – Para que o amor seja possível, Deus tem de ser pessoa; para que os instintos mais baixos possam ter voz, Deus tem de ser jovem. Para o ardor das mulheres tem-se um belo santo; para os dos homens, coloca-se Maria no primeiro plano. Isso sob o pressuposto de que o cristianismo queira dominar um solo no qual o culto de Afrodite ou de Adônis já tenham definido o conceito de culto. A exigência de castidade reforça a veemência e a interioridade do instinto religioso – torna o culto mais fervoroso, mais entusiástico, mais espirituoso. – O amor é o estado no qual o ser humano, na maioria das vezes, vê as coisas como elas não são. A força da ilusão alcança seu ápice aqui, assim como a capacidade para a suavização e para a transfiguração. Suporta-se mais no amor do que em outro lugar, tolera-se tudo. Tratava-se de inventar uma religião na qual se pudesse amar: assim supera-se o que há de mais difícil na vida – nem se o percebe mais. – E isso tudo com as três virtudes cristãs: fé, amor, esperança: denomino-as as três espertezas cristãs. – O budismo é muito tardio, muito positivista para ser astuto desse modo.

§25

A história de Israel é inestimável como uma história típica de toda desnaturação dos valores naturais: indico cinco fatos disso. Originalmente, acima de tudo no tempo da monarquia, Israel também se posicionava corretamente em relação às coisas, ou seja, numa relação natural. O seu Iavé era a expressão da consciência de poder, de sua alegria consigo mesmo, da esperança em si: através dele os judeus buscavam a vitória e a salvação, através dele esperavam que a natureza lhes desse tudo que fosse necessário para sua existência – acima de tudo, chuva. Iavé é o Deus de Israel e, consequentemente, o Deus da justiça: essa é a lógica de todo povo que está no poder e que tem consciência disso. No culto festivo, se expressam ambos os lados dessa autoafirmação de um povo: deve-se agradecer aos grandes destinos que o conduziram ao topo, pelo ciclo das estações e por toda sorte na criação do gado e na lavoura. – Esse estado de coisas permaneceu como ideal por longo tempo, mesmo após ter sido suprimido de modo trágico: de dentro, a anarquia; de fora, os assírios. Mas o povo manteve firme a visão de um rei como a idealidade superior, que é um bom soldado e um juiz severo: sobretudo a conservou aquele profeta típico (ou seja, crítico e satírico do momento), Isaías. – Mas toda a esperança foi vã. O velho Deus não podia mais fazer o que fizera noutros tempos. Dever-se-ia tê-lo abandonado. Mas o que aconteceu? Modificou-se seu conceito – desnaturaliza-se seu conceito; esse foi o preço para mantê-lo. – Iavé, o Deus da justiça – não mais em unidade com Israel, expressão da autoestima do povo; apenas um Deus condicionado... Seu conceito tornou-se uma ferramenta na mão de agitadores clericais, que interpretam toda felicidade como recompensa e toda desgraça como punição em termos de obediência ou desobediência a Deus, como "pecado": essa fraudulenta mania interpretativa de uma pretensa "ordem moral do mundo" com a qual, de uma vez por todas, os conceitos naturais de "causa" e "efeito", são colocados de ponta cabeça. Depois de ter tirado do mundo do mundo o conceito de causalidade natural por meio da recompensa e punição, torna-se necessário algum tipo de causalidade contranatural: segue disso todo o resto da antinaturalidade. Um Deus que exige – no lugar de um Deus que ajuda, que dá conselhos, que no fundo é meramente um nome para cada feliz inspiração de coragem e autoconfiança... A moral já não é mais a expressão das condições vitais e de crescimento de um povo; já não é mais seu instinto vital mais profundo; tornou-se, ao contrário, algo abstrato e oposto à vida – moral como empobrecimento em princípio da fantasia, um "olhar maligno" para todas as coisas. Que é a moral judaica? Que é a moral cristã? O acaso despido de sua inocência; a infelicidade contaminada com o conceito de "pecado"; o bem-estar considerado como um perigo, como uma "tentação"; o mal-estar fisiológico envenenado com o verme da consciência...

§26

Falsificado o conceito de Deus; falsificado o conceito de moral: – o corpo sacerdotal judeus não ficou só nisso. – Toda a história de Israel não podia ser usada para nada: fora com ela! – Tais padres realizaram uma obra-prima de falsificação, em grande parte documentada pela Bíblia; com um desprezo sem igual por toda a tradição e toda a realidade histórica, traduziram o passado de seu povo em religiosidade, ou seja, converteram–no em um mecanismo estúpido de culpa contra Javé e de castigo, de devoção por Javé e de recompensa. Teríamos sentido com muito mais dor esse ato infame de falsificação histórica se milênios de interpretação eclesiástica da história não nos tivesse quase embotado para as exigências de retidão dos historiadores. E a Igreja é acompanhada pelos filósofos: a mentira sobre a ordem ética do mundo permeia toda o desenvolvimento da filosofia, até mesmo a mais recente. O que significa uma ordem ética do mundo? Significa que existe, de uma vez por todas, uma vontade de Deus, que diz o que o ser humano deve ou deixar de fazer; que o valor de um povo ou de um indivíduo se mede pela maior ou menor obediência ou desobediência à vontade de Deus; que a vontade de deus comprova-se como dominadora dos destinos de um povo ou de um indivíduo os destinos punindo ou recompensando segundo o grau de obediência. – Em lugar dessa deplorável mentira, a realidade é: um tipo parasita de ser humano, o padre, que só cresce à custa de todas as formações saudáveis da vida, faz mau uso do nome de Deus: ele denomina "reino de deus" um estado das coisas no qual ele próprio determina o valor das coisas; denomina "vontade de deus" os meios através dos quais esse estado pode ser alcançado ou mantido; com um cinismo glacial, avalia todos povos, todas épocas e todos indivíduos através de seu grau de utilidade ou oposição à prepotência sacerdotal. Pode-se vê-lo operando: nas mãos dos padres judeus a grande época de Israel tornou-se uma época de declínio; o exílio, o longo infortúnio, transformou-se num eterno castigo pela grande época – na qual os padres ainda não significavam nada. Transformaram, de acordo com suas necessidades, as figuras poderosas e plenamente livres da história de Israel beatos e humildes mesquinhos, ou em homens totalmente "ímpios". Reduziram a psicologia de todo grande acontecimento à fórmula idiota: "obedientes ou desobedientes a Deus". – Um passo adiante: a "vontade de Deus" (em outras palavras, as condições necessárias para a preservação do poder dos padres) tem de ser conhecida – e para tal fim é necessária uma "revelação". Dizendo de modo mais claro: era necessária uma grande fraude literária, descobre-se uma sagrada escritura – e essa se torna pública sob toda pompa hierática, com dias de penitência e gritos de lamentação pelos longos pecado. A "vontade de Deus" há muito estava estabelecida: a grande desgraça consiste em ter-se alheado da sagrada escritura... A "vontade de Deus" já havia sido revelada a Moisés... O que ocorreu? O padre formulou, de uma vez por todas, com rigor e pedantismo, que tributos, dos menores aos maiores, deveriam ser-lhe pagos (– não esquecendo as partes mais saborosas da carne, pois o padre é um devorador de bifes); formulou o que desejava ter, qual é a vontade de deus... Desde então todas as coisas da vida estão organizadas de tal modo que o padre tornou-se indispensável em todos os lugares; em todos os importantes eventos naturais da vida, no nascimento, no casamento, na enfermidade, na morte, para não falar no "sacrifício" (ou seja, na ceia), aparece o santo parasita para desnaturalizá-los – na sua linguagem, para os "santificar"... Pois é necessário salientar isto: que todo costume natural, toda instituição natural (o Estado, a administração da Justiça, o casamento, os cuidados prestados aos doentes e pobres), toda exigência dada pelo instinto da vida, em suma, tudo que tem valor em si mesmo torna-se em princípio sem valor, adverso aos valores, através do parasitismo dos padres (ou pela "ordem moral do mundo"): posteriormente aparece a necessidade de uma sanção – é necessário um poder capaz de atribuir valores, que negue a natureza e que só assim consegue criar um valor... O padre desvaloriza e profana a natureza: esse é o preço para que possa existir. – A desobediência a Deus, ou seja, a desobediência ao padre, à lei, recebe porta o nome de "pecado"; os meios para a "reconciliação com Deus" são, convenientemente, os meios que garantem uma submissão ainda mais completa ao padre; só o padre liberta. Considerados psicologicamente, os "pecados" são indispensáveis em toda sociedade organizada sobre fundamentos eclesiásticos; são, na verdade, os instrumentos manipuladores do poder; o padre vive do pecado; tem necessidade de que se peque... Princípio supremo: Deus perdoa aquele que faz penitência – ou, em outras palavras, aquele que se submete ao padre.

§ 36

– Só nós, espíritos libertados, temos os pré-requisitos para compreender algo que por dezenove séculos, permaneceu incompreendido – aquele retidão transformada em instinto e paixão que declara guerra à mentira sagrada num grau muito maior do que às outras mentiras... Estava-se indizivelmente distante de nossa neutralidade benevolente e cautelosa, de toda criação do espírito com a qual sozinho é possível adivinhar coisas tão estranhas e sutis: a cada momento, buscava-se, com uma autobusca desavergonhada, apenas a sua própria vantagem; criou-se a Igreja a partir da negação do Evangelho...

Quem procura por sinais de uma divindade irônica que maneja os cordéis por detrás do grande jogo do mundo, não encontrará nenhum indício neste monstruoso ponto de interrogação chamado cristianismo. Visto que a humanidade ajoelha-se perante da antítese daquilo que era a origem, o sentido e a lei do Evangelho – que no o conceito de "Igreja" santificou-se justamente o que o mensageiro feliz considerava abaixo si, atrás de si – seria vão procurar por uma forma maior de ironia histórico-mundial.

§ 43

Se se põe o centro de gravidade da vida, não na vida, mas no "além" – no nada – tirou-se da vida toda gravidade. A grande mentira da imortalidade pessoal destrói toda razão, toda natureza no instinto – tudo o que é benéfico nos instintos, que propicia a vida, que garante futuro, provoca agora desconfiança. Viver assim, de modo que não há mais nenhum sentido para viver, esse se torna agora o sentido da vida... Para que senso comum, para que gratidão ainda pela ascendência e pelos antepassados, para que cooperar, confiar, propiciar algum bem geral e tê-lo em vista?... Outras tantas tentações, outros tantos extravios do caminho correto – uma coisa é necessária... Que cada um, como alma imortal, seja de igual ordem que o outro, que na totalidade de todos os seres a "salvação" de cada um possa reivindicar uma eterna importância, que pequenos beatos e desequilibrados de três quartos possam imaginar que por sua causa as leis da natureza são constantemente infringidas – uma tal intensificação de toda espécie de egoísmo até o infinito, até o desavergonhado, não há desprezo bastante para estigmatizá-la. E no entanto o cristianismo deve a essa deplorável adulação da vaidade pessoal sua vitória – precisamente tudo o que é malogrado, sedicioso, enjeitado, o vômito e escória da humanidade ele persuadiu com isso a seu favor. A "salvação da alma" – ou, mais literalmente: "o mundo gira em torno de mim"... O veneno da doutrina "direitos iguais para todos" – foi o cristianismo que mais fundamentalmente o disseminou; a todo sentimento de veneração e de distância entre homem e homem, isto é, ao pressuposto de toda elevação, de todo crescimento de cultura, o cristianismo fez uma guerra de morte, a partir dos mais secretos escaninhos dos instintos maus – a partir do ressentimento das massas ele forjou para si a principal arma que tem contra nós, contra tudo o que é nobre, alegre, magnânimo sobre a terra, contra nossa felicidade sobre a terra... A "imortalidade" concedida a cada Pedro e Paulo foi até agora o maior, o mais maldoso atentado contra a humanidade nobre. – E não subestimemos a fatalidade que, a partir do cristianismo, se infiltrou até na política! Ninguém hoje tem mais a coragem de ter direitos particulares, de ter direitos de dominação, de ter um sentimento de veneração por si e seus iguais, de ter um pathos da distância... Nossa política está doente dessa falta de coragem! – O aristocratismo da atitude política foi solapado da maneira mais subterrânea pela mentira da igualdade das almas; e se a crença no "privilégio da maioria" faz revoluções e as fará – é o cristianismo, que se duvide disso, são os juízos de valor cristãos que traduzem toda revolução meramente em sangue e crime! O cristianismo é uma revolta de tudo o que rasteja no chão contra aquilo que tem altura: o Evangelho dos "baixos" torna baixo...

§ 47

Não é isso que nos segrega, não encontrarmos nenhum deus, nem na história nem na natureza, nem por trás da natureza

– mas sim sentirmos aquilo que foi venerado como Deus, não como "divino", mas como algo de lastimável, absurdo, pernicioso, não somente como erro, mas como crime contra a vida... Negamos Deus como deus... Se nos provassem esse deus dos cristãos, saberíamos ainda menos acreditar nele. Numa fórmula: deus qualem Paulus creavit, dei negatio. – Uma religião como o cristianismo, que não tem nenhum ponto de contato com a realidade efetiva, que desmorona tão logo a realidade, em algum ponto qualquer, adquire seus direitos, tem de ser, evidentemente, inimiga mortal da "sabedoria do mundo", quer dizer, da ciência – achará bons todos os meios, com os quais a disciplina do espírito, o esmero e rigor nas questões de consciência do espírito, a nobre frieza e liberdade de espírito, pode ser envenenada, caluniada, difamada. A crença como imperativo é o veto contra a ciência – na práxis a mentira a todo preço... Paulo compreendeu que a mentira – que a crença era necessária; mias tarde, a Igreja, compreendeu, por sua vez, Paulo. – Aquele Deus que Paulo inventou para si, um deus que envergonha a sabedoria do mundo (ou, no sentido estrito, as duas grandes adversárias de toda superstição, a filologia e a medicina), é na verdade somente a resoluta determinação de Paulo: chamar de Deus sua própria vontade, torah, isso é arquijudaico. Paulo quer envergonhar a sabedoria do mundo: seus inimigos são os bons filólogos e médicos, de escola alexandrina – a eles ele faz guerra. De fato, não se é filólogo e médico sem ser também, ao mesmo tempo, anticristão. Pois quem é filólogo lê atrás dos livros santos, quem é médico, atrás da depravação fisiológica do cristão típico. O médico diz incurável, o filólogo, trapaça...

§54

Que ninguém se deixe induzir em erro: grandes espíritos são céticos. Zaratustra é um cético. A força, a liberdade que vem da fora e sobreforça do espírito prova-se pela *skepsis*. Homens de convicção, em tudo o que é fundamental quanto a valor e desvalor, nem entram em consideração. Convicções são prisões. É algo que não vê longe o bastante, que não vê abaixo de si: mas para poder tomar a palavra sobre valor e desvalor, é preciso ver quinhentas convicções abaixo de si – atrás de si... Um espírito que quer algo grande, que quer também os meios para isso, é necessariamente cético. A liberdade diante de toda espécie de convicções pertence à força, o poder olhar livremente... A grande paixão, fundamento e potência de seu ser, ainda mais esclarecida, ainda mais despótica do que ele toma seu intelecto inteiro a seu serviço; torna inescrupuloso; encoraja-o até mesmo a meios sacrílegos; concede-lhe, em certas circunstâncias, convicções. A convicção como meio: muito só se alcança por meio de uma convicção. A grande paixão usa, consome convicções, não se submete a elas – sabe-se soberana. – Ao inverso, a necessidade de crença, de um incondicionado de sim e não, de carlylismo, se me permitem essa palavra, é uma necessidade da fraqueza. O homem da crença, o "crente" de toda espécie, é necessariamente um homem dependente – um homem que não é capaz de se propor como fim, que em geral não é capaz de propor fins a partir de si. O"crente" não se pertence, só pode ser um meio, tem de ser consumido, necessita de quem o consuma. Seu instinto dá a mais alta honra a uma moral da privação de si: a esta o persuade tudo, sua esperteza, experiência, sua vaidade. Toda espécie de crença é em si mesma uma expressão de privação de si, de estranhamento de si... Que se pondere quão necessário é, para a maioria, um regulativo que a ligue e firme de fora, o quanto a coação ou, em um sentido superior, a escravidão, é a única e última condição, sob a qual o ser humano fraco de vontade, sobretudo a mulher, prospera: assim se entende a convicção, a "crença". O homem da convicção tem nela sua espinha dorsal. Muitas coisas não ver, em nenhum ponto ser imparcial, ser partidário de ponta a ponta, ter uma ótica rigorosa e necessária em todos os valores – somente isso condiciona que uma tal espécie de homem subsista em geral. Mas com isso ela é o oposto, o antagonista do verídico – da verdade... O crente não está livre para ter em geral uma consciência para a questão "verdadeiro" e "não-verdadeiro": ser honesto nesse ponto seria desde logo sua ruína. O condicionamento ptológico de sua ótica faz do convicto o fanático – Savonarola, Lutero, Rousseau, Robespierre, Saint-Simon –, o tipo oposto ao espírito forte, tornado livre. Mas a grande atitude desses espíritos doentes, desses epilépticos do conceito, faz efeito sobre a grande massa – os fanáticos são pitorescos, a humanidade prefere ver gestos do que ouvir razões...

Faure

Tradução: Paulo Jonas de Lima Piva

Biografia

Pensador francês anarquista, Sébastien Faure nasceu em 1858, numa família abastada e conservadora, e faleceu em 1942, aos 84 anos. Educador militante e escritor fecundo, Faure deixou uma vasta obra, a maior parte dela composta por manifestos e artigos de jornais. Antes de aderir ao anarquismo, chegou a ser candidato a deputado em 1885, em cujo pleito obteve mais de 600 votos, quantia insuficiente para elegê-lo a uma cadeira no parlamento francês. Tal experiência o inspirou na redação de *Eleitor, escuta! – A podridão parlamentar*, publicado no Brasil em 2006.

Faure fez do ateísmo um tema fundamental do seu combate contra o obscurantismo, a exploração capitalista, a manipulação religiosa e pela liberdade, como podemos verificar nas *Doze provas da inexistência de Deus*, texto que veio à baila em 1914 e que aqui traduzimos na íntegra.

Doze provas da inexistência de Deus (1914)

Camaradas,

Há duas maneiras de estudar e de tentar resolver o problema da inexistência de Deus. A primeira delas consiste em eliminar a hipótese de Deus do campo das conjecturas plausíveis ou necessárias por meio de uma explicação clara e precisa e pela exposição de um sistema positivo do universo, de suas origens, de seus desenvolvimentos sucessivos, de seus fins. Esta exposição tornaria inútil a ideia de Deus e destruiria de antemão todo o alicerce metafísico sobre o qual os filósofos espiritualistas e os teólogos a fazem repousar.

Ora, no estado atual dos conhecimentos humanos, se nós nos detivermos como convém ao que é demonstrado ou demonstrável, verificado ou verificável, esta explicação inexiste, esse sistema positivo do universo ainda faz falta. Há, certamente, hipóteses engenhosas e que nunca se chocam com a razão. Há sistemas mais ou menos verossímeis que se apoiam sobre um grande número de constatações. Há também suposições que são formuladas com base numa multiplicidade de observações cujo caráter de probabilidade impressiona. Pode-se também sustentar com vigor que esses sistemas e essas suposições podem ser confrontados com vantagem com as afirmações dos deístas. Entretanto, na verdade, há sobre esse ponto apenas teses, não possuindo estas ainda o valor das certezas científicas, ficando cada um livre, por fim, para conceder a preferência a tal sistema ou a outro que lhe é oposto. A solução do problema assim considerado revelar-se-ia, num primeiro momento, de foro íntimo.

Os adeptos de todas as religiões aproveitam-se tão intensamente da vantagem que lhes confere o estudo do problema ainda em desenvolvimento que todos eles tentam, e de modo constante, evitar a mudança de opinião sobre o assunto. Mesmo nesse terreno, o único sobre o qual eles ainda podem mostrar alguma coragem e firmeza diante das dificuldades, eles não saem do conflito – falta muito para isso – com as glórias da batalha. Todavia, lhes é possível perpetuar a dúvida no espírito dos seus correligionários, o que, para eles, é um ponto capital.

Nesse corpo a corpo em que as duas teses opostas se enfrentam e se esforçam para vencer, os deístas recebem duros golpes; mas eles também os retribuem; bem ou mal, eles se defendem, e, no final desse duelo, sobrevivem aos olhos da multidão indecisa os crentes, os quais, mesmo colocados na condição de vencidos, cantam vitória.

Eles não se privam de fazê-lo com este descaramento que é a marca dos jornais da sua devoção; e esta comédia consegue submeter, sob o cajado do pastor, a imensa maioria do rebanho. É tudo o que desejam os maus pastores.

O problema posto em termos precisos

Contudo, camaradas, há uma segunda maneira de estudar e de tentar resolver o problema da inexistência de Deus. Esta consiste em examinar a existência do Deus que as religiões propõem à nossa adoração.

E se encontrássemos num homem sensato e ponderado – admitindo que este possa existir – esse Deus do qual nos falam, supondo que ele não fosse envolvido em nenhum mistério, supondo que sobre ele nada se ignorasse, que tivéssemos como penetrar em todo o seu pensamento, que tivéssemos recebido todas essas confidências: ele fez isso, ele fez aquilo, e ainda isso e aquilo; ele disse isso, ele disse aquilo e ainda aquilo; ele agiu e falou a uns sobre um tal objetivo e para outros sobre um outro; ele quer uma coisa, mas ele defende outra; ele recompensará tais ações e punirá outras; e ele fez isso e ele quer aquilo porque ele é infinitamente sábio, infinitamente justo, infinitamente poderoso, infinitamente bom?

Até que enfim! Eis um Deus que se faz conhecer! Ele abandona o império do inacessível, dissipa as nuvens que o rodeiam, desce dos cumes, conversa com os mortais, confia-lhes o seu pensamento, revela-lhes a sua vontade e, por fim, dá a alguns privilegiados a missão de espalhar a sua doutrina, de propagarem a sua lei, de representá-lo aqui embaixo com plenos poderes de ligar ao céu e de absolver sobre a Terra!

Esse Deus não é o Deus Força, Inteligência, Vontade, Energia, que, como tudo o que é Energia, Vontade, Inteligência, Força, pode ser sucessivamente, segundo as circunstâncias, e, por consequência, indiferente, bom ou mau, útil ou nocivo, justo ou iníquo, misericordioso ou cruel; esse Deus é o Deus no qual tudo é perfeição e cuja existência não é e só pode ser compatível – visto que ele é perfeitamente justo, sábio, poderoso, bom, misericordioso – com um estado de coisas do qual ele seria o autor e no qual se manifestariam a sua infinita Justiça, a sua infinita Sabedoria, o seu infinito Poder, a sua infinita Bondade e a sua infinita Misericórdia.

Esse Deus os senhores reconhecem; é aquele que se ensina às crianças por meio do catecismo; é o Deus vivo e pessoal, aquele para quem se constroem templos, a quem direcionam preces para honrar quem realiza sacrifícios, e que pretendem representar na Terra todos os clérigos, todas as castas sacerdotais.

Esse Deus não é este "Desconhecido", esta Força enigmática, este Poder impenetrável, esta Inteligência incompreensível, esta Energia incognoscível, esse Princípio misterioso, hipótese à qual, na impotência que ainda existe para explicar o como e o porquê das coisas, o espírito do homem se compraz recorrer. Esse não é o Deus especulativo dos metafísicos; é o Deus que os seus representantes nos têm abundantemente descrito e luminosamente detalhado.

Trata-se, eu repito, do Deus das religiões, e, uma vez que estamos na França, o Deus desta religião que há quinze séculos domina nossa história: a religião cristã.

É esse Deus que nego e é este somente que eu desejo discutir e que convém estudar se nós quisermos tirar desta conferência um proveito positivo, um resultado prático.

Que Deus é esse?

Uma vez que os seus representantes aqui embaixo tiveram a amabilidade de nos descrevê-lo com uma grande opulência de detalhes, aproveitemos esta delicadeza dos seus procuradores; examinemo-lo de perto; passemos sobre ele a lupa; para discutirmos com propriedade sobre ele é necessário que o conheçamos bem.

Esse Deus é aquele que, com um gesto poderoso e fecundo, fez todas as coisas a partir do nada; aquele que chamou o nada ao ser; aquele que, por sua própria vontade, substituiu o movimento pela inércia, a vida universal pela morte universal: é o Criador!

Esse Deus é aquele que, com esse gesto de criação terminado, bem longe de retornar à sua secular inação e de manter-se indiferente à coisa criada, ocupa-se de sua obra, interessa-se por ela, intervém quando julga oportuno, organiza-a, administra-a, governa-a: ele é Governador ou Providência.

Esse Deus é aquele que, Tribunal Supremo, faz comparecer cada um de nós após a nossa morte; julga-nos segundo os atos da nossa vida, põe na balança nossas boas e nossas más ações e pronuncia, em última instância, sem recurso, o julgamento que fará de nós, por todos os séculos, os mais felizes ou os mais infelizes dos seres: ele é Justiceiro ou Magistrado.

Acontece que esse Deus possui todos os atributos e que ele não os possui somente num grau excepcional; ele os possui todos num grau infinito. Assim, ele não é somente justo: ele é a Justiça infinita; ele não é somente bom: ele é a Bondade infinita; ele não é somente misericordioso: ele é a Misericórdia infinita; ele não é somente poderoso: ele é o Poder infinito; ele não é somente sábio: ele é a Ciência infinita.

Enfim, esse é o Deus que eu nego e sobre o qual, mediante doze provas diferentes (a rigor, uma só bastaria), vou demonstrar a sua impossibilidade.

Divisão do assunto

Eis a ordem pela qual eu lhes apresentarei meus argumentos.

Eles formam três grupos: o primeiro desses grupos visará mais particularmente ao Deus-Criador; ele compreende seis argumentos; o segundo desses grupos diz respeito mais especialmente ao Deus-Governador ou Providência; ele abrange quatro argumentos; por fim, o terceiro e último desses grupos tratará do Deus-Justiceiro ou Magistrado; ele comporta dois argumentos. Portanto, seis argumentos contra o Deus-Criador; quatro argumentos contra o Deus-Governador; dois argumentos contra o Deus-Justiceiro. Isso constituirá doze provas da inexistência de Deus.

Conhecendo o plano da minha demonstração ficará mais fácil e melhor seguir o seu desenvolvimento.

Primeira série de argumentos

Primeiro argumento

O gesto criador é inadmissível

O que se entende por criar? O que é criar?

Criar é servir-se de materiais esparsos, separados, mas existentes, e depois, utilizando alguns princípios experimentados, aplicando certas regras conhecidas, aproximar, agrupar, seriar, associar, ajustar esses materiais a fim de fazer disso alguma coisa?

Não! Isso não é criar. Exemplos: podemos dizer de uma casa que ela foi criada? Não! Ela foi construída. Podemos dizer de um móvel que ele foi criado? Não! Ele foi fabricado. Podemos dizer de um livro que ele foi criado? Não! Ele foi composto e impresso. Portanto, servir-se de materiais existentes e fazer deles alguma coisa não é criar.

Ora, o que é então criar?

Criar... Sinto-me, confesso, muito embaraçado em explicar o inexplicável, de definir o indefinível; vou, entretanto, tentar me fazer compreender.

Criar é tirar alguma coisa do nada; é com o nada do todo fazer alguma coisa; é chamar o nada de ser.

Ora, imagino que não há uma única pessoa dotada de razão que possa conceber e admitir que do nada se possa tirar alguma coisa, que com nada seja possível fazer alguma coisa.

Suponhamos um matemático; escolhamos o calculador mais emérito; coloquemos atrás dele um gigantesco quadro negro; peçamos a ele para traçar sobre esse quadro negro zeros e zeros; ele irá calcular, multiplicar, entregar-se a todas as operações da matemática, mas ele jamais conseguirá extrair da acumulação desses zeros uma única unidade.

Com nada não se faz nada; com nada não se pode nada fazer; e no famoso aforismo de Lucrécio *ex nihilo nihil* fica a expressão de uma certeza e de uma evidência manifesta. O gesto criador é um gesto impossível de admitir e um absurdo.

Portanto, criar é uma expressão mística, religiosa, que pode possuir algum valor aos olhos das pessoas que se comprazem em crer naquilo que elas não compreendem e a quem a fé se impõe tanto mais quanto menos elas compreendem; mas criar também é uma expressão vazia de sentido para todo homem circunspeto e atento, aos olhos daqueles para quem as palavras só têm valor na medida em que elas representam uma realidade ou uma possibilidade. Consequentemente, a hipótese de um Ser verdadeiramente criador é uma hipótese que a razão rechaça. O Ser criador não existe, não pode existir.

Segundo argumento

O "puro Espírito" não pode ter determinado o Universo

Aos crentes que, a despeito de toda razão, persistem em admitir a possibilidade da criação, eu diria que, em todo o caso, é impossível atribuir esta criação ao seu Deus.

O seu Deus é puro Espírito. E eu digo sobre o puro Espírito o seguinte: o Imaterial não pode ter determinado o Universo, ou seja, o Material. Eis por que: o puro Espírito não está separado do Universo por uma diferença de grau, de quantidade, mas por uma diferença de natureza, de qualidade. De maneira que o puro Espírito não é e não pode ser uma ampliação do Universo que o Universo não é, e este uma redução do puro Espírito. A diferença aqui não é somente uma distinção, mas uma oposição, mais exatamente, uma oposição de natureza: essencial, fundamental, irredutível, absoluta.

Entre o puro Espírito e o Universo não há somente um fosso mais ou menos largo e profundo que seria, a rigor, possível encher ou transpor; há um verdadeiro abismo, cuja profundidade e extensão, qualquer que seja o esforço tentado, nenhuma pessoa saberia encher nem transpor.

E eu desafio o filósofo mais perspicaz e o matemático mais perfeito a construir uma ponte, ou melhor, a estabelecer uma relação – qualquer que seja – (e com a mais forte razão uma relação tão direta e tão estreita quanto aquela que une a causa ao efeito) entre o puro Espírito e o Universo.

O puro Espírito não suporta nenhuma aliança material; ele não comporta nem forma, nem corpo, nem linha, nem matéria, nem proporção, nem extensão, nem dureza, nem profundidade, nem superfície, nem volume, nem cor, nem som, nem densidade. Ora, no Universo, tudo, ao contrário, é forma, corpo, linha, matéria, proporção, extensão, dureza, profundidade, superfície, volume, cor, som, densidade. Como admitir então que o Universo tenha sido determinado pelo puro Espírito? É impossível.

Chegando a este ponto da minha demonstração, fundamento solidamente sobre os dois argumentos que precedem a conclusão seguinte: vimos que a hipótese de uma Potência verdadeiramente criadora é inadmissível; vimos em seguida que mesmo se persistíssemos em crer nesta Potência, nós não saberíamos dizer se o Universo, essencialmente material, tenha sido determinado pelo puro Espírito, este, essencialmente imaterial. Se, entretanto, os senhores crentes, obstinam-se a afirmar que foi o seu Deus que criou o Universo, o momento é de nos perguntarmos onde, na hipótese Deus, encontrava-se a Matéria na origem, no começo.

Bem; de duas, uma: ou a Matéria estava fora de Deus ou ela estava em Deus (e os senhores não saberiam lhe determinar um terceiro lugar). No primeiro caso, se ela estava fora de Deus, é que Deus não teve necessidade de criá-la, visto que ela já existia; é que ela coexistia com Deus; é que ela estava concomitantemente com ele, e, então, o Deus dos senhores não é criador.

No segundo caso, isto é, se a Matéria não estava fora de Deus, ela estava em Deus; e, nesse caso, concluo disso o seguinte:

1) Que Deus não é puro Espírito, uma vez que continha em si uma parcela de matéria, a saber, a totalidade dos Mundos materiais!

2) Que Deus, portando nele a matéria, não teve a necessidade de criá-la, pois ela existia; ele teve apenas que fazê-la sair dele; e, então, a criação deixa de ser um ato de criação verdadeira e se reduz a um ato de exteriorização.

Nos dois casos não há criação.

Terceiro argumento

O perfeito não pode produzir o imperfeito

Estou certo de que se eu fizesse a um crente esta questão: "O imperfeito pode produzir o perfeito?", este crente me responderia sem a menor hesitação e sem medo de se enganar: "O imperfeito não pode produzir o perfeito".

Ora, digo eu, o perfeito não pode produzir o imperfeito e eu sustento que minha proposição possui a mesma força e a mesma exatidão que a precedente, e pelas mesmas razões.

Mais: entre o perfeito e o imperfeito não há somente uma diferença de grau, de quantidade, mas há uma diferença de qualidade, de natureza, uma oposição essencial, fundamental, irredutível, absoluta.

Mais ainda: entre o perfeito e o imperfeito não há somente um fosso mais ou menos profundo e largo, mas um abismo tão vasto e tão profundo que ninguém saberia transpô-lo nem enchê-lo.

O perfeito é o absoluto, o imperfeito é o relativo; na ótica do perfeito que é tudo, o relativo, o contingente, não é nada; na ótica do perfeito, o relativo não tem valor, ele não existe. E não está no poder de nenhum matemático nem de nenhum filósofo estabelecer uma relação – qualquer que ela seja – entre o relativo e o absoluto; *a fortiori* essa relação é impossível por se tratar de uma relação tão rigorosa e precisa quanto aquela que deve necessariamente unir a Causa ao Efeito. Portanto, é impossível que o perfeito tenha determinando o imperfeito.

Por outro lado, existe uma relação direta, fatal e de alguma maneira matemática entre a obra e aquele que é o seu autor: a obra vale tanto quanto o obreiro; o obreiro vale tanto quanto a obra; é na obra que se conhece o obreiro, como é pelo fruto que se reconhece a árvore. Se examino uma redação malfeita em que se abundam erros de francês, em que frases são mal construídas, na qual o estilo é pobre e relaxado, em que as ideias são raras e banais, em que os conhecimentos são inexatos, eu não teria a ideia de atribuir esta página ruim de francês a um escritor, a um escultor de frases, a um dos mestres da literatura. Se eu lanço os olhos sobre um desenho malfeito, no qual as linhas estão mal traçadas, as regras da perspectiva e da proporção violadas, jamais me viria ao pensamento atribuir tal esboço rudimentar a um professor, a um mestre, a um artista. Sem a menor hesitação, eu diria: trata-se da obra de um aluno, de um aprendiz, de uma criança; e estou certo de não cometer esse erro; tanto é verdade que a obra porta a marca do obreiro e que pela obra pode-se apreciar o seu autor.

Ora, a Natureza é bela, o Universo é magnífico; e eu admiro apaixonadamente, do mesmo modo, os esplendores, as magnificências que ele nos oferece na forma de um incessante espetáculo. Contudo, por mais entusiasta que eu seja com as belezas da Natureza e por alguma homenagem que eu lhes renda, não posso dizer que o Universo é uma obra sem defeitos, irrepreensível, perfeita. E ninguém ousaria sustentar tal opinião. O Universo é, portanto, uma obra imperfeita.

Em consequência eu digo: há sempre entre a obra e o seu autor uma relação rigorosa, estreita, matemática. Ora, o Universo é uma obra imperfeita, portanto, o autor desta obra só pode ser imperfeito.

Esse silogismo acaba enchendo de imperfeição o Deus dos crentes e, por consequência, negando-o.

Eu posso ainda raciocinar do seguinte modo: ou Deus não é o autor do Universo (é assim que eu exprimo a minha convicção), ou então, se se insiste em afirmar que é ele o autor, o Universo, sendo uma obra imperfeita, seu Deus é imperfeito.

Silogismo ou dilema, a conclusão do raciocínio permanece o mesmo: o perfeito não pode determinar o imperfeito.

Quarto argumento

O Ser eterno, ativo, necessário, não pode, em nenhum momento, ter sido inativo ou inútil

Se Deus existe, ele é eterno, ativo e necessário.

Eterno? Ele o é por definição; é sua razão de ser. Não podemos concebê-lo encerrado nos limites do tempo; não podemos imaginá-lo começando ou acabando; ele não pode ter aparição nem desaparecimento. Ele existe o tempo todo.

Ativo? Ele o é e não pode deixar de ser, uma vez que é a sua atividade que engendrou tudo; visto que sua atividade se afirmou, dizem os crentes, pelo gesto mais colossal, mais majestoso: a criação dos Mundos.

Necessário? Ele o é e não pode deixar de ser, uma vez que sem ele nada seria; visto que ele é o autor de todas as coisas; já que ele é o foco inicial de onde tudo surgiu; uma vez que, sozinho, satisfazendo-se a si mesmo, dependeu de sua própria vontade que tudo fosse ou que nada fosse. Ele é, portanto, eterno, ativo e necessário.

Eu pretendo e vou demonstrar que, se ele é eterno, ativo e necessário, ele deve ser eternamente ativo e eternamente necessário; que, consequentemente, ele não pôde, em nenhum momento, ser inativo ou inútil; que, consequentemente, ele nunca criou.

Dizer que Deus não é eternamente ativo é admitir que ele nem sempre foi, que ele se transformou, que ele começou a ser ativo, que antes de sê-lo ele não o era; e, uma vez que é pela criação que ele manifestou a sua atividade, é admitir ao mesmo tempo que, durante os milhares e milhares de séculos que talvez precederam a ação criadora, Deus estava inativo.

Dizer que Deus não é eternamente necessário é admitir que ele nem sempre foi, que ele se tornou, que ele começou a ser necessário, que antes de sê-lo, não o era, e, uma vez que é a Criação que proclama e atesta a necessidade de Deus, é admitir de uma só vez que, durante os milhares e milhares de séculos que talvez precederam a ação criadora, Deus era inútil.

Deus ocioso e preguiçoso! Deus inútil e supérfluo! Que triste postura para o Ser essencialmente ativo e essencialmente necessário!

É preciso então confessar que Deus sempre foi ativo e necessário. Entretanto, ele não pôde ter criado nada, pois a ideia de criação implica, de maneira absoluta, a ideia de começo, de origem. Uma coisa que começa não pode ter existido sempre. Ele existiu necessariamente num tempo em que, antes de ser, ele ainda não era. Se tenha sido curto ou longo esse tempo que precedeu a coisa criada, nada pôde suprimi-lo. Seja como for, ele existe.

Disso resulta o seguinte: ou Deus não é eternamente ativo e eternamente necessário; nesse caso, ele passou a existir pela criação. Se for assim, faltava a Deus, antes da criação, esses dois atributos: a atividade e a necessidade; esse Deus era incompleto; era um pedaço de Deus e mais nada; e ele teve necessidade de criar para tornar-se ativo e necessário, e assim completar-se. Ou então Deus é eternamente ativo e necessário; nesse caso, ele criou eternamente e a criação é eterna, o Universo nunca começou, existiu sempre, é eterno como Deus, ele é o próprio Deus e se confunde com ele. Sendo assim, o Universo não teve começo, ele não foi criado.

No primeiro caso, Deus, se ele não era ativo nem necessário, ele era incompleto, ou seja, imperfeito, então ele não existe. No segundo caso, sendo Deus eternamente ativo e eternamente necessário, ele não pôde criar a si mesmo, logo, ele não criou nada.

Quinto argumento

O ser imutável não pode ter criado

Se Deus existe, ele é imutável. Ele não muda, ele não pode mudar. Enquanto na natureza tudo se modifica, se metamorfoseia, se transforma, enquanto nada é em definitivo e tudo muda,

Deus, ponto fixo, imóvel no tempo e no espaço, não está sujeito a nenhuma modificação, não conhece e não pode conhecer nenhuma mudança. Ele é hoje o que era ontem, ele será amanhã o que é hoje. Que se considere Deus na distância dos séculos passados ou na dos séculos futuros, ele será constantemente idêntico a si mesmo.

Deus é imutável.

Eu sustento que, se ele criou, ele não é imutável, porque, neste caso, ele mudou duas vezes.

Determinar-se a querer é mudar. É evidente que houve uma mudança entre o ser que não quer ainda e o ser que quer. Se eu quero hoje o que eu não queria, o que eu não sonhava há quarenta e oito horas, é porque se produziu em mim ou à minha volta uma ou várias circunstâncias que me determinaram a querer. Esse novo querer constitui uma modificação: não há razão para duvidar, é indiscutível.

Do mesmo modo, determinar-se a agir, ou agir, é modificar-se.

Além disso, é certo que esta dupla modificação, querer e agir, é tão mais considerável e acentuado quando se trata de uma resolução mais grave e de uma ação mais importante.

Deus criou, dizem os senhores? Que seja. Então ele mudou duas vezes: a primeira vez, quando ele tomou a determinação de criar; a segunda vez, quando, colocando em execução esta determinação, ele finalizou o gesto criador. Se ele se modificou duas vezes, ele não é imutável. E, se ele não é imutável, ele não é Deus; ele não existe.

O Ser imutável não pode ter criado nada.

Sexto argumento

Deus não pode ter criado sem motivo; ora, é impossível encontrar um único motivo

De qualquer maneira que se a considere, a Criação permanece inexplicável, enigmática, vazia de sentido.

Salta aos olhos que, se Deus criou, é impossível admitir que ele tenha realizado este ato grandioso e que cujas consequências deviam ser fatalmente proporcionais ao próprio ato, isto é, incalculáveis, sem ele ser determinado por uma razão de primeira ordem. Pois bem. Qual seria tal razão? Qual motivo teria levado Deus à decisão de criar? Que força o teria impulsionado? Que desejo o teria tomado? Que intenção ele teria concebido? Que objetivo teria ele perseguido? Que finalidade ele teria proposto?

Multiplique, nesta ordem de ideias, questões e mais questões; examine e reexamine o problema; considere-o sob todos os aspectos; pondere sobre ele em todos os sentidos; e eu os desafio a resolvê-lo de outra forma que não seja por futilidades ou sutilezas.

Suponhamos uma criança educada na religião cristã. Seu catecismo lhe afirma, seus mestres lhe ensinam, que Deus a criou e a colocou no mundo. Suponhamos que ela faça a si mesma esta questão: por que Deus me criou e me colocou no mundo?, e que ela queira encontrar uma resposta séria e razoável. Ela não encontrará.

Suponhamos ainda que, confiando na experiência e no saber dos seus educadores, persuadida de que, pelo caráter sagrado com o qual padres ou pastores se revestem, estes seriam detentores das luzes especiais e das graças particulares; convencida de que, pela santidade destes homens, eles estariam mais próximos de Deus do que ela e que eles estariam mais iniciados do que ela nas verdades reveladas; suponhamos que esta criança tenha a curiosidade de perguntar aos seus mestres por que Deus a criou e a colocou no mundo. Eu afirmo que estes senhores não podem dar a esta simples interrogação nenhuma resposta plausível e sensata. Na verdade, tal resposta não existe.

Investiguemos mais de perto a questão; aprofundemo-nos no problema. Pelo pensamento examinemos Deus antes da criação. Tomemo-lo no seu sentido absoluto. Ele é único, ele basta a si mesmo; ele é perfeitamente sábio, perfeitamente feliz, perfeitamente poderoso. Nada pode aumentar a sua sabedoria; nada pode aumentar a sua felicidade; nada pode fortalecer ainda mais o seu poder. Esse Deus não pode sentir nenhum desejo, pois a sua felicidade é infinita; ele não pode perseguir nenhum objetivo, visto que nada falta à sua perfeição; ele não pode conceber nenhum projeto, já que nada pode ser acrescentado ao seu poder; ele não pode se determinar a nenhum querer, uma vez que ele não sente nenhuma necessidade.

Vamos, filósofos profundos, pensadores sutis, teólogos prestigiados! Respondam a esta criança que os interroga e diga-lhe por que Deus a criou e a colocou no mundo!

Eu estou bem tranquilo; os senhores não podem responder, a menos que não lhe digam que os desígnios de Deus são impenetráveis e que os senhores considerem esta resposta presunçosa. E sabiamente os senhores se absterão de lhe responder, pois toda resposta, eu os previno caridosamente, levaria ao desabamento do seu sistema, à ruína completa do seu Deus.

A conclusão se impõe, lógica, inexorável: Deus, se ele criou essa criança, criou-a sem motivo, sem saber por quê, sem finalidade.

Saibam, camaradas, para onde nos conduzem forçosamente as consequências de uma tal conclusão. Os senhores verão.

O que diferencia os atos de um homem dotado de razão dos atos de um homem demente, o que faz que um seja responsável e o outro não, é que um homem de razão sabe sempre, em todos os casos ele pode sempre saber, quando ele age, quais são os motivos que o impulsionaram, quais são as causas que o determinaram a agir. Quando se trata de uma ação importante, cujas consequências podem comprometer seriamente a sua responsabilidade, basta que o homem em posse da sua razão se concentre, se entregue a um exame sério de consciência, persistente e imparcial; basta que, pela lembrança, ele reconstitua o quadro no qual os acontecimentos o restringiram, que, numa palavra, ele reviva as horas passadas para que ele consiga discernir o mecanismo dos movimentos que o fizeram agir. Não é sempre que ele se orgulha das causas que o impulsionaram; ele se ruboriza frequentemente com as razões que o determinaram a agir; mas, quaisquer que sejam os motivos, nobres ou vis, generosos ou abjetos, ele consegue sempre descobri-los.

Um louco, ao contrário, age sem saber por quê; seu ato se realiza, mesmo o mais carregado de consequências; interrogue-o; pressione-o com questões; insista; não o deixe quieto. O pobre demente balbuciará algumas loucuras e você não o arrancará de suas incoerências.

Portanto, o que diferencia os atos de um homem sensato dos atos de um homem insensato é que os atos do primeiro se explicam, têm uma razão de ser, distinguem a causa e o objetivo, a origem e o fim, enquanto que os atos de um homem privado de razão não se explicam, ele é incapaz por si mesmo de discernir a causa e o objetivo, que não têm razão de ser.

Assim sendo, se Deus criou sem objetivo, sem motivo, ele agiu à maneira de um louco e a Criação aparece como um ato de demência.

Duas objeções capitais

Para terminar com o Deus da criação, parece-me indispensável examinar duas objeções.

Todos sabem que a esse respeito abundam-se objeções; sabem também que quando eu falo de duas objeções a estudar, refiro-me a duas objeções capitais, clássicas. Essas duas objeções são extremamente importantes e, com o hábito da discussão, concentram todas as outras.

Primeira objeção
Deus nos escapa

Dizem-me: "O senhor não tem o direito de falar de Deus como faz. O senhor nos apresenta apenas um Deus caricatural, sistematicamente reduzido às proporções acessíveis ao seu entendimento. Esse Deus não é o nosso. O nosso o senhor não pode concebê-lo, pois ele o ultrapassa, escapa ao seu entendimento. Saiba que o que seria fabuloso para o homem mais poderoso em força, em sabedoria e em saber, é para Deus somente um jogo de criança. Não se esqueça que a Humanidade não saberia se mover no mesmo plano que a Divindade. Não perca de vista que é tão impossível ao homem compreender a maneira de operar de Deus quanto é impossível aos minerais imaginar os modos de operar dos animais e aos animais compreender os modos de operar dos homens. Deus paira nas alturas que o senhor não conseguiria alcançar; ele ocupa os picos mais elevados, inacessíveis ao senhor. Saiba que qualquer que seja a magnificência de uma inteligência humana, qualquer que seja o esforço realizado por essa inteligência, qualquer que seja a persistência desse esforço, jamais a inteligência humana poderá elevar-se até Deus. Enfim, saiba que, por mais vasto que possa ser, o cérebro do homem é finito, e que, por consequência, ele não pode conceber o infinito. Tenha, portanto, a probidade e a modéstia de confessar que não lhe é possível compreender nem explicar Deus. Mas, do fato que o senhor não pode compreendê-lo nem explicá-lo não se segue que o senhor tenha o direito de negá-lo".

Eu respondo aos deístas:

"Os senhores me dão conselhos sobre probidade, os quais estou inteiramente disposto a aceitar. Os senhores fazem apelo à modéstia legítima que convém ao humilde mortal que sou. Agrada-me não estar distante disso. Os senhores dizem que Deus me ultrapassa, que ele escapa ao meu entendimento? Que assim seja. Eu consinto em reconhecê-lo; e afirmar que o finito não pode conceber nem explicar o Infinito é uma verdade absolutamente certa e tão evidente que eu não tenho o menor desejo de lhe fazer oposição. Nós, vejam os senhores, até aqui, estamos de acordo, e espero que os senhores estejam inteiramente contentes. Somente, senhores, permitam-me que, por minha vez, eu lhes dê os mesmos conselhos de probidade. Consintam que eu lhes apele para a mesma modéstia. Não são os senhores homens como eu também sou? Deus também não lhes ultrapassa como a mim? Ele também não escapa do entendimento dos senhores como escapa do meu? Os senhores porventura têm a pretensão de mover sobre o mesmo plano da divindade? Terão os senhores a fatuidade de pensar e a tolice de declarar que, num bater de asas, possam se elevar às alturas que Deus ocupa? Seriam os senhores presunçosos a ponto de afirmar que o cérebro finito que possuem possa apreender pelo pensamento o Infinito? Senhores, eu não cometo a injúria de acreditar que sejam capazes de tão extravagante vaidade. Tenham, então, como eu, a probidade e a modéstia de confessar que, se me é impossível compreender e explicar Deus, os senhores também enfrentarão esta mesma impossibilidade. Tenham, portanto, a probidade de reconhecer que, se do fato de eu não poder conceber nem explicar Deus não me é permitido negá-lo, aos senhores, por também não serem capazes de compreendê-lo nem explicá-lo, não lhes é permitido do mesmo modo afirmá-lo. E poupem-se, senhores, de acreditar que doravante ficaremos no mesmo patamar. Foram os senhores os primeiros a afirmar a existência de Deus, logo, devem ser os senhores os primeiros a pôr um fim em suas afirmações. Teria eu pensado em negar a existência de Deus se, desde pequeno, esta crença não me tivesse sido imposta? Se adulto, eu não tivesse ouvido tantas afirmações a seu respeito? E se, quando homem, meus olhares não tivessem constantemente observado igrejas e templos erigidos a Deus? Foram as afirmações dos senhores que provocaram e que justificam as minhas negações. Cessem de afirmar e eu cessarei de negar".

Segunda objeção
Não há efeito sem causa

A segunda objeção parece de outro modo temerária. Muitos a consideram ainda sem réplica. Ela nos vem dos filósofos espiritualistas. Esses senhores nos dizem de forma sentenciosa: "Não há efeito sem causa. Ora, o Universo é um efeito; portanto, este efeito tem uma causa que nós chamamos de Deus".

O argumento é bem apresentado; parece bem construído e vigoroso. Resta saber se ele é no todo verdadeiro.

Em lógica, chamamos esse raciocínio de silogismo. Um silogismo é um argumento composto de três proposições: a maior, a menor e a consequência; e compreende duas partes: as premissas, constituídas pelas duas primeiras proposições, e a conclusão, representada pela terceira. Para que um silogismo seja inatacável, é preciso: 1) que a maior e a menor sejam exatas; 2) que a terceira decorra logicamente das duas primeiras.

Se o silogismo dos filósofos espiritualistas reúne essas duas condições, ele é irrefutável e não me resta senão aceitá-lo; mas, se lhe falta uma só dessas duas condições, ele é nulo, sem valor, e o argumento se desmorona por inteiro.

Para conhecer o seu valor, examinemos as três proposições que o compõem.

Primeira proposição, maior: Não há efeito sem causa.

Filósofos, os senhores têm razão. Não há efeito sem causa; nada é mais exato do que isso. Não há, não pode haver efeito sem causa. O efeito é apenas a sequência, o prolongamento, a extremidade da causa. Quem diz efeito diz causa; a ideia de efeito chama necessariamente e imediatamente a ideia de causa. Se fosse de outro modo, o efeito sem causa seria um efeito de nada, o que seria absurdo. Portanto, sobre esta primeira proposição estamos de acordo.

Segunda proposição, menor: Ora, o Universo é um efeito.

E aqui eu peço para refletir e solicito explicações. Sobre o que se apoia uma afirmação tão clara e tão categórica? Qual é o fenômeno ou o conjunto de fenômenos, qual é a constatação ou o conjunto de constatações que permitem se pronunciar assim num tom tão categórico?

Em primeiro lugar, conhecemos suficientemente o Universo? Nós o temos estudado, investigado, examinado, compreendido-o o bastante para que nos seja permitido sermos tão afirmativos? Penetramos nas suas entranhas? Exploramos os seus espaços incomensuráveis? Descemos à profundeza dos oceanos? Escalamos todas as altitudes? Conhecemos todas as coisas pertencentes ao domínio do Universo? Este nos liberou todos os seus segredos? Nós lhe arrancamos todos os véus, penetramos todos os mistérios, descobrimos todos os enigmas? Vimos tudo, entendemos tudo, apalpamos tudo, sentimos tudo, observamos tudo, notamos tudo? Não temos mais nada para aprender? Não nos resta mais nada a descobrir? Em suma, estamos em condições de fazer sobre o Universo uma apreciação formal, um julgamento definitivo, uma sentença indubitável?

Ninguém poderia responder afirmativamente a todas estas questões e seria profundamente lamentável o temerário, pode-se dizer o insensato, que ousasse ter a pretensão de conhecer o Universo.

O Universo! quer dizer não somente este ínfimo planeta que habitamos e sobre o qual se arrastam as nossas miseráveis carcaças; não somente esses milhões de astros e de planetas que nós conhecemos, que fazem parte do nosso sistema solar, ou que descobrimos na lentidão dos tempos; mas também esses Mundos e esses Mundos que conhecemos ou que conjecturamos sobre as suas existências, e cujo número, distância e extensão permanecem incalculáveis!

Se eu dissesse: "O Universo é uma causa", tenho a certeza de que eu desencadearia espontaneamente as vaias e os protestos dos crentes. Contudo, a minha afirmação não seria mais louca que a deles. Minha temeridade seria igual à deles. Eis tudo.

Se eu me inclino sobre o Universo, se o observo tanto quanto o permitem ao homem de hoje os conhecimentos adquiridos, constato-o como um conjunto inacreditavelmente complexo e denso, como uma confusão inextricável e colossal de causas e de efeitos que se determinam, se encadeiam, se sucedem, se repetem e se interpenetram. Percebo que o todo forma uma cadeia sem fim cujos elos estão indissoluvelmente ligados, e constato que cada um desses elos é ao mesmo tempo causa e efeito, efeito da causa que o determinou, causa do efeito que o segue.

Quem pode dizer: "Eis aqui o primeiro elo, o elo-Causa"?

Quem pode dizer: "Eis o último elo, o elo-Efeito"?

E quem poderá dizer: "Há necessariamente uma causa número um, há necessariamente um efeito número último"?...

No caso da segunda proposição, "Ora, o Universo é um efeito", falta-lhe, portanto, uma condição indispensável: a exatidão. Por consequência, o famoso silogismo não vale nada.

Acrescento que, mesmo no caso em que esta segunda proposição fosse exata, faltaria estabelecer, para que a conclusão fosse aceita, que o Universo é o efeito de uma Causa única, de uma Causa primeira, da Causa das Causas, de uma Causa sem Causa, da Causa eterna. Espero sem perturbação, sem inquietude, esta demonstração. Ela é daquelas que se tem ensaiado muitas vezes, mas que não se tem feito. Ela é daquelas das quais se pode dizer sem excesso de temeridade que nunca serão estabelecidas seriamente, positivamente, cientificamente. Acrescento, por fim, que, mesmo no caso em que o silogismo fosse inteiramente irrepreensível, seria fácil responder contra a tese do Deus Criador e a favor da minha demonstração.

Façamos a experiência. Não há efeitos sem causa? Que seja. Ora, o Universo é um efeito? Concordo. Portanto, este efeito tem uma causa e é esta causa que chamamos Deus? Tudo bem.

Não tenham pressa de triunfar, senhores deístas, e me ouçam bem: se é evidente que não há efeito sem causa, é também rigorosamente evidente que não há causa sem efeito. Não há, não pode haver causa sem efeito. Quem diz causa diz efeito. A ideia de causa implica necessariamente e chama imediatamente a ideia de efeito. Se fosse de outro modo, a causa sem efeito seria uma causa de nada, o que seria tão absurdo quanto o efeito de nada. Portanto, que fique bem entendido que não há causa sem efeito.

Ora, os senhores dizem que o Universo tem como causa Deus. É conveniente pois também dizer que a Causa-Deus tem por efeito o Universo. É impossível separar o efeito da causa, porém, é igualmente impossível separar a causa do efeito. Os senhores afirmam enfim que o Deus-Causa é eterno. Eu concluo disso que o Universo-Efeito é igualmente eterno, visto que a uma causa eterna deve inelutavelmente corresponder um efeito eterno. Se fosse de outro modo, isto é, se o Universo tivesse começado durante os milhares e milhares de séculos que talvez precederam a criação do Universo, Deus teria sido uma causa sem efeito, o que é impossível, uma causa de nada, o que seria absurdo.

Consequentemente, Deus sendo eterno, o Universo também é eterno; e se o Universo é eterno, é porque ele nunca começou, é que ele jamais foi criado.

Segunda série de argumentos

Primeiro argumento
O Governador nega o Criador

São muitos – e eles são uma legião – aqueles que, apesar de tudo, se obstinam em crer. Concebo que, a rigor, se possa crer na existência de um criador perfeito; concebo que, a rigor, se possa crer na existência de um governador necessário; porém, parece-me impossível que se possa razoavelmente crer num e noutro ao mesmo tempo: esses dois Seres perfeitos se excluem categoricamente; afirmar um é negar o outro; proclamar a perfeição do primeiro é confessar a inutilidade do segundo; proclamar a necessidade do segundo é negar a perfeição do primeiro. Em outros termos, pode-se crer na perfeição de um ou na necessidade do outro, mas é desarrazoado crer na perfeição dos dois. É preciso escolher.

Se o Universo criado por Deus tivesse sido uma obra perfeita; se, no seu conjunto e nos seus menores detalhes, esta obra não apresentasse nenhum defeito; se o mecanismo desta criação gigantesca fosse irrepreensível; se a sua organização fosse tão perfeita a ponto de ninguém recear qualquer desarranjo tampouco uma única avaria; em suma, se a obra fosse digna deste operário genial, deste artista incomparável, desse construtor fantástico a que chamam de Deus, a necessidade de um governador nunca se faria sentir.

O estalar de dedos inicial uma vez dado, a formidável máquina uma vez posta em movimento, e não haveria mais nada a abandonar à própria obra, sem medo de acidente possível. Qual a razão deste engenheiro, desse mecânico, cujo papel é zelar pela máquina, dirigi-la, intervir quando for preciso e fazer na máquina em movimento os retoques necessários e as reparações sucessivas? Este engenheiro foi inútil, esse mecânico não tem função. Nesse caso, não há Governador.

Se o Governador existe, é que sua presença, sua vigilância, sua intervenção são indispensáveis. A necessidade do Governador é um insulto, um desafio lançado ao Criador; sua intervenção atesta a inépcia, a incapacidade, a impotência do Criador.

O Governador nega a perfeição do Criador.

Segundo argumento

A multiplicidade dos deuses atesta que não existe nenhum deles

O Deus Governador é e deve ser poderoso e justo, infinitamente poderoso e infinitamente justo. Sustento que a multiplicidade das religiões mostra que faltam a Deus poder e justiça.

Negligenciemos os deuses mortos, os cultos abolidos, as religiões esquecidas; essas correspondem a milhares e milhares. Não falemos das religiões em curso. Segundo as mais bem fundamentadas estimativas, há atualmente oitocentas religiões que disputam entre si o império das dezesseis bilhões de consciências que povoam o nosso planeta. Não há dúvida de que cada uma delas se imagine e se proclame detentora do Deus verdadeiro, autêntico, indiscutível, único e que todos os outros Deuses são Deuses para rir, falsos Deuses, Deuses de contrabando e de pacotilha, obras próprias para serem combatidas e esmagadas.

Acrescento que se fossem cem religiões no lugar de oitocentas, se fossem dez ou duas apenas, meu raciocínio guardaria o mesmo vigor.

Pois bem. No meu entender, a multiplicidade desses Deuses atesta que não existe nenhum, porque ela mostra que a Deus falta poder ou justiça.

Se Deus fosse poderoso, ele poderia falar a todos com tanta facilidade quanto a alguns. Se Deus fosse poderoso mesmo, ele poderia se mostrar, revelar-se sem muitos esforços, tanto a todos quanto a alguns.

Um homem – qualquer que ele seja – não pode se mostrar, pode falar apenas a um número limitado de homens; suas cordas vocais têm uma potência que não pode exceder certos limites. Mas Deus!...

Deus pode falar a todos – qualquer que seja a multidão – com tanta facilidade quanto falaria a um pequeno número. Quando se eleva, a voz de Deus pode e deve ecoar aos quatro pontos cardinais O verbo divino não conhece distâncias nem obstáculos. Ele atravessa os oceanos, escala as alturas, supera os espaços sem a menor dificuldade. Já que ele quis – a religião o afirma – falar aos homens, revelar-se-lhes, confiar-lhes os seus intentos, mostrar-lhes a sua vontade, fazer-lhes conhecer a sua lei, ele poderia ter falado a todos sem mais esforços do que a um punhado de privilegiados.

Mas ele não o faz, visto que uns o negam, outros o ignoram, outros, por fim, opõem tal Deus a outros dos seus concorrentes.

Nessas condições, não será mais sábio pensar que ele não falou a ninguém e que as múltiplas revelações são apenas múltiplas imposturas? Ou ainda, que, se ele falou somente a uns poucos, é porque ele não pôde falar a todos? Se for assim, eu o acuso de impotência. E se eu não o acuso de impotência, acuso-o de injustiça.

O que pensar, com efeito, desse Deus que se mostra a alguns homens e que se esconde dos outros? O que pensar desse Deus que endereça a palavra a uns e para outros guarda o silêncio?

Não nos esquecemos que os representantes desse Deus afirmam que ele é o Pai e que todos, da mesma maneira e no mesmo grau, somos os filhos bem-amados do Pai que reina nos céus.

Pois bem. O que pensam os senhores desse pai que, pleno de ternura por alguns privilegiados, arranca-lhes, revelando-se-lhes, as angústias da dúvida, as torturas da hesitação, enquanto que, voluntariamente, ele condena a imensa maioria dos seus filhos aos tormentos da incerteza? O que pensam os senhores desse pai que se mostra a uma parte dos seus filhos no esplendor deslumbrante da Sua Majestade, enquanto que, para os outros, ele fica envolto nas trevas? O que pensam, senhores, desse pai que, exigindo dos seus filhos um culto de respeitos, de adorações, chama alguns eleitos para ouvirem a palavra da Verdade, enquanto que, deliberadamente, ele nega aos outros este insigne favor?

Se os senhores estimam que esse pai é justo e bom, não se surpreenderão que a minha apreciação seja diferente.

A multiplicidade das religiões proclama, portanto, que a Deus falta poder ou justiça. Ora, Deus deve ser infinitamente poderoso e infinitamente justo; os crentes o afirmam; se lhe falta um desses dois atributos, o poder ou a justiça, ele não é perfeito; se ele não é perfeito, ele não existe.

A multiplicidade dos Deuses demonstra, portanto, que não existe nenhum deles.

Terceiro argumento

Deus não é infinitamente bom: o Inferno o atesta

O Deus Governador ou Providência é e deve ser infinitamente bom, infinitamente misericordioso. A existência do Inferno prova que ele não é.

Sigam bem meu raciocínio: Deus poderia – uma vez que ele é livre – não nos criar, mas ele nos criou. Deus poderia – visto que ele é todo-poderoso – ter-nos criado todos bons, mas ele nos criou bons e maus. Deus poderia – já que ele é bom – admitir-nos todos no seu paraíso após a nossa morte, compensando-nos desse tempo de provações e de atribulações que passamos na Terra. Deus poderia, enfim – porque ele é justo –, admitir no seu paraíso apenas os bons e recusar o acesso aos perversos, mas aniquilando estes com a morte ao invés de consagrá-los ao inferno. Pois quem pode criar, pode destruir, quem tem o poder de dar a vida, tem o poder de aniquilá-la.

Vejamos: os senhores não são Deuses. Os senhores não são infinitamente bons, nem infinitamente misericordiosos. Entretanto, tenho a certeza de que, sem que eu lhes atribua qualidades que os senhores talvez não possuam, que, se estivesse em seu poder, sem que lhe custasse um esforço penoso, sem que pudesse resultar em prejuízo material aos senhores, nem em dano moral, se, digo, estivesse em seu poder, nas condições que lhes descrevi, evitar a um de seus irmãos em humanidade uma lágrima, uma dor, uma provação, tenho certeza que o fariam. E, todavia, os senhores não são infinitamente bons nem infinitamente misericordiosos.

Seriam os senhores melhores e mais misericordiosos que o Deus dos cristãos?

Pois, enfim, o inferno existe. A Igreja o ensina; é a visão horrenda por meio da qual ela aterroriza as crianças, os velhos e os espíritos medrosos; é o espectro que se instala na cabeceira do leito dos agonizantes, na hora em que a morte se aproxima arrebatando-lhes toda energia e toda lucidez.

Pois bem! O Deus dos cristãos, Deus que dizem ser de piedade, de perdão, de indulgência, de bondade, de misericórdia, precipita uma paridade dos seus filhos – para sempre – para essa morada povoada por torturas as mais cruéis, suplícios os mais indizíveis.

Como ele é bom! Como ele é misericordioso!

Os senhores conhecem estas palavras das Escrituras: "Muitos serão os chamados, mas poucos os eleitos". Estas palavras significam, se eu não estou abusando, que ínfimo será o número de eleitos e considerável o número de condenados. Esta afirmação é de uma crueldade tão monstruosa que se tentou até lhe dar um outro sentido.

Pouco importa: o inferno existe e é evidente que os condenados – em grande ou em pequeno número – aí sofrerão os mais dolorosos tormentos.

Indaguemos a quem pode ser vantajoso os tormentos dos condenados. Aos eleitos? Evidentemente que não! Por definição, os eleitos serão os mais justos, os mais virtuosos, os mais fraternos, os mais compassivos; e não seríamos capazes de supor se a sua felicidade, já inexprimível, seria aumentada pelo espetáculo dos seus irmãos torturados.

Seriam os próprios condenados? Absolutamente. Estes não teriam nenhuma vantagem, uma vez que a Igreja afirma que o suplício desses infelizes jamais acabará, e que durante milhares e milhares de séculos os seus tormentos serão intoleráveis como no primeiro dia.

Então?...

Então, fora os eleitos e os condenados, não há senão Deus, não pode haver senão ele.

Portanto, é para Deus que seriam vantajosos os sofrimentos dos condenados? É, pois, para ele, para esse pai infinitamente bom, infinitamente misericordioso, que se nutre sadicamente das dores que ele teria voluntariamente consagrado aos seus filhos?

Ah! Se for assim, esse Deus se impõe aos meus olhos como o mais feroz dos algozes, como o verdugo mais implacável que se possa imaginar.

O inferno prova que Deus não é bom nem misericordioso. A existência de um Deus de bondade é incompatível com a existência do Inferno.

Em outras palavras, ou não há Inferno ou Deus não é infinitamente bom.

Quarto argumento

O problema do mal

É o problema do Mal que fornece o meu quarto e último argumento contra o Deus-Governador e, simultaneamente, o meu primeiro argumento contra o Deus-Justiceiro.

Eu não digo que a existência do mal, isto é, do mal físico e do mal moral, seja incompatível com a existência de Deus, porém, digo sim que ela é incompatível com a existência de um Deus infinitamente poderoso e infinitamente bom.

O raciocínio é conhecido, embora muito mais pelas múltiplas refutações que lhe foram feitas – mesmo assim, sempre impotentes. Ele nos remonta a Epicuro; possui, portanto, mais de vinte séculos de existência; porém, por mais velho que seja, ele guarda mesmo assim todo o seu vigor. Trata-se do seguinte:

O mal existe; todos os seres sensíveis conhecem o sofrimento. Deus, que tudo sabe, não pode ignorá-lo. Pois bem! De duas, uma: ou Deus quer suprimir o mal, mas não pode; ou Deus poderia suprimir o mal, mas não quer.

No primeiro caso, Deus gostaria de suprimir o mal; ele é bom, ele compartilha das dores que nos fazem sucumbir, dos males que suportamos. Ah! Se isso dependesse apenas dele! O mal seria aniquilado e a felicidade floresceria sobre a Terra. Mais uma vez Deus é bom; mas ele não pode suprimir o mal, logo, ele não é todo-poderoso.

No segundo caso, Deus poderia suprimir o mal. Bastava querer para que o mal fosse abolido: ele é todo-poderoso; mas ele não quer suprimi-lo; portanto, ele não é infinitamente bom. Aqui, Deus é poderoso, mas ele não é bom; lá, Deus é bom, mas ele não é poderoso. Ora, para que Deus exista não é suficiente que ele possua apenas uma dessas perfeições: poder ou bondade, é indispensável que ele possua todas as duas.

Esse raciocínio nunca foi refutado. Deixe-me explicar melhor: eu não disse que nunca se tentou refutá-lo; eu disse que jamais conseguiram refutá-lo. A tentativa mais conhecida de refutação é esta:

"O senhor apresenta em termos totalmente errôneos o problema do mal. É um equivoco o senhor atribuir a Deus toda a responsabilidade do problema. Sim, é evidente que o mal existe, é inegável; mas é ao homem que se deve atribuir a responsabilidade por ele. Deus não quis que o homem fosse um autômato, uma máquina, que ele agisse fatalmente. Ao criá-lo, Deus lhe deu a liberdade, fez dele um ser inteiramente livre; da liberdade que ele generosamente lhe concedeu, Deus lhe deixou a faculdade de fazer dela, em todas as circunstâncias, o uso que ele quisesse; e se conviesse ao homem, em vez de fazer um uso judicioso e nobre desse bem inestimável, fazer dele um uso odioso e criminoso, não é Deus que devemos acusar, o que seria injusto; é justo acusarmos o homem".

Eis a objeção; ela é clássica.

O que ela vale? Nada.

Eu explico: distingamos a princípio o mal físico do mal moral. O mal físico é a doença, o sofrimento, o acidente, a velhice com o seu cortejo de abatimentos e de enfermidades; é a morte, a perda cruel daqueles que amamos; são as crianças que nascem e que morrem alguns dias depois do nascimento sem terem conhecido outra coisa além do sofrimento. Há uma multidão de seres humanos para quem a existência é tão-somente uma longa sequência de dores e de aflições, de modo que seria melhor que eles não tivessem nascido. E, no domínio da natureza, as calamidades, os cataclismos, os incêndios, as secas, a fome, as inundações, as tempestades, toda essa soma de trágicas fatalidades que se calcula pela dor e pela morte.

Quem ousaria dizer desse mal físico que o homem deva ser por ele o responsável? Quem não compreende que, se Deus criou o Universo, se foi ele quem o dotou de formidáveis leis que o regem, e se o mal físico é o conjunto das fatalidades que resultam do jogo normal das forças da Natureza, quem não compreende que o autor responsável por essas calamidades é, com toda a certeza, quem criou este Universo, aquele que o governa?

Suponho que, sobre este ponto, não há contestação possível. Deus que governa o Universo é pois o responsável pelo mal físico.

Só isso bastaria, e a minha resposta poderia se ater a isso. Contudo, sustento que o mal moral é imputável a Deus na mesma medida que o mal físico, uma vez que, se ele existe, foi ele quem presidiu a organização do mundo moral tanto quanto a do mundo físico. Por consequência, o homem, vítima tanto do mal moral quanto do mal físico, não é mais responsável por um nem pelo outro.

Mas é necessário que eu ligue o que tenho a dizer sobre o mal moral à terceira e última série dos meus argumentos.

Terceira série de argumentos

Primeiro argumento

Irresponsável, o homem não pode ser punido nem recompensado

Quem somos nós?

Presidimos as condições do nosso nascimento?

Fomos consultados sobre a simples questão se gostaríamos de ter nascido? Fomos chamados a traçar o nosso destino? Fomos chamados para escolher os nossos destinos? Sobre esse ponto tivemos nós autoridade?

Se tivéssemos sido consultados, cada um de nós seria, desde o berço, beneficiado com todas as vantagens possíveis: saúde, força, beleza, inteligência, coragem, bondade, etc. Cada um seria o resumo de todas as perfeições, uma espécie de Deus em miniatura.

Quem somos nós?

Somos o que quisemos ser?

Incontestavelmente não!

Na hipótese de Deus, somos, visto que foi ele quem nos criou, o que ele quis que fôssemos. Deus, que é livre, poderia não ter nos criado. Ele poderia ter nos criado menos perversos, já que ele é bom. Ele poderia ter nos criado virtuosos, bem comportados, excelentes. Ele poderia ter nos cumulado com todos os dons físicos, intelectuais e morais, pois ele é todo poderoso.

Pela terceira vez, quem somos nós?

Somos o que Deus quis que fôssemos. Ele nos criou de acordo com o seu gosto e com a sua vontade.

Não há outra resposta à interrogação *Quem somos nós?* se admitirmos que Deus existe e que somos suas criaturas.

Foi Deus que nos deu nossos sentidos, nossas faculdades de compreensão, nossa sensibilidade, nossos meios de perceber, de sentir, de raciocinar e de agir. Ele previu, quis, determinou nossas condições de vida, ele condicionou nossas necessidades, nossos desejos, nossas paixões, nossos temores, nossas esperanças, nossos ódios, nossas ternuras, nossas aspirações. Toda a máquina humana corresponde ao que ele quis que fosse. Ele concebeu, organizou em todas as partes o meio em torno do qual vivemos; ele preparou todas as circunstâncias que, a cada instante, lutarão contra a nossa vontade e determinarão as nossas ações. Em face desse Deus formidavelmente armado, o homem é irresponsável.

Aquele que não está sob a dependência de ninguém é inteiramente livre; aquele que está um pouco sob a dependência de um outro é um pouco escravo, é livre pela diferença; aquele que está muito sob a dependência de um outro é muito escravo, é livre apenas para o resto; enfim, aquele que esta inteiramente sob a dependência de outro é totalmente escravo e não goza de nenhuma liberdade.

Se Deus existe, é nesta última posição, a do escravo, que o homem se encontra em relação a Deus, e sua escravidão é tanto maior quanto maior for a distância entre o seu Amo e ele.

Se Deus existe, só ele sabe, pode, quer; só ele é livre. O homem nada sabe, nada pode, nada quer; sua dependência é completa.

Se Deus existe, ele é tudo; o homem não é nada.

O homem assim submetido à escravidão, colocado sob a dependência plena e inteira de Deus, não pode ter nenhuma responsabilidade. E se ele for irresponsável, ele não pode ser julgado.

Todo julgamento implica um castigo ou uma recompensa; e os atos de um ser irresponsável, não tendo nenhum valor moral, não respondem a qualquer julgamento.

Os atos do irresponsável podem ser úteis ou nocivos. Moralmente, não são bons nem maus, nem meritórios nem repreensíveis; eles não podem equitativamente ser recompensados tampouco castigados.

Arvorando-se em Justiceiro, em poderoso ou em recompensador do homem irresponsável, Deus é somente um usurpador; ele se arroga um direito arbitrário e ele o usa na contramão de toda justiça.

Com base em tudo isso que disse, concluo:

a) Que a responsabilidade do mal moral é imputável a Deus como lhe é imputável do mesmo modo o mal físico;

b) Que Deus é um Justiceiro indigno porque é irresponsável e o homem não pode ser nem recompensado, nem castigado.

Segundo argumento

Deus viola as regras fundamentais da equidade

Admitamos um instante que o homem seja responsável e veremos que, mesmo com esta hipótese, a justiça divina viola as regras mais elementares da equidade.

Se admitirmos que a prática da Justiça não pode ser exercida sem comportar uma sanção e que o magistrado tem por mandato fixar essa sanção, há uma regra segundo a qual o sentimento é e deve ser unânime: é que, mesmo que haja uma escala de mérito e de culpabilidade, deve haver também uma escala de recompensas e de castigos. Esse princípio posto, o magistrado que melhor praticar a justiça será aquele que proporcionar o mais exatamente a recompensa ao mérito e o castigo à culpabilidade; e o magistrado ideal, impecável, perfeito será aquele que estabelecer uma relação de um rigor matemático entre o ato e a sanção. Penso que esta regra elementar de justiça é aceita por todos.

Pois bem! Deus, pelo céu e pelo inferno, despreza esta regra e a viola. Qualquer que seja o mérito do homem, este mérito é limitado (como é o próprio homem) e, no entanto, a sanção de recompensa, *o céu não tem limites*, seria apenas pelo seu caráter de perpetuidade.

Qualquer que seja a culpabilidade do homem, ela é limitada (como é o próprio homem) e, no entanto, a sanção do castigo, *o inferno não tem limites*, seria apenas pelo seu caráter de perpetuidade. Há, portanto, uma desproporção entre o mérito e a recompensa, entre a falta e a punição, desproporção por toda parte. Pois Deus viola as regras fundamentais da equidade.

Recapitulação

Camaradas,

Prometi-lhes uma demonstração precisa, substancial, decisiva da inexistência de Deus. Creio que posso dizer que cumpri esta promessa.

Não percam de vista que eu não me propus a lhes dar um sistema do Universo tornando inútil todo recurso à hipótese de uma Força supranatural, de uma Energia ou de uma Potência extramundial, de um Princípio superior ou anterior ao Universo. Tive a probidade, como devia ter, de lhes dizer que, considerada a maneira, o problema não comporta no estado atual dos conhecimentos humanos nenhuma solução definitiva e que a única atitude que convém a espíritos refletidos e razoáveis é a expectativa.

O Deus que eu quis refutar, do qual, eu posso dizer agora, estabeleci a impossibilidade, é o Deus das religiões, o Deus Criador, Governador e Justiceiro, o Deus infinitamente sábio, poderoso, justo e bom, que os clérigos se lisonjeiam de representar na Terra e que eles tentam impor à nossa veneração. Não há, não pode haver equívoco nisso. É esse Deus que eu nego; e se quisermos discuti-lo de uma maneira útil, é esse Deus que é preciso defender contra os meus ataques.

Todo debate sobre outro terreno será – e eu os previno disto, pois é preciso que os senhores se coloquem em guarda contra as manobras e dissimulações do adversário – uma diversão e, por acréscimo, a prova de que o Deus das religiões não pode ser defendido nem justificado.

Provei que, como Criador, Deus seria inadmissível, imperfeito, inexplicável; estabeleci que, como governador, ele seria inútil, impotente, cruel, odioso, despótico; demonstrei que, como justiceiro, ele seria um magistrado indigno, violador das regras essenciais da mais elementar equidade.

Conclusão

Tal é, portanto, o Deus que, desde os tempos imemoriais, nos é ensinado e que, ainda hoje, se ensina a uma multidão de crianças, no interior das famílias e nas escolas. Quantos crimes foram cometidos em seu nome! Quantos ódios, guerras, calamidades foram furiosamente desencadeados pelos seus representantes! Esse Deus, de quantos sofrimentos ele tem sido a fonte! Quantos males ele engendra ainda!

Desde o início dos séculos a religião traz a humanidade curvada sob o medo, chafurdada na superstição, prostrada na resignação. Não chegará jamais o dia em que, cessando de crer na Justiça eterna, nas suas sentenças imaginárias, nas suas reparações problemáticas, os seres humanos trabalharão com um ardor infatigável pela ocorrência na Terra de uma Justiça imediata, positiva e fraternal? Não soará jamais a hora em que, desiludidos com as consolações e com as esperanças falaciosas que lhes sugere a crença num paraíso compensador, os seres humanos farão do nosso planeta um Éden de abundância, de paz e de liberdade, cujas portas estejam fraternalmente abertas a todos?

Há muito que o contrato social é inspirado num Deus sem justiça; é tempo de que ele se inspire numa justiça sem Deus. Há muito que as relações entre as nações e os indivíduos emanam de um Deus sem filosofia; é tempo de que elas emanem de uma filosofia sem Deus. Há muitos séculos, monarcas, governantes, castas e clérigos, condutores de povos e diretores de consciências tratam a humanidade como um vil rebanho para ser esfolado, devorado, lançado aos matadouros. Há muitos séculos, os deserdados suportam passivamente a miséria e a servidão, graças à miragem enganosa do céu e à visão horrenda do inferno. É preciso pôr um fim a este odioso sortilégio, com este abominável logro.

Ó você que me escuta, abra os olhos, olhe; observe; compreenda! O céu sobre o qual falam sem cessar, o céu mediante o qual tentam insensibilizar a sua miséria, anestesiar seu sofrimento e sufocar os gemidos que, apesar de tudo, exalam do seu peito: esse Céu é irreal e deserto. Único, o seu inferno é povoado e positivo.

Chega de lamentações! As lamentações são vãs! Chega de prosternações! As prosternações são estéreis! Chega de preces! As preces são impotentes! Endireite-se, levante-se, homem! E teso, em pé, fremente e revoltado, declare uma guerra implacável ao Deus que há tanto tempo é imposto aos seus irmãos e a si mesmo na forma de uma veneração embrutecedora! Desvencilhe-se desse tirano imaginário e sacuda o jugo daqueles que se pretendem seus representantes aqui na Terra! Mas lembre-se que com esse primeiro gesto de libertação realizado você terá cumprido apenas uma parte da tarefa que lhe é incumbida.

Não se esqueças de que de nada servirá quebrar as cadeias que os Deuses imaginários, celestes e eternos, forjaram contra si se você não quebrar do mesmo modo as cadeias que contra você forjaram os deuses passageiros e positivos da Terra. Esses deuses giram em torno de você procurando sugá-lo e subjugá-lo. Esses deuses são apenas homens como você. Ricos e Governantes, esses deuses da Terra povoaram-na com inúmeras vítimas, com tormentos inexprimíveis.

Possam os condenados da Terra se revoltar enfim contra esses celerados verdugos e fundarem uma Cidade na qual esses monstros seriam impossíveis.

Quando você destruir os Deuses do Céu e da Terra, quando você se desvencilhar dos amos de cima e dos amos de baixo, quando você realizar esse duplo gesto de libertação, então, mas somente então, ó meu irmão, você sairá do seu inferno e realizará enfim o seu céu!

*****

Esta obra foi impressa em São Paulo no outono de 2012 pela Prol Gráfica. No texto foi utilizada a fonte Minion Pro em corpo 10,5 e entrelinha de 15,75 pontos.